新文京開發出版股份有限公司

NEW
WCDP

新世紀・新視野・新文京 ─ 精選教科書・考試用書・專業參考書

New Wun Ching Developmental Publishing Co., Ltd.

New Age · New Choice · The Best Selected Educational Publications—NEW WCDP

海洋法與國土認識

曹義修 —— 編著

PREFACE
序言

　　筆者大學時期開始接觸漁獵採捕活動迄今已 30 餘年，從溝圳、河川到岸際採捕均有涉略，亦針對駕船請教多位職場前輩；民國 83 年開始接觸船釣及磯釣活動迄今，有感河川及海洋生態出現劇變，主要係社會及民眾對於環境保護及生態維護缺乏法制及法治觀念，加以自然環境劇變及自然災害侵襲，造成河川及海洋生態環境逐漸枯竭。

　　民國 102 年有幸在唐校長引薦下至臺北海洋技術學院（現升格為臺北海洋科技大學）通識教育中心任教，教授海洋教育及兩岸關係，將漁獵專長及所學教授學生，並開啟作者更深層研究海洋相關法制；依據民國 106 年《海洋教育政策白皮書》「海洋教育融入十二年國教各學習領域教科書」、「加強各級學校海洋教育相關課程與教學」、「配合十二年國教辦理海洋職涯試探教育，並建立升學與就業輔導機制」、「強化海洋相關宣導，建立家長及社會大眾海洋職業之正向價值觀」、「結合社會教育，鼓勵相關社教館所推展海洋教育活動」等五個重點策略，其中「加強各級學校海洋教育相關課程與教學」明定鼓勵各師資培育機構開設海洋教育課程，強化各級學校教師職前教育與在職進修海洋相關知能，此為社會教育與學校教育之重點，使學生在進入社會前即能針對國際法、國內海域法規及遊憩法規進行學習，能在進入社會前熟悉海域、遊憩法規及環保法規，在從事相關活動時能遵守法規，並培養潛在海洋類科相關專業人才。

民國 111 年初在吳建忠副教授引導下開始籌備編撰《海洋法與國土認識》專書，在諮詢南海專家孫國祥教授、陳仲志博士、海洋教育專家吳建忠副教授後，決定本書以海洋法制及海上休憩為主軸，研撰期間法律專業則就教中信金融管理學院財經法律系副教授陳重見博士，漁獵採捕及駕船學門在沈聰明道親引薦下就教李明樺船長、李長順船長、林威豪船長、林嘉翔船長、柯志雄船長、柯志鵬船長；沈聰明道親、李明樺船長、林威豪船長、林嘉翔船長針對相關漁獵活動多有指導，李明樺船長則指導底棲物種漁獵、提供有毒水生物及釋疑。

　　本書出版旨在引領大學生在校期間藉由通識教育學習基礎海洋法制及法律、海洋休憩法規及實務、海洋環保及生態維護、我國能源政策，藉由法規與實務、案例結合，以對相關法規有所認識，避免從事相關活動時違反法規或造成身體傷害；另在面對國際事件時，能以國際法作為評價與判斷標準；面對環保綠能問題時，能以國家政策、民眾權益福祉為考量基準；在海盜及漁船遇險問題時，能理解安全情勢及漁民辛勞；在走入海洋從事各項遊憩活動時，能遵守法規規範、熟悉安全規則；面對危險魚類及海域時，能以自我防護與顧及活動安全；面對海洋復育、自然資源維護時，能兼顧國家發展與生態平衡。

　　年來本書經過多位前輩集思廣益與指導、加以筆者實務經驗匯集而成，惟在多個層面仍有不足及疏漏之處，敬請專家學者及讀者不吝指教；本書得以付梓感謝學校鼎力相助、諸多前輩指導，疏於照顧父親而兄姊長輩能諒解及太座辛勤校對，在此一併致謝。

曹義修　謹識

中華民國 111 年 12 月 22 日

AUTHOR
編著者簡介

－ 曹義修 －

• 學歷 •

中國文化大學中山學術研究所博士

• 經歷 •

臺北海洋科技大學兼任助理教授

國防大學管理學院兼任助理教授

中華軍史學會理事

陸軍學術雙月刊編審委員

• 現職 •

社團法人超創觀點研究學會副理事長

• 研究領域 •

中共軍事、中共國防費、研究方法、政策分析、兩岸關係、
風險與危機管理、船釣、海洋法治、宗教研究

• 證照 •

營業用動力小船駕駛執照、二等遊艇駕照

三等業餘無線電執照

CONTENTS
目錄

CHAPTER **1**

緒　論

　　我國於 107 年 4 月 28 日在高雄市成立海洋委員會，主要在統合海洋事務與海洋政策之規劃及推動落實。該會下轄海巡署、海洋保育署及國家海洋研究院，藉由公私協力，導入民間豐沛資源，推動海洋事務健全發展。[1]設立海洋主管機關之後，於 108 年 11 月 20 日公布實施《海洋基本法》（主管機關為海洋委員會），本法第 1 條：規定「為打造生態、安全、繁榮之優質海洋國家，維護國家海洋權益，提升國民海洋科學知識，深化多元海洋文化，創造健康海洋環境與促進資源永續，健全海洋產業發展，推動區域及國際海洋事務合作」，[2]主要目標包括優質海洋國家、維護國家海洋權益、提升國民海洋科學知識、深化多元海洋文化、健康海洋環境、促進資源永續、健全海洋產業發展、推動海洋事務合作等。

　　海洋委員會成立後，統合海洋事務與海洋政策，其下轄之海巡署根據其組織法第 1 條：規定「海洋委員會為辦理海域及海岸巡防業務，特設海巡署（以下簡稱本署）」，第 2 條：規定「本署掌理下列事項：一、海洋權益維護之規劃、督導及執行。二、海事安全維護之規劃、督導及執行。三、入出港船舶或其他水上運輸工具及通商口岸人員之安全檢查。四、海域至海岸、河口、非通商口岸之查緝走私、防止非法入出國及其他犯罪調查。五、公海上對中華民國船舶或依國際協定得登檢之外國船舶之登臨、檢查及犯罪調查。六、海域與海岸巡防涉外事務之協調、調查及處理。七、海域及海岸之安全調查。八、海岸管制區之安全

---

[1] 《海洋委員會緣起》，〈海洋委員會〉，
〈https://www.oac.gov.tw/ch/home.jsp?id=9&parentpath=0,1〉。

[2] 《海洋基本法》，〈全國法規資料庫〉，
〈https://law.moj.gov.tw/LawClass/LawAll.aspx?pcode= D0090064〉。

維護。九、海巡人員教育訓練之督導、協調及推動。十、其他海岸巡防事項」，[3]即肩負維護漁權、救生救難、海域治安、海洋事務、海洋保育等為其核心任務，而在維護漁權方面則以專屬經濟海域巡護、取締越界大陸漁船、公海巡護為主，以保障我國漁民出海作業之安全；[4]海洋保育署之任務根據其組織法第 1 條：規定「海洋委員會為辦理海洋生態保育與海洋資源永續管理業務，特設海洋保育署（以下簡稱本署）」，第 2 條：規定「本署掌理下列事項：一、海洋生態環境保護之規劃、協調及執行。二、海洋生物多樣性保育與復育之規劃、協調及執行。三、海洋保護區域之整合規劃、協調及執行。四、海洋非漁業資源保育、管理之規劃、協調及執行。五、海洋汙染防治之整合規劃、協調及執行。六、海岸與海域管理之規劃、協調及配合。七、海洋保育教育推廣與資訊之規劃、協調及執行。八、其他海洋保育事項」；[5]國家海洋研究院之任務根據其組織法第一條：規定「海洋委員會為辦理海洋政策規劃、海洋資源調查、海洋科學研究、海洋產業及人力培育發展業務，特設國家海洋研究院（以下簡稱本院）」，第 2 條：規定「本院掌理下列事項：一、海洋政策之研究。二、海洋研究與發展計畫之研擬及執行。三、海洋研究與發展成果及技術之推廣。四、海洋研究與發展之資訊蒐集、人才培育引進及國際合作。五、海洋保育與海巡執法人員之教育、訓練、認證及管理。六、其他有關海洋政策、研究及人力發展事項」。[6]海洋委員會係

---

[3] 《海洋委員會海巡署組織法》，〈全國法規資料庫〉，
 <https://law.moj.gov.tw/LawClass/LawAll.aspx?pcode=D0090031>。

[4] 《核心任務》，〈海洋委員會海巡署〉，<https://www.cga.gov.tw/GipOpen/wSite/mp?mp=999>。

[5] 《海洋委員會海洋保育署組織法》，〈全國法規資料庫〉，
 <https://law.moj.gov.tw/LawClass/LawAll.aspx?pcode=D0090032>。

[6] 《國家海洋研究院組織法》，〈全國法規資料庫〉，
 <https://law.moj.gov.tw/LawClass/LawAll.aspx?pcode=D0090033>。

第一個設立在南部地區的中央部會，緊臨高雄港象徵政府以海洋思維出發，全力投入海洋發展，致力推動海洋事務健全發展，將我國打造成為「生態永續、海域安全、產業繁榮」的海洋國家。

我國面積 36,000 平方公里，屬地狹人稠之海島國家，而海岸線卻長達約 1,200 公里，加上周邊島嶼海岸線約有 1,520 公里海岸線，近年來大規模開發，相對使高汙染及高耗能工業進入，加以民眾對於海洋環保未跟上時代演進，塑膠及塑料製品在使用過後任意拋棄，使得海岸線上充斥環境垃圾，而民眾在海岸或海上休憩時若未遵守相關規範任意將垃圾海拋，海上活動時干擾水生物，對海洋環境將造成莫大傷害；基此，我國民眾在休閒活動朝海洋進一步發展時，對於海洋環境教育、海洋法律教育等則日趨重要。

教育部依據《海洋教育政策白皮書》對於各級學校海洋教育做出不同規劃，其中海洋基本教育區分海洋休閒、海洋社會、海洋文化、海洋科學及海洋資源等，目標在於尊重自然環境及生命，以塑造海洋人文、藝術文化，以使我國國民具備基本海洋教育之素養，然對於大學教育應著重在法律、環保、生物多樣性及安全層面，透過通識教育管道讓所有大學生培養正確法律觀念、環保意識、生命價值、休閒概念等，以在未來進入社會後在親近海洋、運用海洋得以符合現代化國民應有之素養。

我國於 108 年頒布施行《海洋基本法》，主要在打造生態、安全、繁榮之優質海洋國家，維護國家海洋權益，提升國民海洋科學知識，深化多元海洋文化，創造健康海洋環境與促進資源永續，健全海洋產業發展，推動區域及國際海洋事務合作；我政府亦整合、善用國內資源，訂定海洋汙染防治對策，由源頭減汙，強化汙染防治能量，有效因應氣候

變遷，審慎推動國土規劃，加強海洋災害防護，加速推動海洋復育工作，積極推動區域及國際合作，以保護海洋環境；我國雖非聯合國《海洋法公約》締約國，惟我國作為海洋國家，為與國際社會重要之海洋相關公約、法規接軌，正視並改善我國海洋事務面臨之困境與挑戰，並提升我國國際形象，進而確立國家海洋發展之基本原則及方向；我國政府以保全海洋生態系之基本理念，強調生態系統為基礎之方法，並遵守聯合國生物多樣性公約所定保全海洋生物多樣性及保護海洋生物棲息地之義務，以及落實有效之海洋生態管理，實為未來教育學子之重心。

　　民眾在親近海洋時，對於水生物之基本認識不足，常見釣客或民眾遭有毒水生物刺傷或割傷，亦有不慎誤食造成中毒事件，危險水生物或魚類僅為泛稱，包括甲殼類、頭足類在捕食亦有注射毒液之種類，且各方對於有毒水生物之排名亦有不同，民眾對臺灣附近海域有毒水生物須多加瞭解，以避免接觸有毒或危險之魚類、甲殼類、頭足類時不知或不慎造成傷害。另民眾在接觸水域時多未詳閱景區或政府公告，對於面對危險海域或離岸流亦多無警覺，政府及學校應強化社會及學校教育，使身為海洋國家之國民在親近海洋、使用海洋時有一安全概念及環境。

　　基此，本書主要區分兩大部分，一為海洋法律攸關人民在出海作業、休閒漁樂、海洋（岸）休憩、海洋環保等相關法律，二為國土認識攸關民眾在從事休閒漁樂、海洋（岸）休憩可能遭遇之危險海域及生物，以及可供運用之新型資源，使一般民眾在親近、利用海洋時能先行理解相關管轄法律及避免危險。本書主要針對我國民眾在面對海洋、親近海洋時，能先理解所涉國際法、國內法相關規範；面對國際事件時，能以國際法作為評價與判斷基準；面對環保綠能問題時，能以國家政策、民眾權益福祉為考量基準；在海盜及漁船遇險問題時，能理解安全

情勢及漁民辛勞;在走入海洋從事各項遊憩活動時,能遵守法規規範、熟悉安全規則;面對危險魚類及海域時,能以自我防護與顧及活動安全;面對海洋復育、自然資源維護時,能兼顧國家發展與生態平衡。

本書各章節以法律、法規作為起始,介紹《國際海洋法公約》、《名古屋議定書》、《聯合國海洋法公約》、《關於國家管轄範圍外區域海洋生物多樣性養護和永續利用的國際法律約束力文書》、《海洋基本法》、《中華民國領海及鄰接區法》、南海主權、《中華民國專屬經濟海域及大陸礁層法》、《海岸巡防法》、《發展觀光條例》《水域遊憩活動管理辦法》、《未具船型浮具管理要點》、《漁業法》、《商港法》、《漁港法》、《娛樂漁業管理辦法》等與海洋相關之公約、法律、條例、辦法,針對國際事件、國家政策、海盜問題、漁船遇險所涉問題,以及從事海洋休憩、面對危險魚類及危險水域等應注意之安全事項,期以引述法律、簡明易懂、圖片解釋之方式引導學生進入本課程。

第一章緒論,從我國成立海洋委員會談起,以及我國四面環海為一兼具海島與海洋國家,在維護國家海洋權益、提升國民海洋意識時,從認識並理解法律與實務。

第二章海洋法制,針對聯合國《國際海洋法公約》、海洋國土測算、生物多樣性公約－《名古屋議定書》、《聯合國海洋法公約》、《關於國家管轄範圍外區域海洋生物多樣性養護和永續利用的國際法律約束力文書》等進行介紹。

第三章海洋法治,針對我國《海洋基本法》、《中華民國領海及鄰接區法》、南海主權、《中華民國專屬經濟海域及大陸礁層法》、《海岸巡防法》、《發展觀光條例》、《水域遊憩活動管理辦法》、《未具船型浮具

管理要點》、《漁業法》、《商港法》、《漁港法》、《娛樂漁業管理辦法》等相關法規，讓讀者認識親海活動時所受法規保護與限制。

　　第四章國土安全，針對生態維護、海洋環保、盜採砂石、海洋復育、珊瑚白化與復育、藻礁維護、魚苗放流、海廢問題、漁權簽訂等，介紹我國目前周邊海域面對其他國家漁民作業困難與阻礙，以及我國現階段面對海洋廢棄物及生態維護等問題。

　　第五章海域治理，針對離岸風電、陸域風電、太陽能光電等，認識我國在推動綠能綠電之政策目標及推動現況。

　　第六章危險海域，針對海盜問題、漁船遇險、危險水域等，介紹過去我國漁民在海上作業時所遭遇無奈與危險，以及民眾在接近海洋時須注意大自然之美麗與危險。

　　第七章危險生物，針對危險魚類、危險物種、外來物種等，介紹民眾在從事海洋休憩時可能碰觸到之危險水生物，避免在不熟悉物種情況下受傷或危及生命，另針對外來物種對我國原生物種及生態所造成之危害。

　　第八章海洋休憩，針對近岸休憩、海洋休憩等，介紹我國民眾可從事之相關水上活動，在安全合乎法規規範之情況下，獲取相關證照及從事各種遊憩活動。

　　本書寫作時序均以中華民國年為記載基準，不以西元年為記載基準，惟時序在中華民國元年前，則以西元作為記載基準。

MEMO

CHAPTER 2

海洋法制

2-1　　國際法

　　民國 71 年 12 月 10 日聯合國海洋法會議通過《國際海洋法公約》，同時開放各國簽署、批准及加入，復於 83 年 11 月 16 日正式生效，根據《公約》第 48 條、第 55 條、第 56 條、第 57 條、第 58 條、第 59 條、第 60 條：規定專屬經濟區寬度的測量、特定法律制度、權利與管轄權及義務、寬度、其他國家的權利及義務、解決關於專屬經濟區內權利和管轄權歸屬的衝突基礎、人工島嶼與設施及結構，沿海國可在專屬經濟海域享有探勘、開發、養護、管理海域內相關自然資源之主權權利。由於我國基於國際現實無法加入，但我國依據國際法及國際慣例仍享有公約賦予各主權國家之權益，且我國亦根據《公約》於 87 年 1 月 21 日制定《中華民國領海及鄰接區法》及《中華民國專屬經濟海域及大陸礁層法》等內國法，亦提醒鄰近國家我國為主權獨立國家，在畫設經濟海域與我重疊時，須尊重我國海域權益。[1]

　　而根據《海洋法公約》之精神，主要係在各國以相互諒解及合作之前提下，解決各國相互間在海洋上的各項紛爭，而本《公約》主要亦在維護世界和平及正義，以期對全世界進步做出貢獻。

一、聯合國海洋法會議

（一）第一次聯合國海洋法會議：聯合國於民國 45 年在日內瓦召開第一次海洋法會議，兩年後包括領海及毗連區公約、大陸架公約、公海公約、捕魚及養護公海生物資源公約等，且於民國 47 年前後包括美國及前蘇聯等國家已批准生效。

---

[1] 《聯合國海洋法公約》已於民國 83 年 11 月 16 日正式生效，〈中華民國外交部〉，<https:// www.mofa.gov.tw/>。

（二）第二次聯合國海洋法會議：聯合國於民國 49 年續召開第二次海洋
　　　法會議，惟未能達成更新的決議。

（三）第三次聯合國海洋法會議：聯合國於民國 62 年在紐約再度召開海
　　　洋法會議，此期間提出全新條約用以涵蓋前兩次海洋法會議所議
　　　決之幾項公約。然民國 71 年期間斷續而漫長的會議中，各國代表
　　　終於達成共識及結論，決議出一本整合性的《海洋法公約》。依規
　　　定，《公約》在民國 83 年第 60 國簽署後生效。該《公約》對有關
　　　「群島」定義、專屬經濟區、大陸棚、海床資源歸屬、海洋科研
　　　及爭端仲裁等都做出規範。自民國 45 年迄 71 年近 30 年的時間達
　　　成共識及完成海洋法公約文本，12 年後已有 60 國簽屬加入。

二、海洋國土測算

　　《海洋法公約》主要根據領海基線起算及測算海洋國土，而國土周
邊的島嶼、岩礁、暗礁亦決定基線之起算，確定為島嶼或岩礁後即有是
否擁有專屬區及大陸架之區別，確定為岩礁或暗礁後即有是否擁有領海
之區別；再者，測算國土其中包括基點、基線、內水、領海、接續海域
（毗連區）、專屬經濟區等六個重要基本概念，其中基線則包括正常基
線、直線基線及群島基線等，後並敘述基線、群島水域計算、海峽等。

　　《公約》第 6 條礁石：規定「在位於環礁上的島嶼或有岸礁環列的
島嶼的情形下，測算領海寬度的基線是沿海國官方承認的海圖上以適當
標記顯示的礁石的向海低潮線」，其「向海低潮線」即為大潮低潮線。

　　島嶼及岩礁、暗礁主要根據《公約》第 121 條島嶼制度第 1 項：規
定「島嶼是四面環水並在高潮時高於水面的自然形成的陸地區域」，第

2 項：規定「除第三款另有規定外，島嶼的領海、鄰接區、專屬經濟海域和大陸礁層應按照本公約適用於其他陸地領土的規定加以確定」，第 3 項：規定「不能維持人類居住或其本身的經濟生活的岩礁，不應有專屬經濟海域或大陸礁層」；基此，島嶼及岩礁、暗礁有包括全年是否露出水面、是否有生存條件淡水、可否擁有領海、可否擁有專屬區、可否擁有大陸架等 5 個評斷標準。

「能否測算領海基點係以島及岩礁為主，而暗礁則無法測算」，一般而言，島嶼岩礁以 500 平方公尺上下及有無植被覆蓋區分，且以自然形成而非人工建造，島嶼擁有領海、毗連區、專屬經濟區及大陸架，而岩礁則為可維持人類居住或從事經濟活動，故無專屬經濟區或大陸架，[2]基此，以下列表格表示，可清楚檢視島嶼、岩礁、暗礁各自所擁有之條件。

表 2-1　島嶼、岩礁、暗礁測算領海區分

	島嶼	岩礁	暗礁
全年露出水面	○	○	X
生存條件淡水	○	X	X
領海	○	○	X
專屬區	○	X	X
大陸架	○	X	X

資料來源：作者參考聯合報陳言喬製表自行整理

---

[2] 《什麼是「島」？什麼是「礁」？如何區分島和礁？》，〈每日頭條〉，<https://kknews.cc/other/98ezlq.html>。

依據島嶼、岩礁、暗礁等各自根據不同條件，島嶼、岩礁可劃設領海，惟僅島嶼可擁有專屬區及大陸架，根據《公約》第 5 條正常基線：規定「…測算領海寬度的正常基線是沿海國官方承認的大比例尺海圖所標明的沿岸低潮線」，第 7 條直線基線中第 1 項：規定「在海岸線極為曲折的地方，或者如果緊接海岸有一系列島嶼，測算領海寬度的基線的劃定可採用連接各適當點的直線基線法」。第 14 條確定基線的混合辦法：規定「沿海國為適應不同情況，可交替使用以上各條規定的任何方法以確定基線」。第 47 條群島基線第 1 項：規定「群島國可劃定連接群島最外線各島和各乾礁的最外緣各點的直線群島基線，但這種基線應包括主要的島嶼和一個區域，在該區域內，水域面積和包括環礁在內的陸地面積的比例應在 1:1 到 9:1 之間」，亦即陸地面積與水域面積之比例為 1:9，陸地面積若為 1 水域面積則必須在 9 以下，且不得超過 9。而基線之劃設計有正常基線、直線基線及群島基線等，不同國家在劃設基線時不應侷限使用單一方法劃設基線，可依不同地形做出單一或混合方式劃設基線。

國家依《公約》完成基線劃設後，根據《公約》第 16 條海圖的地理坐標表第 1 項：規定「…應在足以確定這些線的位置的一種或幾種比例尺的海圖上標出。或者，可以用列出各點的地理坐標並註明大地基準點的表來代替」，另第 2 項：規定「沿海國應將這種海圖或地理坐標表妥為公布，並應將各該海圖和坐標表的一分副本交存於聯合國秘書長」，根據《公約》第 74 條海岸相向或相鄰國家間專屬經濟海域界限的劃定第一項：規定「海岸相向或相鄰的國家間專屬經濟海域的界限，應在國際法院規約第 38 條所指國際法的基礎上以協議劃定，以便得到公平解決」，第 74 條第二項：規定「有關國家如在合理期間內未能達成任

何協議，應訴諸第 15 部分（爭端的解決）所規定的程序。另根據《公約》第 15 條海岸相向或相鄰國家間領海界限的劃定：規定「如果兩國海岸彼此相向或相鄰，兩國中任何一國在彼此沒有相反協議的情形下，均無權將其領海伸延至一條其每一點都同測算兩國中每一國領海寬度的基線上最近各點距離相等的中間線以外。但如因歷史性所有權或其他特殊情況而有必要按照與上述規定不同的方法劃定兩國領海的界限，則不適用上述規定」，而 101 年期間，包括南韓、中國大陸等國家向聯合國《海洋法公約》所設之大陸架界限委員會提交東海海域二百浬以外大陸架劃界案，[3] 此即為中國大陸、南韓與日本長期以來之海域紛爭，此係南韓繼 98 年提交後再度提交之劃界案，且較 98 年提交之劃界案延伸 125 公里，其所延伸之海域更靠近日本。

　　再者根據《公約》第 57 條專屬經濟海域的寬度：規定「專屬經濟海域從測算領海寬度的基線量起，不應超過 200 海浬」，《公約》第 58 條其他國家在專屬經濟海域內的權利和義務第 1 項：規定「在專屬經濟海域內，所有國家，不論為沿海或內陸國，在本公約有關規定的限制下，享有第 87 條所指的航行和飛越的自由，鋪設海底電纜和管道的自由，以及與這些自由有關的海洋其他國際合法用途，諸如同船舶和飛機的操作及海底電纜和管道的使用有關的並符合本公約其他規定的那些用途」，第 3 項：規定「各國在專屬經濟海域內根據本公約行使其權利和履行其義務時，應適當顧及沿海國的權利和義務，並應遵守沿海國按照本公約的規定和其他國際法規則所制定的與本部分不相牴觸的法律和規章」。

3　《中國將向聯合國 提交東海海域大陸架劃界案》，〈yahoo 新聞〉，
　　<https://tw.news.yahoo.com/>。

　　《公約》第 87 條公海自由第 1 項：規定「公海對所有國家開放，不論其為沿海國或內陸國。公海自由是在本公約和其他國際法規則所規定的條件下行使的。公海自由對沿海國和內陸國而言，除其他外，包括：航行自由；飛越自由；鋪造海底電纜和管道的自由，但受第六部分的限制；建造國際法所容許的人工島嶼和其他設施的自由，但受第六部分的限制；捕魚自由，但受第二節規定條件的限制；科學研究的自由，但受第六和第十三部分的限制」，第 2 項：規定「這些自由應由所有國家行使，但須適當顧及其他國家行使公海自由的利益，並適當顧及本公約所規定的同『區域』內活動有關的權利」，前述三國所提向大陸架界限委員會提交東海海域二百浬以外大陸架劃界案及與各國相關權利有關。

　　《公約》第 3 條領海的寬度：規定「每一國家有權確定其領海的寬度，直至從按照本公約確定的基線量起不超過 12 海浬的界限為止」，第 4 條領海的外部界限：規定「領海的外部界限是一條其每一點同基線最近點的距離等於領海寬度的線」，第 5 條正常基線：規定「除本公約另有規定外，測算領海寬度的正常基線是沿海國官方承認的大比例尺海圖所標明的沿岸低潮線」，第 7 條直線基線第 1 項：規定「在海岸線極為曲折的地方，或者如果緊接海岸有一系列島嶼，測算領海寬度的基線的劃定可採用連接各適當點的直線基線法」。

　　《公約》第 7 條第 2 項：規定「在因有三角洲和其他自然條件以致海岸線非常不穩定之處，可沿低潮線向海最遠處選擇各適當點，而且，儘管以後低潮線發生後退現象，該直線基線在沿海國按照本公約加以改變以前仍然有效」，亦即因自然災害或其他原因導致大潮低潮線產生後退現象，仍可以對沿岸國最有利原來測算的點最為大潮低潮線最前方設置基點，第 3 項：規定「直線基線的劃定不應在任何明顯的程度上偏離海岸的一般方向，而且基線內的海域必須充分接近陸地領土，使其受內

水制度的支配」，第 4 項：規定「除在低潮高地上築有永久高於海平面的燈塔或類似設施，或以這種高地作為劃定基線的起訖點已獲得國際一般承認者外，直線基線的劃定不應以低潮高地為起訖點」，再者根據本條第六項：規定「一國不得採用直線基線制度，致使另一國的領海同公海或專屬經濟海域隔斷」。

《公約》第 33 條鄰接區第 2 項：規定「鄰接區從測算領海寬度的基線量起，不得超過 24 海里」，而沿岸國可針對鄰接區進行相關管制，其管制項目在第 1 項：規定「沿海國可在鄰接其領海稱為鄰接區的區域內，行使為下列事項所必要的管制：(a)防止在其領土或領海內違犯其海關、財政、移民或衛生的法律和規章；(b)懲治在其領土或領海內違犯上述法律和規章的行為」。而專屬經濟海域之規範在《公約》第五部分有詳盡規範，其中第 57 條專屬經濟海域的寬度：規定「專屬經濟海域從測算領海寬度的基線量起，不應超過 200 海浬」，在他國專屬經濟海域內必須遵守《公約》第 58 條規範及沿岸國內國法，而第 58 條其他國家在專屬經濟海域內的權利和義務第 1 項：規定「在專屬經濟海域內，所有國家，不論為沿海或內陸國，在本公約有關規定的限制下，享有第 87 條所指的航行和飛越的自由，鋪設海底電纜和管道的自由，以及與這些自由有關的海洋其他國際合法用途，諸如同船舶和飛機的操作及海底電纜和管道的使用有關的並符合本公約其他規定的那些用途」，第 2 項：規定「第 88 至第 115 條以及其他國際法有關規則，[4]只要與本部分

---

[4] 第 88 條公海只用於和平目的、第 89 條對公海主權主張的無效、第 90 條航行權、第 91 條船舶的國籍、第 92 條船舶的地位、第 93 條懸掛聯合國、其專門機構和國際原子能機構旗幟的船舶、第 94 條船旗國的義務、第 95 條公海上軍艦的豁免權、第 96 條專用於政府非商業性服務的船舶的豁免權、第 97 條關於碰撞事項或任何其他航行事故的刑事管轄權、第 98 條救助的義務、第 99 條販運奴隸的禁止、第 100 條合作制止海盜行為的義務、第 101 條海盜行為的定義、第 102 條軍艦、政府船舶或政府飛機由於其船員或機組成員發生叛變而從事的海盜行為、第 103 條海盜船舶或飛機的定義、第 104 條海盜船舶或飛機國籍的保留或喪失、第 105 條海盜船舶或飛機的扣押、第 106 條無足夠理由扣押的賠償責任、第 107 條

不相牴觸，均適用於專屬經濟海域」，第 3 項：規定「各國在專屬經濟海域內根據本公約行使其權利和履行其義務時，應適當顧及沿海國的權利和義務，並應遵守沿海國按照本公約的規定和其他國際法規則所制定的與本部分不相牴觸的法律和規章」。根據以上《公約》規範，他國軍艦或其他航行器均需遵守在領海及經濟海域之相關規範。

　　根據《公約》前述條文，可將包括基點、基線、內水、領海、毗連區、經濟海域之定義以簡要方式定出，基此即可與我國 98 年 11 月 18 日修正《中華民國第一批領海基線、領海及鄰接區外界線》所定義之我國領海主權範圍及測算其他海域權利得主張之範圍。[5]

（一）基點：大潮低潮線最前方的點。

（二）基線：兩個基點的連線。

（三）內水：基線向陸一側的水域。

（四）領海：基線向海的一側至 12 浬止。

（五）毗連區或接續海域：基線向海的一側至 24 浬止。

（六）經濟海域：基線向海的一側至 200 浬止。

由於發生海盜行為而有權進行扣押的船舶和飛機、第 108 條麻醉藥品或精神調理物質的非法販運、第 109 條從公海從事未經許可的廣播、第 110 條登臨權、第 111 條緊追權、第 112 條鋪設海底電纜和管道的權利、第 113 條海底電纜或管道的破壞或損害、第 114 條海底電纜或管道的所有人對另一海底電纜或管道的破壞或損害、第 115 條因避免損害海底電纜或管道而遭受的損失的賠償。

[5] 《中華民國第一批領海基線》，〈中華民國海洋委員會〉，< https://www.oac.gov.tw/ch/home.jsp?id=243&parentpath=0,4,242 >。我國於 87 年 1 月 21 日公布施行「中華民國領海及鄰接區法」，該法規定：「中華民國主權及於領海、領海之上空、海床及其底土」、「中華民國領海為自基線起至其外側十二浬間之海域。」、「中華民國領海之基線及領海外界線，由行政院訂定，並得分批公告之。」（第 2 條、第 3 條及第 5 條）。為確定我國領海主權範圍及測算其他海域權利得主張之範圍，以維護我國海域權益，內政部爰依前述規定研擬完成「中華民國第一批領海基線、領海及鄰接區外界線（草案）」，報經行政院於 88 年 2 月 10 日公告「中華民國第一批領海基線、領海及鄰接區外界線」在案，範圍包括臺灣本島及其附屬島嶼（含釣魚台列嶼）、東沙群島、中沙群島、及南沙群島，並於中華民國 98 年 11 月 18 日行政院院臺建字第 0980097355 號令修正。

　　根據《公約》的 16 條第 1 項：規定「按照第 7、第 9 和第 10 條確定的測算領海寬度的基線，或根據基線劃定的界限，和按照第 12 和第 15 條劃定的分界線，應在足以確定這些線的位置的一種或幾種比例尺的海圖上標出。或者，可以用列出各點的地理坐標並註明大地基準點的表來代替」。而大地基準點係測算全國各級三角點之大地位置時，應在一國之適當地點，擇一天文原點，由天文觀測精密求出該點之經緯度及對另一定點之方位角，作為全國性測量之位置基準，此基準點係假設位於橢球體上而無垂線偏差。我國前以南京大石橋天文聯絡點為大地基準點，我國現則以埔里虎子山一等三角點為大地基準點。[6]

三、海峽

　　《公約》針對國際通航的海峽在第三部分做出規範，根據《公約》第 34 條構成用於國際航行海峽的水域的法律地位第 1 項：規定「本分部所規定的用於國際航行的海峽的通過制度，不應在其他方面影響構成這種海峽的水域的法律地位，或影響海峽沿岸國對這種水域及其上空、海床和底土行使其主權或管轄權」，第 1 項：規定「海峽沿岸國的主權或管轄權的行使受本部分和其他國際法規則的限制」，而海峽的範圍第 35 條本部分的範圍：規定「本部分的任何規定不影響：(a)海峽內任何內水區域，但按照第七條所規定的方法確定直線基線的效果使原來並未認為是內水的區域被包圍在內成為內水的情況除外；(b)海峽沿岸國領海以外的水域作為專屬經濟海域或公海的法律地位；或(c)某些海峽的法律制度，這種海峽的通過已全部或部分地規定在長期存在、現行有效的專

6　《基本控制測量-平面控制》，〈中華民國內政部國土測繪中心〉，
　　＜https://www.nlsc.gov.tw/cp.aspx?n=1482＞。

門關於這種海峽的國際公約中」，第 36 條穿過用於國際航行的海峽的公海航道或穿過專屬經濟海域的航道：規定「如果穿過某一用於國際航行的海峽有在航行和水文特徵方面同樣方便的一條穿過公海或穿過專屬經濟海域的航道，本部分不適用於該海峽；在這種航道中，適用本公約其他有關部分其中包括關於航行和飛越自由的規定」。

　　航行及飛越自由部分，第 38 條過境通行權第一項：規定「在第 37 條所指的海峽中，所有船舶和飛機均享有過境通行的權利，過境通行不應受阻礙；但如果海峽是由海峽沿岸國的一個島嶼和該國大陸形成，而且該島向海一面有在航行和水文特徵方面同樣方便的一條穿過公海，或穿過專屬經濟海域的航道，過境通行就不應適用」，而過境通行根據本條第二項：規定「過境通行是指按照本部分規定，專為在公海或專屬經濟海域的一個部分和公海或專屬經濟海域的另一部分之間的海峽繼續不停和迅速過境的目的而行使航行和飛越自由。但是，對繼續不停和迅速過境的要求，並不排除在一個海峽沿岸國入境條件的限制下，為駛入、駛離該國或自該國返回的目的而通過海峽」。

　　航行及飛越亦必須遵守相關義務，第 39 條船舶和飛機在過境通行時的義務第一項：規定「一、船舶和飛機在行使過境通行權時應：(a)毫不遲延地通過或飛越海峽；(b)不對海峽沿岸國的主權、領土完整或政治獨立進行任何武力威脅或使用武力，或以任何其他違反「聯合國憲章」所體現的國際法原則的方式進行武力威脅或使用武力；(c)除因不可抗力或遇難而有必要外，不從事其繼續不停和迅速過境的通常方式所附帶發生的活動以外的任何活動；…」，在船舶過境通行中第 2 項：規定「過境通行的船舶應：(a)遵守一般接受的關於海上安全的國際規章、程式和慣例，包括「國際海上避碰規則」；(b)遵守一般接受的關於防止、減少

和控制來自船舶的汙染的國際規章、程序和慣例」，在飛機過境通行中第 3 項：規定「過境通行的飛機應：(a)遵守國際民用航空組織制定的適用於民用飛機的《航空規則》；國有飛機通常應遵守這種安全措施，並在操作時隨時適當顧及航行安全；(b)隨時監聽國際上指定的空中交通管制主管機構所分配的無線電頻率或有關的國際呼救無線電頻率」；亦即船舶及飛機在過境通行時除必須遵守本《公約》之規範外，亦須遵守沿岸國之法律，以及迅速過境及繼續不停之規則，並不得從事對沿岸國主權、領土完整或政治獨立進行任何武力威脅或使用武力之行為。

　　過境之船舶及飛機必須遵守《公約》及沿岸國法律，在沿岸國義務部分，第 44 條海峽沿岸國的義務：規定「海峽沿岸國不應妨礙過境通行，並應將其所知的海峽內或海峽上空對航行或飛越有危險的任何情況妥為公布。過境通行不應予以停止」，而前述相關規定外，所有通過的船舶及飛機均需遵守無害通過之義務，第 45 條無害通過第一項：規定「按照第二部分第三節，無害通過制度應適用於下列用於國際航行的海峽：(a)按照第 38 條第 1 款不適用過境通行制度的海峽；或(b)在公海或專屬經濟海域的一個部分和外國領海之間的海峽」，第 2 項：規定「在這種海峽中的無害通過不應予以停止」。

　　臺灣海峽是一個繁忙的海峽，由於「中」美競逐及兩岸關係，臺灣海峽在近幾年成為美國聲稱「航行自由」發生及表態的場域，根據《公約》第 22 條領海內的海道和分道通航制第 1 項：規定「沿海國考慮到航行安全認為必要時，可要求行使無害通過其領海權利的外國船舶使用其為管制船舶通過而指定或規定的海道和分道通航制」，第 2 項：規定「特別是沿海國可要求油輪、核動力船舶和載運核物質或材料或其他本質上危險或有毒物質或材料的船舶只在上述海道通過」，第 3 項：規定

「沿海國根據本條指定海道和規定分道航制時，應考慮到：(a)主管國際組織的建議；(b)習慣上用於國際航行的水道；(c)特定船舶和水道的特殊性質；和(d)船舶來往的頻繁程度」。

110 年 12 月 6 日中國大陸 09Ⅳ型核潛艇在一艘艦艇護航下由南向北浮航，該核潛艇係由海南潛艇基地由南向北返回渤海造船廠進行維修，基於潛艇作戰規則多於夜間進出港以避免遭到敵國或其他國家監偵，此艘核潛艇浮航除因臺灣海峽水深之顧慮外，未夜間出海潛航改為日間航浮，顯示安全才是該潛艇最大考量，惟該核潛艇航行在大陸沿岸並非在國際水域或他國海域航行，潛航可能在航行過程中出現重大意外事件，並非媒體報導此艘潛艇在繁忙的海峽航行可能造成意外軍事衝突風險，且與《公約》相關規範無涉。[7]另 107 年 1 月間中國大陸 09ⅢB型核潛艇在釣魚臺附近海域遭美日作戰艦偵獲並威脅開火後浮出水面浮航，[8]根據《公約》第 20 條潛水艇和其他潛水器：規定「在領海內，潛水艇和其他潛水器，須在海面上航行並展示其旗幟」，潛艇或潛水器在海上航行並展示船旗國旗幟為無害通過，惟此有違潛艇隱匿航行之作戰意圖，若在戰時遭敵國偵獲並浮出水面即可能遭擊沉或投降。

由於釣魚臺主權爭議，爭議國均在該島派遣公務船舶及作戰艦進行定期巡航及保護漁民作業安全，其附近水域航行及無害通過雖與海峽規範無涉，惟突顯重要水域已成大國角力之重要場域。此事件中國大陸軍事節目卻聲稱「日本喜歡拍，就讓他們拍吧！」、「我們震攝到日本，全

---

[7]　《共軍核潛艇浮出水面穿越台海 多國關切》，〈自由時報〉，
　　＜https://tw.news.yahoo.com/news/共軍核潛艇浮出水面穿越台海-多國關切-163011435.html＞。

[8]　《揭秘：中國最先進核潛艇遭美日「圍捕」逼得浮出海面》，〈yahoo 新聞〉，
　　＜https://tw.news.yahoo.com/揭秘-中國最先進核潛艇遭美日-圍捕-逼得浮出海面-011921061.html＞。

都跟來了！」、「中國核潛艦上浮放出兩個信號、臺灣慌了！」，除突顯為掩蓋盡失顏面的核潛艇遭捕獲浮航的事件外，亦顯示中國大陸為顧及顏面不得不藉由電視節目對內報導宣傳，以掩飾潛艇建造技術仍與美俄等國存在技術差距。

　　臺灣海峽最繁忙的海域並非靠近海峽中線之海域，主要集中在海峽兩側沿岸附近海域（如圖 2-1），且中國大陸沿岸航行密度更高，[9]而美國在強調自由航行行動（FONOPs:freedom of navigation operations）時會針對臺灣海峽為國際水域（International waters）或國際航道（international waterway）或國際海峽（international Strait），然《公約》並無針對「International waters」、「international waterway」、「international Strait」

圖 2-1　111 年 10 月 16 日臺灣海峽船舶航行示意圖

資料來源：https://www.marinetraffic.com/en/ais/home/centerx:119.2/centery:24.0/zoom:7

9　張競，《張競》思考臺灣海峽航運生態之戰略意涵〉，〈yahoo〉，
　　〈https://tw.stock.yahoo.com/news/張競-思考臺灣海峽航運生態之戰略意涵-064300221.html，
　　111 年 6 月 27 日〉。

做出規範，上述文字主要係出自美軍準則《指揮官海戰法手冊》中，基於管制作戰考量之對內用語，並無國際法基礎，《公約》第 56 條沿海國在專屬經濟海域內的權利、管轄權和義務有明確規範專屬經濟海域內「主要權力」及「管轄權」。[10]

　　另針對無害通過之意義，根據《公約》第三節領海的無害通過，A 分節適用於所有船舶的規則，其中第 17 條無害通過權：規定「在本公約的限制下，所有國家，不論為沿海國或內陸國，其船舶均享有無害通過領海的權利」，第 18 條通過的意義第 1 項：規定「通過是指為了下列目的，通過領海的航行：(a)穿過領海但不進入內水或停靠內水以外的泊船處或港口設施；或(b)駛往或駛出內水或停靠這種泊船處或港口設施」，第 2 項：規定「通過應繼續不停和迅速進行。通過包括停船和下錨在內，但以通常航行所附帶發生的或由於不可抗力或遇難所必要的或為救助遇險或遭難的人員、船舶或飛機的目的為限」，第 19 條無害通過的意義第 1 項：規定「通過只要不損害沿海國的和平、良好秩序或安全，就是無害的。這種通過的進行應符合本公約和其他國際法規則」，第 2 項：規定「如果外國船舶在領海內進行下列任何一種活動，其通過即應視為損害沿海國的和平、良好秩序或安全…(b)以任何種類的武器進行任何操練或演習；(c)任何目的在於搜集情報使沿海國的防務或安全受損害的行為；…(e)在船上起落或接載任何飛機；(f)在船上發射、降落或接載任何軍事裝置；…(j)進行研究或測量活動；…(l)與通過沒有直接關係的任何其他活動」，亦即無論任何航行器在通過時均要以「繼續不停和迅速進行」為航行通過之原則，若軍艦在無害通過時則不能自軍艦上

---

[10] 張競，《海納百川》美「台海」之亂 台灣別盲從（張競）》，〈中時新聞網〉，
　　< https:// www.chinatimes.com/opinion/20220621004691-262110?chdtv，111 年 6 月 21 日 >。

投放任何飛行器或其他設備（如圖 2-2），亦不能有任何監偵搜索之行為，如此均將被視為對沿岸國造成和平損害，而此次行動美國海軍第七艦隊在新聞稿中表示「美軍在國際法允許的任何地方飛行、航行與執行任務」，此舉顯已違反《公約》軍艦的無害通過。[11]

圖 2-2　美國飛彈驅逐艦航經臺灣海峽

資料來源：《漢光演習最後一天　美軍神盾艦通過台灣海峽　今年第 9 次！》，〈TVBS 新聞網〉，〈https://news.tvbs.com.tw/world/1587729，110 年 9 月 18 日〉。

2-2　生物多樣性公約

　　我國海洋委員會海洋保育署專責生物多樣性工作，惟該署基於人力限制目前僅有針對環境教育宣導時讓民眾瞭解或認識生物多樣性，瞭解生物多樣性的重要性，才能撒下海洋保育的種子，讓人民知海、愛海、親海。[12]而生物多樣性議題多年前起已在許多國家間展開多次會議，此

---

[11]　《漢光演習最後一天　美軍神盾艦通過台灣海峽　今年第 9 次！》，〈TVBS 新聞網〉，〈https://news.tvbs.com.tw/world/1587729〉，110 年 9 月 18 日。

[12]　《本署緣起與願景》，〈海洋保育署〉，〈https://www.oca.gov.tw/ch/home.jsp?id=434&parentpath=0,300,431,433〉。

名為生物多樣性公約計有包括日本等 51 個會員國，而其能在日本名古屋舉辦時得以通過、正式生效，得歸功於 99 年 7 月上旬白俄羅斯、布隆迪、岡比亞、馬達加斯加、莫三比克、尼日、蘇丹、瑞士、瓦努阿圖、烏干達、烏拉圭及秘魯等 12 國，陸續交付正式核准文件，其中祕魯是最新的批准國，其扮演關鍵性臨門一腳。[13]

　　根據聯合國《海洋法公約》第 61 條生物資源的養護第 1 項：規定「沿海國應決定其專屬經濟海域內生物資源的可捕量沿海國應決定其專屬經濟海域內生物資源的可捕量」，第 1 項：規定「沿海國參照其可得到的最可靠的科學證據，應通過正當的養護和管理措施，確保專屬經濟海域內生物資源的維持不受過度開發的危害。在適當情形下，沿海國和各主管國際組織，不論是分區域、區域或全球性的，應為此目的進行合作」，亦即沿海國可針對自身依據《公約》所劃定 200 海浬專屬經濟區海域內，經過科學調查及驗證後，可制定相關法規加以限制，或與相關國家制定漁業協定及參與漁業合作。我國《漁業法》第 51 條：規定「同一漁場有多種漁法採捕時，主管機關得徵詢漁業人意見，訂定作業規範」，故我國針對烏魚汛期即訂有《烏魚汛期海上作業規範》，《作業規範》第 1 條：規定「為建立烏魚汛期漁船、筏海上作業秩序，調解糾紛事件，特依據漁業法第 51 條規定，訂定烏魚汛期海上作業規範…」，第 7 條：規定「拖網漁船於烏魚汛期間，其禁漁區如左：（一）未滿五十噸單拖及雙拖網漁船禁止在距岸三浬以內作業。（二）五十噸以上單拖及雙拖網漁船禁止在距岸十二浬以內作業」，此即在避免大型漁船在

---

[13] 《各國政府實踐承諾名古屋議定書達生效門檻》，〈臺灣國家公園〉，
< https://np.cpami.gov.tw/youth/index.php?option=com_content&view=article&id=6643:2014-07-30-05-56-49&catid=11:2009-06-22-03-38-32&Itemid=42 > 。

距岸 3~12 海浬過度捕撈，第 14 條：規定「烏魚汛期間，漁船、筏應依《漁業法》第 46 條規定，將每日所捕獲烏魚數量，報請當地區漁會轉知當地縣市政府或行政院農業委員會水產試驗所，供漁獲數量統計之參考」（《漁業法》第 46 條：規定「主管機關為達到水產資源保育之目的，得對特定漁業種類，實施漁獲數量、作業狀況及海況等之調查」），此舉亦在統計每年各地區在漁汛期期間各時間捕獲量，做為未來特定魚種每年迴游時間、數量、魚體之養護及管理，以確保海域內生物資源維持且不受過度開發危害，達到水產資源保育之目的，並符合生物多樣性養護。

生物多樣性公約－《名古屋議定書》經過 10 餘年談判於 103 年 10 月 12 日在南韓平昌舉辦的第 12 屆生物多樣性公約締約方大會上正式生效，本《議定書》係聯合國生物多樣性會議中發起之條約，在生效當日已有歐盟及瑞士等 54 個國家及行政區簽署批准；而《議定書》主要是基因資源在提供者及使用者間之利益平等共享原則，許多遺傳資源包括動物、植物及微生物，多數來自開發中國家，因此當其他國家在使用這些資源時所運用之資金，亦能用來援助這些開發中國家對自然資源的保育，而以藥物為例，當藥廠開發完成並販售此藥物時，其部分所得需分配給該藥物的發源地。[14]

另外，本節以施文真教授研撰之《淺談「生物多樣性公約遺傳資源取得利益公平分享之名古屋議定書」》介紹包括一般性條款、惠益均享、遺傳資源的取得、與遺傳資源相關之傳統知識、內國法與管制架構及非締約國之我國推動工作之啟示。遺傳資源取得及使用該等資源所獲

---

[14] 《生物遺傳資源共享 《名古屋議定書》今起生效》，〈環境資訊中心〉，
　　< https://e-info.org.tw/node/102788 >。

利益，應如何與資源使用國公平分享(access and benefit-sharing)，係
《生物多樣性公約》(Convention on Biological Diversity)三大目標之一；
《生物多樣性公約》第 15 條對此作有原則性之規範：遺傳資源之取得
必須依據提供遺傳資源之締約國「事前告知同意」(prior informed
consent)以及「雙方同意之條件」(mutually agreed terms)，此外，有鑑於
針對遺傳資源的瞭解常來自於原住民及當地居民世代相傳之傳統知識，
《公約》第 8 條「就地保育」第 j 款亦要求各締約國應尊重、保存及維
護此類傳統知識，並鼓勵因使用此類知識、創作以及習俗所得之利益公
平均享。

一、一般性條款

　　依據《議定書》第 3 條，本《議定書》主要適用於《生物多樣性公
約》第 15 條所指遺傳資源及因使用該等資源所獲之利益，同時也適用
與遺傳資源相關之傳統知識及使用該等知識所獲之利益，但依據通過
《議定書》之締約國大會決議，《議定書》並不適用於人類遺傳資源。
此次在《議定書》中明文將「使用」加以定義，使得前述之研發作為得
以被列入《議定書》的適用範圍中，有助於擴大公約下要求必須遵守如
何與資源使用國公平分享機制的對象與範圍；就本《議定書》與其他國
際協定間的法律適用關係，第 3 條之 1：規定「基本上議定書不影響締
約國於其他現行的國際協定下之權利與義務，除非該些權利與義務將造
成生物多樣性之危害」，但《本議定》書與其他國際文件並無上下從屬
關係，《議定書》原則上依據《維也納條約法公約》第 28 條規定，除非
條約中有特別規定，否則原則上不溯及既往，亦即是在《議定書》生效
之前所取得之遺傳資源，以及就該資源之使用所產生的利益，均無須適

用《議定書》規定，由於部分有關取得的規定可能與惠益均享條件有關，此部分將可能發生適用上的爭議。

二、惠益均享

《議定書》第 4 條除重申《生物多樣性公約》要求使用遺傳資源所獲利益，應與資源提供國公平分享之原則外，並進一步要求締約國應依其內國有關原住民與當地居民就遺傳資源所擁有權利之內國法，針對使用該類資源所獲利益分享，採取立法、行政或政策措施，以確保該等利益依雙方同意條件得以公平均享，另並要求締約國應針對使用與遺傳資源相關傳統知識所獲利益均享，採取立法、行政或政策措施；而此處所指的「利益」，包括但不限於列於附件中之金錢與非金錢利益。

三、遺傳資源的取得

《議定書》第 5 條：規定「依據其有關如何與資源使用國公平分享內國立法或管制要求，遺傳資源取得與惠益均享應依據資源提供國事前告知同意為之」，依據其內國法，締約國應採取適當措施以確保原住民與當地居民針對資源取得具有准否之既有權利時，資源取得係自該等原住民與當地居民獲得事前告知同意或批准、並有其參與。締約國要求取得事前告知同意時，應於適當狀況下採取必要立法、行政或政策措施，並列出該等措施應包括之相關事項。

四、與遺傳資源相關之傳統知識

履行本《議定書》下義務時，《議定書》第 9 條要求締約國應依據其內國法並將原住民與當地社區與遺傳資源相關之傳統知識的習慣法以

及社區規範與程序，納入考量；締約國必須在相關之原住民與當地社區有效參與下，建立機制以告知此類知識之潛在使用者，包括通知如何與資源使用國公平分享資訊交換處；締約國應盡力支持原住民與當地社區（包含婦女）發展社區規範、惠益均享之契約條款範本，締約國履行本《議定書》時應盡可能不針對原住民與當地社區，於依據本公約之精神所為之傳統使用與遺傳資源交換加諸限制。

五、內國法與管制架構

　　由前述遺傳資源取得及惠益均享規定，《議定書》要求各締約國必須針對相關事項採取立法、行政或政策措施，職是之故，遺傳資源及與遺傳資源相關傳統知識取得或惠益均享的實體條件，必須視內國法規定，若國內並無相關內國管制或立法，締約國並無法在議定書之下取得必要保障，足見內國法與管制架構建立，對本《議定書》之重要性。故內國法亦為議定書談判中最棘手之議題之一。基此，除要求遺傳資源提供國必須訂定並執行相關如何與資源使用國公平分享法規外，同時亦要求遺傳資源使用國必須立法確保該國人民，至其他締約國內取得遺傳資源後，在本國進行研發與商業化時，必須確保該等行為符合資源提供國之相關內國法規，並在未遵守資源提供國法規時，應採取必要的立法、行政或政策措施。

六、非締約國之我國推動工作之啟示

　　我國並非《生物多樣性公約》締約國，故無法簽署如何與資源使用國公平分享《議定書》，因此《議定書》針對非締約國之規定對我國而言相當重要，惟《議定書》並未禁止非締約國在締約國境內取得遺傳資源等不利於非締約國規定，其中第 18 條之 2 規定：締約國應鼓勵非締

約國遵守本《議定書》，並提供如何與資源使用國公平分享資訊交換處理適當之資訊。

《議定書》並未對相關實體標準加以規定，故此均須交由各國在其內國立法中建立，但《議定書》為確保內國立法與規範得以被遵守，訂有許多相關規定，包括查核點設立等，此對我國身為非締約國，在國內生物多樣性推動工作上，帶來之重要啟示包括：1.國內相關立法或政策措施的建置甚為重要，2.主管機關應於國內進行相關議題之公共意識提升。

我國擁有相當豐富生物多樣性資源及與遺傳資源相關之傳統知識，在生物科技產業亦極力鼓勵企業發展，故我國在如何與資源使用國公平分享議題中扮演著使用者與提供者之雙重角色，如何兼顧遺傳資源永續利用及惠益均享，建立適當內國管制措施並隨時留意國際間及各國規範發展，已成為我國海洋保育署之重要工作。[15]

2-3　國家管轄外生物多樣性

國際社會在經過多年討論後，針對國家管轄外的探勘活動制定《〈聯合國海洋法公約〉關於國家管轄範圍外區域海洋生物多樣性養護和永續利用的國際法律約束力文書》（International Legally Binding Instrument under the UN Convention on the Law of the Sea on the Conservation and Sustainable Use of Marine Biodiversity of Areas Beyond National Jurisdiction, ILBI;法律約束力文書）。106 年各國在聯合國召開

---

[15] 施文真，《淺談「生物多樣情公約遺傳資源取得利益公平分享之名古屋議定書」》，〈行政院農業委員會〉，＜https://www.coa.gov.tw/ws.php?id=23734＞，100 年 6 月。

一次政府間會議（intergovernmental conference, IGC），主要談判關於國家管轄範圍以外區域海洋生物多樣性（marine areas beyond national jurisdiction, BBNJ）保護及永續利用生物多樣性的國際法律約束力文書（international legally binding instrument, ILBI）。[16]而「聯合國《海洋法公約》有關國家管轄範圍外區域海洋生物多樣性的養護與永續利用」（The United Nations Convention on the Law of Sea on the conservation and sustainable use of marine biological diversity of areas beyond national jurisdiction. BBNJ），107 年 9 月至 109 年上半年舉辦四次會議，繼續聚焦海洋遺傳資源及其惠益分享、海洋保護區等劃區管理工具、環境影響評價、能力建設及海洋技術轉讓等議題；由於我國並非聯合國會員國，亦非 71 年聯合國《海洋法公約》締約國，因此無法出席相關會議，惟我國外交部敦請我太平洋友邦吐瓦魯在代表團中夾帶兩位我國海洋專業法律顧問出席並實地參與聯合國《海洋法公約》有關國家管轄範圍外區域海洋生物多樣性的養護與永續利用談判，掌握談判進度並提供我國包括外交部、海洋委員會、漁業署等單位參考。

　　我國民眾對於相關涉及海洋生物多樣性保護議題關注程度並不高，僅國內海洋法及海洋環境保育等學界對此召開多場學術研討會，惟國家管轄範圍以外區域海洋生物多樣性保護攸關國民權利，我國必須正視此議題且須採取正面積極之態度。

---

[16] 聯合國大會第 72/249 號決議，根據《聯合國海洋法公約》關於養護和永續利用國家管轄範圍以外區域海洋生物多樣性的國際法律文書。有關此過程歷史的詳細概述，參見 Glen Wright, Julien Rochette, Kristina Gjerde, Isabel Seeger, （2018）. The Long and Winding Road: negotiating a treaty for the conservation and sustainable use of marine biodiversity in areas beyond national jurisdiction （No. 08）, IDDRI Studies. IDDRI, Paris.
＜ https://www.iddri.org/sites/default/files/PDF/Publications/Catalogue%20Iddri/Etude/20180830-The%20long%20and%20winding%20road.pdf＞.

　　本節以林廷輝教授研撰《林廷輝觀點：臺灣需要積極應對 BBNJ 的問題》介紹包括海洋遺傳資源、海洋保護區的劃區管理工具、環境影響評估、能力建設和海洋技術轉讓、其他跨領域（交叉）問題等，以及針對政府提出四項建議。

一、海洋遺傳資源

　　已開發國家針對海洋遺傳資源之法律屬性，主張適用公海自由原則，即視之為「公有物」，惟發展中國家則主張適用「人類共同繼承財產」（common heritage of mankind）；另包括南非等國家則尋找第三條道路，提出在公海適用公海自由原則，在國際海底區域則適用「人類共同繼承財產」。而與會者趨於一致之立場則為聯合國《海洋法公約》有關國家管轄範圍外區域海洋生物多樣性的養護與永續利用不適用於以魚類作為商品加以利用，至於是否在文件當中將此文字明確寫出，則仍有不同意見。

二、海洋保護區的劃區管理工具

　　核心問題是聯合國《海洋法公約》有關國家管轄範圍外區域海洋生物多樣性的養護與永續利用國際協定有關海洋保護區制度安排及現有一些法律文書和機制間之關係，主要有三種觀點：惟現階段與會者傾向在聯合國《海洋法公約》有關國家管轄範圍外區域海洋生物多樣性的養護與永續利用項下設立一個機構，處理包括海洋保護區在內的劃區管理工具有關事項。

（一）全球框架

　　新的國際文書可直接設立海洋保護區，制定全球標準及指南，要求區域或部門性機構參考和遵守。

（二）區域主導

　　新的國際文書僅制定一些標準及指南，不能對現有區域及部門機構發號施令。

（三）混合模式

　　即海洋保護區主要由區域或部門機構來設立及管理，惟新的國際文書可對區域或部門機構進行全球監督。

三、環境影響評估

　　各方已一致同意，以聯合國《海洋法公約》第 204~206 條（監測及環境評估）為基礎，設計有關影響環境評價的制度，惟主要問題是環評由誰主導？環評後是否允許開展相關海洋活動的最終決策權又屬於誰？有觀點強調國家來決策及主導？亦有觀點主張由全球性機構來審查及決策。另在國家管轄範圍內進行可能造成海洋環境嚴重汙染或重大與有害變化的活動，開始對環境影響評估的義務，此亦將影響國家管轄範圍外區域。

四、能力建設和海洋技術轉讓

　　目前討論較多的是促進資訊交流及分享，如何在聯合國《海洋法公約》有關國家管轄範圍外區域海洋生物多樣性的養護與永續利用國際協定建立類似民國 81 年《生物多樣性公約》及政府間海洋學委員會相關

制度及安排。目前達成共識觀點包括能力建構及海洋技術轉讓應以需求為基礎，並由國家推動。

五、其他跨領域（交叉）問題

首先是決策機構，普遍傾向在聯合國《海洋法公約》有關國家管轄範圍外區域海洋生物多樣性的養護與永續利用下以締約方會議形式設立一個全球決策機構，就聯合國《海洋法公約》有關國家管轄範圍外區域海洋生物多樣性的養護與永續利用所列由此類機構履行的某些職能；另亦傾向需要一個科學及（或）技術機構或論壇，並建立一個資訊交換中心，至於採用和平手段解決爭端並沒有問題，但是否要仿效《聯合國海洋法公約》或《聯合國魚類種群協定》規定的爭端解決程序，各國代表意見不一。

我國政府現階段應立即著手進行的四項工作為：

（一）多管道參與

持續將我國專家顧問納入聯合國《海洋法公約》有關國家管轄範圍外區域海洋生物多樣性的養護與永續利用談判國中我友邦代表團內，非僅限定吐瓦魯一國，以分散遭中國大陸阻撓之風險。

（二）多元化進行

協助民間團體及參與的 NGOs 建立良好關係，必要時以個人身分成為與會者一員，例如我國的「綠色和平組織」專家亦可與國際「綠色和平組織」聯繫，共同與會表達意見。

（三）教育普及化

強化對我國民眾海洋法政教育方面，蔡英文總統曾於 105 年 7 月 19 日發布南海作為的「四點原則，五項做法」，其中第五點做法為：

「鼓勵海洋法研究人才：強化國家因應國際法律議題時的能量」。當聯合國《海洋法公約》有關國家管轄範圍外區域海洋生物多樣性的養護與永續利用談判各國代表團均有國際法與海洋法專才，而即使美國並非聯合國《海洋法公約》締約方，著名的「美國國際法學會」亦以 NGOs 身分與會，亦藉海洋委員會下「海洋保育署」及「國家海洋研究院」培訓多年的法政與科學專業人才，透過各種管道送入聯合國《海洋法公約》有關國家管轄範圍外區域海洋生物多樣性的養護與永續利用，未來將可建構科學或相關技術委員會，為我國參與海洋生物多樣性養護與管理貢獻心力。

（四）政策全面化

　　檢視我國海洋國家公園與海洋保育區之設置與聯合國《海洋法公約》有關國家管轄範圍外區域海洋生物多樣性的養護與永續利用間之關係，研究聯合國《海洋法公約》有關國家管轄範圍外區域海洋生產多樣性的養護與永續利用海洋保護區未來規畫及對我漁業相關產業之影響，擬定長期因應方案，減少對我國海洋產業之衝擊，善盡我國海洋保育工作之責任。[17]

---

[17] 林廷輝，《林廷輝觀點：台灣需要積極應對 BBNJ 的問題》，〈風傳媒〉，＜https://www.storm.mg/article/1405127?page=1＞。

MEMO

CHAPTER **3**

海洋法治

　　海洋法治是一個國家維護其海洋權益的法治作為，對外依據國際法維護本國海洋權益及履行國際間義務，對內制定國內法使國際間及本國民眾遵循相關法規行事，在法規完善制定下使民眾在安全環境下從事商貿、漁業作業、旅遊休憩等，政府、學校、社會亦須強化民眾法治教育，在充分享受權力下亦須善盡國民守法責任。

3-1　內國法

　　海洋委員會負責我國海洋政策，而海岸巡防署則為我國守護海洋、漁民作業安全、民眾海岸遊憩安全及海洋環保，而海岸巡防署亦為執法機關，多數民眾不知海岸巡防署人員在執法時準用警察職權行使法，致常與海岸巡防署人員發生不必要之齟齬。

　　由於我國主要漁場與日本及菲律賓在傳統捕魚海域、爭議海區及專屬經濟區重疊等，致常遭驅趕、干擾甚至發生菲國公務船舶搶劫等事件，致我國出海作業漁民生命財產遭受損害，海事與漁民作業安全成為海巡署工作重中之重；而我國在制定《海洋基本法》及《中華民國領海及鄰接區法》後，馬前總統與蔡總統均針對南海主權議題發表談話，時任總統的馬英九先生表示，中華民國政府過去已數度嚴正聲明，無論就歷史、地理及國際法而言，南沙群島、西沙群島、中沙群島、東沙群島及其周遭海域是屬於中華民國的固有領土及海域，我國享有國際法上的權利，而蔡英文總統則重申南海諸島及其相關海域主權屬於中華民國所有，亦說明政府針對南海議題提出「四點原則」和「五項做法」的初步成果及進展；國家整體政策則為籲請南海周邊各國依據國際法原則與精

神，自我節制，勿採取任何影響南海地區和平穩定之片面措施，並以對話代替對抗，和平解決南海爭端。

　　每個國家對於自身在區域內的戰略地位維護、海洋資源保護與利用均有法令明確定位及執法團隊維護海洋國土、海洋權益與漁業資源，因此我國於民國 87 年 1 月 21 日公布《中華民國領海及鄰接區法》及《中華民國專屬經濟海域及大陸礁層法》，復於民國 98 年 11 月 18 日公告修正《中華民國第一批領海基線、領海及鄰接區外界線》，明定釣魚臺為我國最北方的領海基點，民國 92 年 11 月 7 日行政院核定《中華民國第一批專屬經濟海域暫定執法線》，以為我國專屬經濟海域執法範圍依據，惟其並非我國政府對於專屬經濟海域外界線與漁權之終局主張範圍，且為確保漁業資源之永續利用及維護漁業秩序，並保障漁民及漁船海上作業之安全，行政院農業委員會於民國 103 年公告修正《政府護漁標準作業程序》，明訂護漁範圍、執行（配合）機關、護漁通報機制及緊急應變程序、護漁頻率、護漁原則等，[1]為國家海洋權益及漁民作業安全提供安全保障。

一、《海洋基本法》

　　108 年 11 月 1 日立法院三讀通過《海洋基本法》；本法立法重點包括：明定我國海洋發展之基本原則及政府應本於和平、互惠與確保我國權益理念，參與區域及國際合作；國民、企業與民間團體應協助推展國家海洋政策、施政計畫及措施；政府應訂定海洋汙染防治對策，推動海洋復育及保護海洋環境；並結合財稅與金融制度，發展海洋產業，以培

---

[1]　《執法依據》，〈海岸巡防署全球資訊網〉，
　　〈https://www.cga.gov.tw/GipOpen/wSite/ct?xItem=118370&ctNode=10115&mp=999〉。

植人才及產業鏈；保障與傳承原住民族傳統用海文化及權益，並兼顧漁業科學管理；強化國民親海、愛海意識，推動普及全民海洋教育，並將6月8日訂為國家海洋日；明定政府應發布國家海洋政策白皮書，配合檢討現行政策及行政措施；同時揭櫫政府應寬列海洋事務預算，以及為辦理海洋發展及資源永續相關事項，中央政府得設立海洋發展基金等。本法制定通過，有助實現我國「生態、安全、繁榮」之優質海洋國家願景及展現推動海洋永續發展之企圖心，並可促進國內海洋產業及國際合作事務蓬勃發展。[2]

　　海洋事務龐雜多元，依《憲法》第107條第5款及第108條第1項第6款規定，由中央立法並執行者，僅有航政、航業及海洋漁業，相關規範不足；而海洋事務規範見諸多部法律，致事權分散且無明確之國家海洋政策與願景，有必要制定具有政策指導、規範政府義務與授權立法性質之《海洋基本法》，以收政策統合及事務協調之效，進而達致打造優質海洋國家之目的。我國雖非聯合國《海洋法公約》締約國，惟我國作為海洋國家，為與國際社會重要之海洋相關公約、法規接軌，正視並改善我國海洋事務面臨之困境與挑戰，並提升我國國際形象，進而確立國家海洋發展之基本原則及方向，經參考聯合國《生物多樣性公約》（Convention on Biological Diversity）、《水下文化遺產保護公約》（Convention on the Protection of the Underwater Cultural Heritage）、聯合國永續發展目標（Sustainable Development Goals）、外國立法例、我國國家海洋政策綱領及海洋政策白皮書等，制定《海洋基本法》。[3]

---

[2]　《制定海洋基本法》，〈立法院〉，
　　＜https://www.ly.gov.tw/Pages/Detail.aspx?nodeid=33324&pid=189927＞。

[3]　《海洋基本法總說明》，〈海洋委員會〉，
　　＜https://www.oac.gov.tw/filedownload?file=law/201911211637441.pdf&filedisplay=海洋基本法總說明與逐條說明.pdf&flag=doc＞。

　　本法主管機關為海洋委員會，依本法第 1 條：規定「為打造生態、安全、繁榮之優質海洋國家，維護國家海洋權益，提升國民海洋科學知識，深化多元海洋文化，創造健康海洋環境與促進資源永續，健全海洋產業發展，推動區域及國際海洋事務合作，特制定本法」，並揭示針對海洋資源、海洋產業、海洋開發、海洋事務（第 2 條）等統籌整合各目的事業主管機關涉海之權責，共同推展海洋事務（第 4 條），故依據本法海洋委員會下轄海岸巡防署、海洋保育署、國家海洋研究院等機關，其中海岸巡防署執掌港口、海域、海岸、河口、非通商口岸、海域及海岸巡防涉外事務、走私情報等之安檢、犯罪調查、安全維護、巡護等工作；海洋保育署執掌海洋生態環境、海洋生物多樣性、海洋保護區域、海洋非漁業資源、海洋汙染防治、海岸與海域管理等規劃、協調及執行；而國家海洋研究院主要在協助海洋委員會辦理海洋政策規劃、海洋資源調查、海洋科學研究、海洋產業及人力培育發展。

　　第 8 條：規定「政府應整合、善用國內資源，訂定海洋汙染防治對策，由源頭減汙，強化汙染防治能量，有效因應氣候變遷，審慎推動國土規劃，加強海洋災害防護，加速推動海洋復育工作，積極推動區域及國際合作，以保護海洋環境」；第 10 條：規定「政府應建立合宜機制，尊重、維護、保存傳統用海智慧等海洋文化資產，保障與傳承原住民族傳統用海文化及權益，並兼顧漁業科學管理」。此則涉及海洋環境保護及防治汙染、國家管轄內及國家管轄外生物探勘及生物多樣性議題、與周邊國家及區域合作等工作。由於我國非聯合國《海洋法公約》締約國，亦非生物多樣性公約等之締約方，但在相關重要議題中，我內國法須盡速制訂並對民眾加強相關議題之宣導。

第 14 條第 1 項：規定「政府應寬列海洋事務預算，採取必要措施，確保預算經費符合推行政策所需」。此預算主要需合理分配、挹注資源，補助、表彰相關學術機構、海洋產業界、民間團體與個人等，共同推動相關海洋事務。[4]

我國政府以保全海洋生態系之基本理念，強調生態系統為基礎之方法，並遵守聯合國《生物多樣性公約》所定保全海洋生物多樣性及保護海洋生物棲息地之義務，以及落實有效之海洋生態管理，訂定保育政策應採取衝擊減輕措施、生態補償或其他開發替代方案，且海岸應保持自然，非必要不得以人工造景改變海岸，亦依《原住民族基本法》第19~21 條及第 23 條規定，政府承認原住民族土地及自然資源權利，依法限制原住民族利用土地及自然資源時，應與原住民族、部落諮商，並取得其同意以保障原有海域使用者之相關權益。[5]

二、《中華民國領海及鄰接區法》

依本法第 1 條規定，制定本法之目的在於「維護中華民國領海之主權及鄰接區權利」揭示我國領海與鄰接區之主權地位，第 3 條：規定「中華民國領海為自基線起至其外側十二浬間之海域」，亦依據國際《海洋法公約》第 3 條領海的寬度「每一個國家有權確定其領海的寬度，直至從按照本公約確定的基線量起不超過十二海里的界限為止」訂定。[6]

4　《海洋基本法》，〈全國法規資料庫〉，＜https://law.moj.gov.tw/LawClass/LawAll.aspx?pcode=
　　D0090064＞。《海洋委員會所屬機關簡介》，〈海洋委員會〉，
　　＜https://www.oac.gov.tw/ch/home.jsp?id=179&parentpath=0,1＞。

5　《海洋基本法總說明》，〈海洋委員會〉，
　　＜https://www.oac.gov.tw/filedownload?file=law/201911211637441.pdf&filedisplay=海洋基本法
　　總說明與逐條說明.pdf&flag=doc＞。

6　《國際海洋法公約》，〈植根法律網〉，＜https://www.rootlaw.com.tw/LawArticle.aspx?LawID=
　　A040050070011500-0711210＞。

　　本法第 4 條：規定「中華民國領海基線之劃定，採用以直線基線為原則，正常基線為例外之混合基線法」係依據第 5 條：規定「除本公約另有規定外，測算領海寬度的正常基線是沿海國官方承認的大比例尺海圖所標明的沿岸低潮線」，以及第 7 條「直線基線」、第 14 條「確定基線的混合辦法」。

　　本法第 14 條：規定「中華民國鄰接區為鄰接其領海外側至距離基線 24 浬間之海域；其外界線由行政院訂定，並得分批公告之」係依據國際《海洋法公約》第 33 條「毗連區」（毗連區從測算領海寬度的基線量起，不得超過二十四海浬）。

　　本法第 15 條亦規範我國得在鄰接區內包括防止及處罰在領土或領海內違反我國法律而制定相關法令，並依第 16 條規範在我國領海及鄰接區中進行考古、科學研究所發現之歷史文物或遺跡均屬於中華民國所有，第 17 條規範在我國領海及鄰接區內執法人員認為人或物有違犯中華民國相關法令之虞者，得進行緊追、登臨、檢查；必要時，得予扣留、逮捕或留置。[7]

　　我國於 88 年 2 月 10 日公告《中華民國第一批領海基線、領海及鄰接區外界線》（如圖 3-1），後於 98 年 11 月 18 日修正，其範圍涵蓋臺灣本島及包括釣魚臺列嶼等附屬島嶼、東沙群島、中沙群島，而南沙群島則以文字宣告方式處理。另我國所主張及建立之海域若與相鄰或相向國家之間發生主張重疊時，在此法中亦有劃界方式之規範；此外，為落實「中西太平洋漁業委員會」及「北太平洋漁業委員會」公海登臨及檢查

---

[7]　《中華民國領海及鄰接區法》，〈全國法規資料庫〉，
　　〈https://law.moj.gov.tw/LawClass/LawAll.aspx?pcode= a0000009〉。

等規範，海巡署每年執行漁業巡護任務包括自 99~112 年編列新臺幣 162 億餘元建造包括 1~3000 噸級巡防艦 7 艘、巡護船 2 艘及巡防艇 28 艘，以汰換老式巡防艦船艇；另於 107~116 年編列新臺幣 426 億餘元推動「籌建海巡艦艇發展計畫」，建造包括 1~4000 噸級巡防艦 10 艘、600 噸級巡防艦 12 艘、35~100 噸級巡防艇 69 艘、沿岸多功能艇 50 艘，使我國在國土巡弋、護漁、維護海洋權益方面能夠大幅提升。[8]

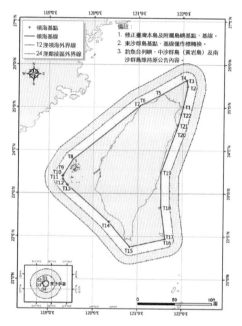

圖 3-1 中華民國第一批領海基線、領海及鄰接區外界線

資料來源：《中華民國第一批領海基線、領海及鄰接區外界線》，〈海洋委員會〉，〈https://www.oac.gov.tw/ch/home.jsp?id=243&parentpath=0,4,242〉。

---

[8] 《海洋政策白皮書》，〈海海洋委員會〉，＜https://www.oac.gov.tw/ebook/w01/index.html＞。

三、《中華民國專屬經濟海域及大陸礁層法》

依本條例第 1 條規定，制定本條例之目的在於「為維護與行使中華民國專屬經濟海域及大陸礁層之權利」，揭示我國專屬經濟海域及大陸礁層之主權地位，本法第 2 條：規定「中華民國之專屬經濟海域為鄰接領海外側至距離領海基線二百浬間之海域」，亦依據國際《海洋法公約》第 57 條：規定「專屬經濟區從測算領海寬度的基線量起，不應超過二百海浬」，專屬經濟區與周邊國家重疊時依本法第 4 條：規定「分界線依衡平原則，以協議方式劃定」，我國在其專屬經濟海域或大陸礁層享有並得行使包括探勘、開發、養護、管理海床上覆水域、海床及其底土之生物或非生物資源之主權權利，並得行使利用海水、海流、風力所產生之能源或其他活動之主權權利，以及享有並得行使舖設、維護或變更海底電纜或管線之管轄權。

第 14 條：規定「對洄游於中華民國專屬經濟海域內外之魚種，中華民國政府具有養護及管理之權利。外國漁船在捕撈此類魚種時，應適當顧及中華民國對此類魚種之養護及管理措施」，另我國亦遵守《中西太平洋高度洄游魚類種群養護與管理公約》，本《公約》主要在避免對海洋環境造成負面影響、保存生物多樣性、維持海洋生態系的完整、減少長期捕魚作業造成不可逆轉後果之風險，[9]我國為符合區域性漁業組織及沿海國有效管理漁船作業秩序及養護該等水域漁業資源，要求我國漁船安裝漁船監控系統（Vessel Monitoring System; VMS），以掌握漁

---

[9]　《中西太平洋高度洄游魚類種群養護與管理公約》，〈漁業署全球資訊網〉，
　　< https://www.fa.gov.tw/cht/LawsCentralDeepSea/content.aspx?id=6&chk=8d94d157- 3d9b-43c6
　　-a031-8554b0014cb2&param=pn%3D4 >。本公約係農委會於民國 93 年 3 月 17 日在立法院
　　第五屆第五會期外交及僑務委員會、經濟暨能源委員會第一次聯席會議審議，期間並審議
　　我國簽屬之《捕魚實體參與之安排》乙案。

船即時動態資訊，此系統係透過通訊設備將漁船全球定位系統（Global Positioning System; GPS）船位資料傳送至監控中心，以隨時掌握漁船作業動態，而目前使用之通訊系統包括衛星通訊及高頻（HF）、超高頻（VHF）無線通訊等，因 HF、VHF 無線通訊受氣候及地形等因素影響較大，因此國際間對遠洋漁業漁船監控大多採穩定性較高之衛星通訊系統進行船位資料傳輸。遠洋漁業方面，我國自民國 89 年起開始要求赴大西洋作業之鮪延繩釣船、魷釣船及運搬船、90 年赴北太平洋作業之秋刀棒受網漁船必須安裝、91 年捕撈南方黑鮪之專業及非專業船、92~93 年陸續規定印度洋及太平洋鮪延繩釣船、94 年起所有 100 噸以上漁船、98 年起所有赴公海作業的中小型鮪延繩釣船必須安裝「VMS」；在近海漁業方面，97 年起監控養殖活魚運搬船、98 年規定寶石珊瑚漁業每船均須裝設並回報船位、99 年為能有效掌握兼營娛樂漁業漁船動態，使其減少前往爭議水域活動並保障乘客安全每船須裝設、102 年起管理日漸減少之鯖魚資源，扒網漁船需安裝、108 年起開放漁船載運白帶魚直航大陸地區，該等運搬船作業期間需開啟 VMS 並回報船位；另掌握沿近海鎖管棒受網漁業漁船動態，於禁魚期間（每年農曆 2 月及農曆 10 月）赴北緯 26 度以北海域從事鎖管棒受網漁業，應裝設 VMS。[10]

國際間將漁船之漁業資料通報系統通稱為「電子紀錄暨回報系統（Electronic recording and reporting system, ERS）」，主要將漁船在海上作業之漁獲及作業情況作出紀錄、通報、處理、儲存及傳送漁業資料（漁業資料包括漁獲、卸魚、銷售及轉載量等）。我國原遭歐盟執委會

---

[10] 《VMS 系統簡介》，〈財團法人中華民國對外漁業合作發展協會〉，
　　＜https://www.ofdc.org.tw:8181/web/app/display.xhtml?id=6#Introduction＞。

於 104 年 10 月宣布將我國列為「IUU 漁業」不合作第三國警告名單（即黃牌名單），經我國持續與歐盟溝通與合作，以共同打擊 IUU 漁業活動，[11]並提出各種漁業管理行動方案，並加重非法捕魚罰則，自 105 年 1 月 1 日起 100 噸級遠洋漁船均需裝設電子漁獲回報系統（Electronic logbook, E-logbook）、未滿 100 噸級漁船在進入國內外港口後均需裝設電子漁獲回報系統，並經測試合格後始能出港作業。自此，我國已符合國際漁業管理趨勢，使遠洋漁業資源得以永續利用、亦提高我國漁業及水產品之國際形象。[12]

四、《海岸巡防法》

依本法第 1 條規定，制定本法之目的在於「為維護臺灣地區海域及海岸秩序，與資源之保護利用，確保國家安全，保障人民權益」，揭櫫海岸巡防署的任務，其中與民眾相關工作在第 3 條第 1 項揭示，包括海岸管制區之管制及安全維護、入出港船舶或其他運輸工具之安全檢查、海洋環境之保護及保育，以及海域、海岸、河口與非通商口岸之查緝走私、防止非法入出國、執行通商口岸人員之安全檢查及其他犯罪調查等，根據前述法定職責，第 4 條第 1 項第 1 款：規定「對進出通商口岸之人員、船舶、車輛或其他運輸工具及載運物品，有正當理由，認有違反安全法令之虞時，得依法實施安全檢查」，第 2 款：規定「對進出海域、海岸、河口、非通商口岸、航行領海內之船舶或其他運輸工具及其載運人員、物品，有正當理由，認有違法之虞時，得依法實施檢查」，

---

[11] 所謂 IUU，係非法(illegal)捕魚、未報告(unreported)捕魚、未受規範(unregulated)捕魚的漁撈行為。

[12] 莊宏豪、吳明峯，《電子漁獲回報系統簡介暨臺灣推動側施概況》，〈台灣水產〉，107 年 10 月，頁 44~49，<https://tpl.ncl.edu.tw/NclService/JournalContentDetail?SysId= A18036617>。

第 3 款：規定「對航行海域內之船舶或其他運輸工具，有正當理由，認有違法之虞時，得命船舶出示船舶文書、航海紀錄及其他有關航海事項之資料」，前述工作海巡機關人員執行職務時，得行使下列職權，但不得逾越必要程度。亦即海岸巡防署人員值勤時「有正當理由，認有違法之虞時，得依法實施檢查」，民眾應避免在不理解法律下與執法人員發生言語衝突。

　　海岸巡防署之執法依據係根據本法第 5 條：規定「海巡機關人員為執行職務，…準用警察職權行使法第二章及第四章規定」。根據《警察職權行使法》第 2 章第 6 條第 1 項：規定「警察於公共場所或合法進入之場所，得查證其身分」，第 7 條第 1 項：規定「警察依前條規定，為查證人民身分，得採取必要措施」，第 8 條第 1 項：規定「警察對於已發生危害或依客觀合理判斷易生危害之交通工具，得予以攔停並採行措施」，職是之故，海岸巡防署人員在執法範圍內，有正當理由且認有違法之虞時，均可攔停及檢查，且根據第 9 條第 1 項：規定「警察依事實足認集會遊行或其他公共活動參與者之行為，對公共安全或秩序有危害之虞時，於該活動期間，得予攝影、錄音或以其他科技工具，蒐集參與者現場活動資料。資料蒐集無法避免涉及第三人者，得及於第三人」，亦即海岸巡防署人員亦得攝影、錄音或以科技工具蒐集資料，若有無關案件第三人亦遭蒐集係無法避免，並無違法。[13]

　　海巡署人員在執行犯罪調查時，依據第 11 條：規定「簡任職、上校、警監、關務監以上人員，視同刑事訴訟法第 229 條之司法警察

---

[13] 《警察職權行使》，〈全國法規資料庫〉，
　　< https://law.moj.gov.tw/LawClass/LawAll.aspx?pcode=D0080145 >。第四章屬義務人或利害關係人權益受侵害之救濟。

官」;「薦任職、上尉、警正、高級關務員以上人員,視同刑事訴訟法第230 條之司法警察官」;「前二項以外之海巡機關人員,視同刑事訴訟法第 231 條之司法警察」;而前三項人員,除原具司法警察身分者外,須經司法警察專長訓練,始得服勤執法。此為民眾在海岸遊憩、漁民在海上作業時須注意之事項。

　　根據本法第 8 條:規定「海巡機關人員執行查緝走私、非法入出國及其他犯罪調查職務,必要時得於最靠近進出海岸之交通道路,實施檢查」,而第 2 條:規定「海岸:指臺灣地區之海水低潮線以迄高潮線起算五百公尺以內之岸際地區及近海沙洲」,亦即執法範圍由高潮線起算五百公尺以內之岸際地區及近海沙洲均係海巡署之執法範圍,惟若犯罪調查範圍超過此地區,則依本法第 8 條:規定「海巡機關人員執行查緝走私、非法入出國及其他犯罪調查職務,必要時得於最靠近進出海岸之交通道路,實施檢查」。

　　海岸巡防署之核心任務包括維護漁權、救生救難、海域治安、海洋事務、海洋保育等,其與漁民作業、民眾海岸休憩息息相關,並肩負查緝走私及偷渡任務,對於國家安全及民眾權益及安全亦採「便民與安全」之雙贏目標。

3-2　國內法

　　我國目前水域遊憩相關法律包括《發展觀光條例》、[14]《水域遊憩活動管理辦法》、各縣市政府《未具船型浮具管理要點》、《漁業法》、《漁港法》、《商港法》、《娛樂漁業管理辦法》等，法律法規條文均有針對國人遊憩、釣遊、海（岸）上觀光等做出規劃及限制，使民眾在安全前提下達致休閒之目的。

一、《發展觀光條例》

　　依本條例第 1 條規定，制定本條例之目的在於「發展觀光產業，宏揚傳統文化，推廣自然生態保育意識，永續經營臺灣特有之自然生態與人文景觀資源，敦睦國際友誼，增進國民身心健康，加速國內經濟繁榮」。條例中針對觀光產業、觀光旅客、觀光地區、風景特定區、自然人文生態景觀區、觀光遊樂設施、觀光旅館業、旅館業、民宿、旅行業、觀光遊樂業、導遊人員、領隊人員、專業導覽人員、外語觀光導覽人員等均做出定義，且相關規定亦針對前述從業人員之條件訂有管理規則。

　　臺灣四面環海並有包括金、馬、澎，以及蘭嶼、綠島、小琉球等離外島可從事跨境旅遊活動，為便利國人從事國內跨境旅遊活動，本條例第 27 條律定旅行業者可委託代售車船機票、代辦簽證、安排旅宿、設

14　《發展觀光條例》之分類六法包括：《法人團體受委託辦理國際觀光行銷推廣業務監督管理辦法》、《民間團體或營利事業辦理國際觀光宣傳及推廣事務輔導辦法》、《觀光地區及風景特定區建築物及廣告物攤位設置規劃限制辦法（原：觀光地區建築物廣告物攤位規劃限制實施辦法）》、《自然人文生態景觀區專業導覽人員管理辦法》、《觀光旅館及旅館旅宿安寧維護辦法》、《觀光旅館建築及設備標準》等。

計旅程、安排導遊或領隊，使國人在工作繁忙之餘由旅行業者代辦便利國內從事旅遊活動，以便利民眾從事各項休憩活動。

本條例除規範業者及罰則外，亦有針對一般民眾在在景區、水域遊憩地區之違反條例之罰則，分述如次。

（一）第 60 條第 1 項

規定「於公告禁止區域從事水域遊憩活動或不遵守水域遊憩活動管理機關對有關水域遊憩活動所為種類、範圍、時間及行為之限制命令者，由其水域遊憩活動管理機關處新臺幣一萬元以上五萬元以下罰鍰，並禁止其活動」。本條主要在規範民眾在禁制區域不得各種水域遊憩活動，亦須遵守管理機關針對不同水域規範之水域分區，包括諸如浮潛區不得垂釣、衝浪等遊憩活動，並須遵守管理機關針對種類、範圍、時間及行為之限制，若有違反管理機關將可處新臺幣一萬元以上五萬元以下罰鍰，並禁止其活動，此主要在維護合法遊憩民眾安全從事各項活動，對於違反規定之民眾罰則亦較重，民眾在從事水域遊憩活動前必須詢問管理單位或看清公告，避免影響合法民眾權益或造成意外事件。

（二）第 62 條第 1 項

規定「損壞觀光地區或風景特定區之名勝、自然資源或觀光設施者，有關目的事業主管機關得處行為人新臺幣五十萬元以下罰鍰，並責令回復原狀或償還修復費用。其無法回復原狀者，有關目的事業主管機關得再處行為人新臺幣五百萬元以下罰鍰」。第 2 項：規定，「旅客進入自然人文生態景觀區未依規定申請專業導覽人員陪同進入者，有關目的事業主管機關得處行為人新臺幣三萬元以下罰鍰」。觀光區內包括廁所內設施遭破壞或遭竊，除依本條第 1 項裁處外，刑法第 138 條：規定

「毀棄、損壞或隱匿公務員職務上掌管或委託第三人掌管之文書、圖畫、物品，或致令不堪用者，處五年以下有期徒刑，以及刑法第 354 條：規定「毀棄、損壞前二條以外之他人之物或致令不堪用，足以生損害於公眾或他人者，處二年以下有期徒刑、拘役或五百元以下罰金。[15]

（三）違反第 64 條第 1 項

規定「風景特定區或觀光地區內有下列行為者，包括任意拋棄及焚燒垃圾或廢棄物、將車輛開入禁止車輛進入或停放於禁止停車之地區、擅入管理機關公告禁止進入之地區，由事業主管機關處新臺幣五千元以上十萬元以下罰鍰」，另第 2 項：規定「其他經管理機關公告禁止破壞生態、汙染環境及危害安全之行為，由其目的事業主管機關處新臺幣五千元以上一百萬元以下罰鍰」。意即任意丟棄或焚燒垃圾、違規停車、擅入禁區、破壞生態、汙染環境及危害安全等，可依情節處罰，且罰則金額亦高，民眾進入風景特定區或觀光地區務必遵守相關規定，其中民眾在風景特定區或觀光地區違規停車，並非以《道路交通管理處罰條例》開罰，而係以《發展觀光條例》開罰，遭致開罰新臺幣五千元罰鍰而甚感驚訝，[16]顯示學校教育及社會教育對於國民法治教育仍不足，學校在通識教育中應增加相關課程，主管機關亦應拍攝影片在新聞中宣導，管理單位則應在入口及易違規停車處張貼顯見之公告，避免民眾誤觸法規而不知。

---

[15] 《優質景區碰上惡質遊客！觀音山風景區遊客破壞狂》，〈雅虎新聞〉，
　< https://style.yahoo.com.tw/優質景區碰上惡質遊客-觀音山風景區遊客破壞狂-000000757.html >。

[16] 《風景區周邊違停 罰款 5 千元起跳》，〈自由時報〉，
　< https://news.ltn.com.tw/news/life/paper/1309978 >，108 年 8 月 12 日。

（四）第 65 條

規定「依本條例所處之罰鍰，經通知限期繳納，屆期未繳納者，依法移送強制執行」。若有違反相關條例遭事業主管機關裁罰，務必於期限內繳交罰款，若逾期未繳罰款則事業主管機關將依法移送強制執行，民眾不可輕忽。[17]

二、《水域遊憩活動管理辦法》

本辦法係依《發展觀光條例》第 36 條授權訂定，[18]而第 2 條：規定「從事水域遊憩活動，依本辦法規定辦理，本辦法未規定者依其他中央法令及地方自治法規辦理」，亦即在水域內從事遊憩之相關活動依據本辦法之規定辦理，而活動在第 3 條明定包括游泳、潛水、操作騎乘拖曳傘等各類器具之活動，以及操作騎乘各類浮具之活動；各類浮具（指非屬船舶，具有浮力可供人員於水面或水中操作騎乘之器具）包括衝浪板、風浪板、滑水板、水上摩托車、獨木舟、泛舟艇、香蕉船、橡皮艇、拖曳浮胎、水上腳踏車、手划船、風箏衝浪、立式划槳及其他浮具；而未具船型之浮具則另由《未具船型浮具管理要點》規範。

本《辦法》主要在規範各管理機關限制水域遊憩活動種類、範圍、時間及行為，公告禁止水域遊憩活動區域，訂定活動注意事項，以及規範業者必須投保責任保險並為遊客投保傷害保險。而第 2 章規範包括水

---

[17] 《發展觀光條例》，〈全國法規資料庫〉，
< https://law.moj.gov.tw/LawClass/LawAll.aspx?pcode=K0110001 > 。

[18] 發展觀光條例第 36 條第 1 項「為維護遊客安全，水域遊憩活動管理機關得對水域遊憩活動之種類、範圍、時間及行為限制之，並得視水域環境及資源條件之狀況，公告禁止水域遊憩活動區域；其禁止、限制、保險及應遵守事項之管理辦法，由主管機關會商有關機關定之。」

上摩托車、潛水活動、獨木舟活動、泛舟活動之活動地點、核備方式、對遊客從事安全教育、業者必須準備包括通訊設備之器材及活動規範等。

本《辦法》第 10 條明確規範業者從事營利性水域遊憩活動，必須投保責任保險及為遊客投保傷害保險，且具營利性質並提供場地或器材供遊客從事水域遊憩活動亦須投保責任保險及為遊客投保傷害保險，其保險針對責任保險給付項目及最低保險金額，以及每一個人體傷責任之保險金額中傷害保險給付項目及最低保險金額；第 10 條主要在確認業者責任及保障參與水域活動之遊客權益，其中每一意外事故體傷責任之保險金額為新臺幣 2,400 萬元，保險期間之最高賠償金額為新臺幣 4,800 萬元。[19]

民眾赴海邊遊憩一般多在海水浴場及附近活動，根據 Google 地圖顯示，全臺海水浴場由北至南往東計算，新北包括白沙灣海水浴場計 9 個、基隆包括外木山海水浴場計 2 個、桃園包括竹圍海水浴場計 2 個、苗栗通宵海水浴場計 1 個、臺中大安海水浴場計 1 個、雲林三條崙海水浴場計 1 個、臺南包括馬沙溝海水浴場計 2 個、高雄包括西子灣海水浴場計 2 個、屏東包括墾丁海水浴場計 3 個、臺東杉原海水浴場計 1 個、花蓮磯崎海水浴場計 1 個、宜蘭包括外澳海水浴場計 2 個、澎湖包括觀音亭海水浴場計 3 個、金門溪邊海水浴場計 1 個，全臺不包括已關閉之海水浴場計 31 個（如表 3-1）。民眾赴海邊或海水浴場遊憩應注意包括在管理機關公告劃設之範圍內活動、隨時注意潮汐變化遵從安全人員管

---

[19] 《水域遊憩活動管理辦法》，〈全國法規資料庫〉，
     <https://law.moj.gov.tw/LawClass/LawAll.aspx?pcode=K0110024>。

理、不得於禁止水域遊憩活動範圍從事活動、無救生員及救生設備海域不得下水、氣象局公告暫停一切水域遊憩活動。[20]民眾若違反《水域遊憩活動管理辦法》第 5 條，將依《發展觀光條例》第 60 條或公告處新臺幣 1 萬元以上 5 萬元以下罰鍰，並禁止其活動。具營利性質者，處新臺幣 3 萬元以上 15 萬元以下罰鍰，並禁止其活動。

表 3-1　全臺海水浴場

地區	海水浴場	數量
新北	福隆、翡翠灣、白沙灣、萬里、金沙灣、龍門公園、龍門南口、鹽寮、洲子灣等海水浴場	9
基隆	外木山、大武崙等海水浴場	2
桃園	竹圍、觀音等海水浴場	2
苗栗	通宵、崎頂等海水浴場	1
臺中	大安海水浴場	1
雲林	三條崙海水浴場	1
臺南	馬沙溝、鯤鯓等海水浴場	2
高雄	西子灣、旗津等海水浴場	2
屏東	墾丁、小灣、南灣等海水浴場	3
臺東	杉原海水浴場	1
花蓮	磯崎海水浴場	1
宜蘭	外澳、蜜月灣等海水浴場	2
澎湖	觀音亭、隘門、蒔裡等海水浴場	3
金門	溪邊海水浴場	1
合計	已關閉或停業海水浴場包括新北沙崙、新竹南寮及新豐、宜蘭頭城等計 4 個海水浴場。	31

資料來源：整理自 Google 地圖、營建署網站、ABIC 網站、交通部觀光局。

20　《臺中市政府公告大安海水浴場水域遊憩活動範圍圖及注意事項》，〈臺中市風景管理所〉，<https:// www.scenic.taichung.gov.tw/media/50999/公告附件.pdf>。

三、《未具船型浮具管理要點》

　　臺灣四面環海，春夏氣候宜人，海岸線全長約 1,200 公里，若計算離外島海岸線可達 1,500 餘公里，國人對從事岸際、近岸、海洋活動日益增加，但以遊艇或娛樂漁船從事活動常受價格、人數、時間、海象等因素限制，故衍生出民眾運用保麗龍、EVA、波特船等浮具出海從事釣魚或其他海上活動，而浮具係指「未具船型或動力未滿 12 呎浮具、免牌照小船」，相較購買自用船舶及漁船價格低廉許多，各種形式浮具可從沙灘、礁石區等地方出海，若未穿著救生衣等安全輔具，易造成危安事件發生；根據立法院研究成果《搭乘浮具海釣之管理法令爭議問題研析》，此類未具船型浮具所設法規包括：《發展觀光條例》、《漁業法》、《船舶法》、《水域遊憩活動管理辦法》、《娛樂漁業管理辦法》、《公共水域浮具安全使用及活動建議注意事項》、《宜蘭縣小船及未具船型浮具經營管理辦法》、《高雄市愛河水域交通管理辦法》、《南投縣日月潭水域未具船型浮具管理要點》、《澎湖縣海上休閒用筏（載）具管理辦法》、《花蓮縣「未具船型之浮具」管理與檢查標準作業程序》，[21]惟相關法規均未針對未具船型浮具出海釣魚做出規範。

　　前於 106 年 8 月初 3 男 1 女向業者租用保麗龍船由基隆望海巷漁港附近海灘出海釣魚，返程時 1 人落海失蹤，報載此次事件主因係「未具船型或動力未滿 12 呎浮具、免牌小船」無法可管，亦無法可替乘客具保，乘客亦無規範強制穿著救生衣，導致形成海上活動之安全漏洞，同年 8 月間，釣權團體呼籲交通部「出面納管乘坐未具船型或動力未滿 12 呎浮具、免牌照小船，應履行穿戴救生衣等安全事項」，而交通部航

---

[21] 《搭乘浮具海釣之管理法令爭議問題研析》，〈立法院〉，
　　<https://www.ly.gov.tw/Pages/Detail.aspx?nodeid=6590&pid=207657>。

港局則發布新聞指出，即將發布行政指導原則「公共水域浮具安全使用及活動建議與注意事項」，希望各縣市政府可依循訂立自治條例，規範未滿 12 呎浮具、免牌照小船，主因各縣市使用浮具種類、海象及氣候條件各不相同，牽涉未來地方政府規範浮具行駛範圍及時段等，希望因地制宜。[22]

　　新北市為維護民眾及漁民作業安全，109 年 11 月公告禁止民眾搭乘浮具出海垂釣，由於垂釣不屬水域遊憩活動，新北市政府公告遭交通部觀光局認定引用錯誤法源，要求新北市政府撤銷並拆掉立在漁港的禁釣告示牌，惟新北不為所動，且侯市長表示，新北市海域有 145 公里，共開放 11 個漁港垂釣，歡迎大家到安全漁港垂釣，不要乘坐不安全的保麗龍浮具出海，為保障所有釣客及漁民作業安全，市府必須採取部分限縮作為，希望大家能夠理解；此舉引發水上浮具暨免牌小船休憩發展協會等團體於 110 年 3 月 8 日赴新北市政府前陳抗，抗議市府公告禁止民眾搭乘浮具出海釣魚，[23]此舉主要係海上垂釣與岸際垂釣方式不同，且釣獲魚種、尺寸及釣場深度均不同，新北市政府希望以安全為前提規範釣客在開放漁港垂釣，與民眾認定完全不同，故在當時引發抗議。

　　然迄 110 年 12 月 24 日，交通部航港局公布《使用限制人數二人以下動力浮具操作人員訓練機構認可要點》，[24]根據航港局宣導影片，浮具並非一般船舶，而係具有浮力可供人員在水面或水中操作及搭乘之器

22　《交部指導地方納管浮具 釣團：還要犧牲多少人命？》，〈中時新聞網〉，
　　＜https://www.chinatimes.com/realtimenews/20170808001806-260405?chdtv＞。

23　《禁搭浮具出海釣魚遭抗議 侯友宜盼大家理解》，〈中央通訊社〉，
　　＜https://www.cna.com.tw/news/aloc/202103080107.aspx＞。

24　《交通部航港局使用限制人數二人以下動力浮具操作人員訓練機構認可要點》，〈交通部航港局〉，＜https://www.motcmpb.gov.tw/Information/Detail/62744bef-c804-4988-8c93-8d5847e1d56c?SiteId=1&NodeId=＞。

具，並可區分為非動力浮具及動力浮具，亦分為使用限制人數兩人以下及三人以上，操作非動力浮具及使用限制人數兩人以下動力浮具時，浮具由使用人自行檢查，須著重檢查「結構與穩度」、「機器」等兩項。

（一）「結構與穩度」方面

1. 須確認浮具是適當材料建造，並維持良好有效。
2. 注意材料各部分連接牢固，保持堅固耐用。
3. 確認浮具穩定，即使成員集中浮具一側也不會泛水及翻覆。
4. 浮具一定要有水密空間或永久浮力裝置。

（二）「機器」方面

1. 浮具推進機器要使用海事用之船外機。
2. 裝載燃油之容器須做好隔熱設備與隔絕。
3. 定期檢查機器操作正常無異聲及過熱現象。
4. 運轉時不應氣體洩漏、漏油、異常震動、零件缺漏等。
5. 運轉時產生高溫之機件要有隔熱保護措施。

　　另在使用限制人數 3 人以上動力浮具時：

1. 器具安全檢查由交通部航港局辦理（漁業管筏除外）。
2. 地方政府訂有自治法規則依照相關規定辦理。

　　在救命設備方面：

1. 全程穿著救生衣及與浮具連接之安全索。
2. 依據活動水域需要攜帶具適當防水之行動電話、個人指位無線電示標等無線電通訊設備及煙霧訊號。

3. 能見度差及夜間航行應開啟具有高亮度之警示燈具。

4. 配備汽笛、喇叭及強光手電筒。

　操作不同浮具時要注意相對應之規定，包括：

1. 非動力浮具：遵守水域遊憩活動管理機關設置之警告或標示。

2. 限制人數 2 人以下動力浮具：浮具操作人員應取得交通部航港局認可機構所核發之教育訓練證明，或依照地方自治法規相關規定辦理。

3. 限制 3 人以上動力浮具：浮具操作人員應具備動力小船或遊艇駕駛執照，或水域遊憩活動管臉機關認可之操作資格。

　一般民眾參與教育訓練包括下列，在通過「學科」及「術科」之測驗，即可取得訓練證明（如圖 3-2）。1.航港局正式對外開辦「使用限制人數 2 人以下動力浮具訓練」資訊，可詳見各浮具訓練機構公告，滿 16 歲即可報名參加訓練；2.訓練課程區分學科與術科等 2 種，學科包括完成 5 小時線上免費學習課程（總題庫約 150 題）課程內容則包括動力與浮具管理、航海常識、船機常識、氣（海）象常識、通訊與緊急措施等；術科需在航港局認可之機構內完成 5 小時訓練課程，課程包括離岸、下錨、急難處理、水上救生、翻船復位及靠岸等。[25]

　自 110 年 12 月 24 日，交通部航港局公布《使用限制人數二人以下動力浮具操作人員訓練機構認可要點》後，多數玩家均依照相關規範完成訓練及認證，並在安全範圍內出海從事休憩活動，由目前許多玩家使用 SUP、浮具泡棉船等出海從事休憩活動並將影片置放在 YT 頻道，由相關影片顯示，民眾多已依規範完成訓練及認證，並在安全前提條件下出海從事相關活動，對民眾安全從事海域休憩活動提供多項選擇。

---

[25] 《【航港局】浮具器具及人員操作訓練宣導懶人包影片》，〈交通部航港局〉，
　　<https://www.youtube.com/watch?v=LmVyzbOc2Bw>。

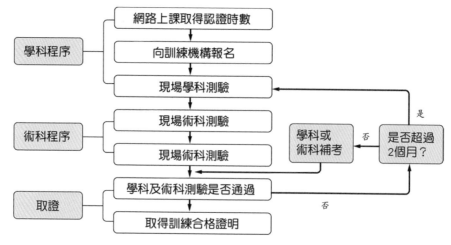

圖 3-2 限制人數 2 人以下動力浮具操作人員訓練證明流程圖

資料來源：依據交通部航港局影片內容繪製

四、《漁業法》

依本法第 1 條規定，制定本法之目的在於「為保育、合理利用水產資源，提高漁業生產力，促進漁業健全發展，輔導娛樂漁業，維持漁業秩序，改進漁民生活，特制定本法；本法未規定者，適用其他法令之規定」。與遊憩相關部分為「輔導娛樂漁業（第 4 章 41~43 條）」，其中 41 條：規定「本法所稱娛樂漁業，係指提供漁船，供以娛樂為目的者，在水上或載客登島嶼、礁岩採捕水產動植物或觀光之漁業」。職是之故，凡以漁船從事以娛樂為目的者均屬本法管轄，另「娛樂漁業之活動項目、採捕水產動植物之方法、出海時限、活動區域、漁船數、漁船噸位數及長度、漁船進出港流程、漁船幹部船員或駕駛人之資格及其他應遵守事項之辦法，由中央主管機關定之」。而目前以娛樂漁船搭載無船員手冊之民眾出海從事釣遊（《娛樂漁業管理辦法》）、登島或登礁從事釣遊、觀賞漁撈及魚類（賞鯨等）活動等。

現行法規規範，舢舨、漁筏不得出海從事娛樂漁業活動，根據漁業署網站意見雙向交流區回答民眾意見，「《娛樂漁業管理辦法》第 5 條第 2 項規定舢舨、漁筏不得經營娛樂漁業，其立法意旨係舢舨、漁筏無甲板，船身不穩，在海上航行遭遇海況變化易發生危險，對乘客安全無保障，故不適宜經營娛樂漁業。但對於類似潟湖等具天然屏障之一定水深公共水域，直轄市或縣（市）主管機關得指定水域，並制（訂）定自制法規，核准舢舨、漁筏於該水域內兼營娛樂漁業」。[26]亦即舢舨、漁筏多在內灣蚵棚作業，亦有較大型之舢舨、漁筏作為放囮與一支釣，惟因天氣、海象、洋流等多重因素，舢舨、漁筏更換較大馬力的船外機，並增加更先進的航儀、魚探機開赴更遠、更深的海域垂釣，而基於安全考量且舢舨、漁筏遇險可能造成生命財產損失，故僅可在較為安全之指定海域以舢舨、漁筏從事娛樂漁業。[27]

現階段民眾從事海上休憩釣魚活動時常遭到檢舉或海巡署關切，而民眾利用包括獨木舟等未具船型之浮具在海上垂釣並未受《水域遊憩活動管理辦法》及《娛樂漁業管理辦法》規範不得從事休閒釣魚活動，而垂釣民眾質疑《漁業法》第 3 條：規定之漁業「係指採捕或養殖水產動植物業，及其附屬之加工、運銷業」，本法第 4 條第 1 項：規定「本法所稱漁業人，係指漁業權人、入漁權人或其他依本法經營漁業之人」，第 2 項：規定「本法所稱漁業從業人，係指漁船船員及其他為漁業人採捕或養殖水產動植物之人」，故《漁業法》在規範經營漁業之人及漁業

[26] 《娛樂漁業活動》，〈漁業署意見交流區〉，
< https://www.fa.gov.tw/cht/ForumsGuest/content.aspx?id=20109815&chk=c7789755-99a9-4d2b-93e1-61a4ac18f9c8 >。

[27] 《雲林海域的管筏和釣船之探討與分析》，〈釣魚玩家〉，
< https://http://fishingplayer.com/viewthread.php?tid=23964 >。

從業人員，未具經營漁業及漁業從業的一般民眾活動不受《漁業法》管轄，《漁業法》並非規範休閒垂釣之民眾。

　　民眾在漁業署網站向漁業署反應，該署之答覆為「為維護海上休閒安全，民眾從事休閒性海釣活動應搭乘娛樂漁業漁船或遊艇為之，倘採捕水產動植物並從事漁業經營行為，應經漁政主管機關核准」，此一回覆區分為「為維護海上休閒安全，民眾從事休閒性海釣活動應搭乘娛樂漁業漁船或遊艇為之」及「倘採捕水產動植物並從事漁業經營行為，應經漁政主管機關核准」兩項，前項「為維護海上休閒安全」係一抽象概念，且國內並無規範民眾垂釣必須搭乘娛樂漁業漁船或遊艇，而第 2 項回覆係本法第 6 條：規定「凡欲在公共水域及與公共水域相連之非公共水域經營漁業者，應經主管機關核准並取得漁業證照後，始得為之」，惟民眾從事休閒垂釣並非經營漁業，抑或漁業從業人從事採捕水產動植物或從事漁業經營行為，故此休閒活動無須經漁政主管機關核准；另該網站意見交流區 103 年 12 月 12 日回覆 12 月 9 日問題後遭民眾接續提問，該交流區漁業署則不再回覆，[28]此亦凸顯民眾垂釣與《漁業法》無涉，且我國並未規範休閒活動可採捕之魚種數量、尺寸，而包括美國佛州均針對證照、魚種、尺寸等做出明確規範，其並設有漁獵巡警專責巡護及執法，民眾若違反規定遭移送依情節可能不僅是罰金，亦有可能遭受刑事判決入監執行，我國因國情及民眾守法意識等諸多原因，似乎難以如同其他國家針對釣魚證照、捕獵魚種及數量限制、尺寸過小放流等做出全面性規範，惟若由保育、生物多樣性等因素思考，無論民眾休憩或漁民作業均須做出明確規範，以使生態可永續維護。

---

[28] 《意見交流》，〈漁業署網站〉，
　< https://www.fa.gov.tw/cht/ForumsGuest/content.aspx?id=20107839&chk=adb576af-4e23-4a0e-a25f-3b9bdf0218e5 >。

　　漁業署於 105 年 7 月 5 日召開「波特船管理協商會議」，會中僅有漁業署、海巡署、漁會代表，並未邀請波特船業者、協會、波特船玩家出席，會中將釣魚定義為「經營漁業」，臺灣釣權團結聯盟認定漁業署擴大解釋《漁業法》第 6 條，後並發函要求海巡署及各縣市政府漁業單位禁止免牌船釣魚；亦即波特船等未具船籍（免牌船）的浮具，在未經許可下出海採捕水產動植物，就是未經許可的從事漁業，可依《漁業法》第 6 條核處。

　　而釣權團體認為釣魚適用《水域遊憩活動管理辦法》，並不適用《漁業法》，釣客搭乘的船舶通常是非動力帆船、推進力未滿 12 千瓦的非漁業用動力小船，亦不在《船舶法》規範內，惟《水域遊憩活動管理辦法》第 3 條，其水域活動包括游泳、衝浪、潛水，或是泛舟、划船、水上腳踏車等運動，並未將「釣魚」此一項目納入，似有農委會漁業署、交通部航港局及觀光局三不管或不該管之疑慮。[29]

　　漁業署 92 年舉辦「全民漁業週」，包括「為漁業而跑」、「漁業造林」，「魚苗放流」、「攝影比賽」及「漁產品促銷」等活動，[30]並以推動海釣管理制度將會是全民漁業的起步，惟漁業署 106 年擴大解釋《漁業法》適用範圍，凡未取得漁業證照之各式浮具，在海上採捕水產動植物，即屬未經許可從事漁業，並定義「海釣」係屬漁業從業一支釣漁法。此舉導致熱愛海釣民眾要求釣魚改納交通部之《水域遊憩活動管理辦法》未果，使得交通部、漁業署、海巡署間糾纏未解而爭議越演越

---

[29] 《我休閒釣魚你說我違法捕魚 釣客也要上街頭抗議》，〈信傳媒〉，
　　 < https://www.cmmedia.com.tw/home/articles/2099 >。

[30] 《2003 年全民漁業週》，〈國立海洋大學全民漁業週〉，
　　 < http://ind.ntou.edu.tw/~tfeda/ a001.htm >。

烈，而交通部曾表示《發展觀光條例》及《水域遊憩管理辦法》的重點
是「原則開放、例外管理」，相關事件促使《交通部航港局使用限制人
數二人以下動力浮具操作人員訓練機構認可要點》及《浮具器具及人員
操作安全注意事項》於 110 年 10 月 1 日生效施行，而各級政府亦增訂
《「未具船型之浮具」管理與檢查標準作業程序》。[31]

　　在漁業永續方面，漁業署已於 111 年 7 月中將原限制 3 個月（8 月
16 日～11 月 15 日）禁捕抱卵母蟹延長至 5 個月，修正為每年 8~12 月
螃蟹繁殖高峰期禁捕抱卵母蟹；另針對鏽斑蟳、紅星梭子蟹、遠海梭子
蟹等甲殼寬從原來 8 公分以下限制捕撈提高至 9 公分以下限制捕撈，善
泳蟳甲殼寬從原來 6 公分以下限制捕撈提高至 7 公分以下限制捕撈，禁
捕期間將同步不得販售抱卵母蟹，若有違反規定不論捕抓或販賣者均將
處以罰款 3~15 萬元罰鍰，民眾於禁捕期在市場上發現販售抱卵母蟹可
依法檢舉，使違規商家受實質處罰，延長禁捕期估計每艘捕蟹漁船將減
少 60~70 萬元收入，惟因 8~12 月禁捕抱卵母蟹後，估計每年可保護六
成抱卵母蟹順利繁衍，長遠而言對漁民及漁業資源保護應為雙贏。[32]

五、《商港法》

　　全臺目前包括基隆港、臺北港、臺中港、安平港、高雄港、花蓮
港、蘇澳港等 7 個商港，由臺灣港務故份有限公司統轄管理，而我國航
港管理係行政監理與經營合一，在港務局朝「公司化」方向改制為港務

---

[31] 《你我皆漁民？該修的是「娛樂漁業管理辦法」》，〈蘋果新聞網〉，
　　<https://tw.appledaily.com/forum/20170116/RRXQJKKQFLEOTUZTL2PCBGNN7Y/>。《花蓮
　　縣「未具船型之浮具」管理與檢查標準作業程序》，〈花蓮縣政府〉，
　　<https://glrs.hl.gov.tw/glrsout/LawContent.aspx?id=FL044841>。

[32] 《抱卵母蟹擴大禁捕五個月　市場也不能賣！　漁業署估可保護六成母蟹》，〈環境資訊中
　　心〉，<https://e-info.org.tw/node/234568>，111 年 7 月 14 日。

公司前，設立臺灣港務股份有限公司，統轄基隆、臺中、高雄及花蓮四個港務分公司，專營港埠經營業務，提升港埠經營效能及彈性，以促進國際商港區域之發展。我國商港主要有近海航線貨櫃轉運、國際郵輪母港、兩岸客貨運及產業加值、能源及大宗物資儲轉、洲際貨櫃樞紐、智慧物流運籌、客運及觀光遊憩、東部地區貨物進出、遠洋航線貨櫃轉運、海運快遞及海空聯運、汽車及其他產業物流、散雜貨港口等，[33]在航運及休憩作業能量外，不影響航運及作業安全下可開放民眾垂釣及其他必要作業。

　　本法第 23 條：規定「…但有危急情況須作必要之緊急停泊者，得於不妨害商港安全之情形下停泊，事後以書面申述理由向商港經營事業機構、航港局或指定機關報備」，惟申請緊急入港有本法第 25 條：規定「入港船舶裝載爆炸性、壓縮性、易燃性、氧化性、有毒性、傳染性、放射性、腐蝕性之危險物品者，應先申請商港經營事業機構、航港局或指定機關指定停泊地點後，方得入港…」，[34]若申請進入港區後發生危難則須依本法第 27 條：規定「船舶在商港區域內發生海難或其他意外事故，船長應立即採取防止危險之緊急措施，並應以優先方法通報商港經營事業機構、航港局或指定機關，以便施救」。[35]

　　根據本法第 36 條第 1 項第 2 款：規定「商港區域內，不得為下列行為：…二、養殖及採捕水產動、植物」，而與漁港法第 18 條相同，第 36 條第 2 項：規定「商港經營事業機構、航港局或指定機關於不妨害港區

---

[33] 《公司簡介》，〈臺灣港務故份有限公司〉，< https:// www.twport.com.tw/chinese/cp.aspx >。

[34] 《商港法第 23、25 條》，〈商港法〉，
　　< https://law.moj.gov.tw/LawClass/LawAll.aspx?pcode=K0080001 >。

[35] 《商港法第 27 條》，〈商港法〉，
　　< https://law.moj.gov.tw/LawClass/LawAll.aspx?pcode=K0080001 >。

作業、安全及不造成汙染之商港區域，得與登記有案之相關社團協商相關措施，公告開放民眾垂釣，不受前項第二款規定之限制」，亦即在指定公告之區域可開放民眾垂釣。[36]目前全國商港已有 8 個商港 14 處開放民眾垂釣（如表 3），後續將有 1 個商港 1 處在不影響國防安全情況將開放垂釣。[37]民眾若進入商港垂釣之需求，自 111 年 5 月起實施新制，委由專業保全公司負責釣場巡查及維護釣客安全，以及合法登記立案之釣魚團體或協會，執行釣客服務工作，港務公司並已導入「商港垂釣預約系統」，釣客可使用此系統進行所欲進入商港之垂釣預約，完成後由現場管理人員確認身分、垂釣裝備完整後即可進入垂釣（報名網頁：https://www.twport.com.tw/chinese/cp.aspx?n= 4852D2E650294239）。[38]惟進入商港垂釣必須穿著安全裝備，港務公司亦要求保全公司及釣魚團體需投保公共意外責任保險，以保障安全人員及釣客之權益。

　　由於各商港交由不同釣魚團體管理出現收費不同之現象，臺灣港務公司檢討後自 110 年元月 1 日起，8 座開放商港垂釣區均「免費」開放民眾垂釣，由保全負責維安、釣團管理清潔，自此，一般民眾赴商港垂釣限制降低，民眾則須做好垃圾不落地、垃圾自行帶回及釣後復原、清潔釣場之責任。[39]

---

[36] 《商港法第 36 條》，〈商港法〉，
　　 ＜https://law.moj.gov.tw/LawClass/LawAll.aspx?pcode=K0080001＞。

[37] 《友善垂釣-全台釣點更新公開資訊（截至 111 年 2 月 14 日）》，〈海洋保育署〉，
　　 ＜https://www.oca.gov.tw/ch/home.jsp?id=191&parentpath=0,6,190&mcustomize=ocamaritime_
　　 view.jsp&dataserno=202202150001＞。

[38] 《「商港垂釣預約系統」即起上線港務公司提醒釣魚先預約》，〈聯合新聞網〉，
　　 ＜https:// udn.com/news/story/7266/6290753＞。

[39] 《全台 8 座商港今起免費垂釣 釣客開心迎接新年禮》，〈聯合新聞網〉，
　　 ＜https://udn.com/news/story/7266/6002832＞。

表 3-2　商港開放民眾垂釣地區

港口	釣點	範圍
基隆港	基隆港施工碼頭	200M
	基隆港東岸防波堤	900M
臺北港	臺北港北防波堤	818M
臺中港	臺中港北防波堤全段	2,818M
	臺中港 100 號碼頭	329M
安平港	安平港南防波堤	1,900M
	安平港北防波堤	1,500M
花蓮港	花蓮港新東防波堤以南（堤頂屬危險區，無開放垂釣）	1,837M
澎湖港	澎湖港馬公碼頭開放垂釣區	870M
	澎湖港龍門尖山碼頭開放垂釣區	1,000M
高雄港	高雄港台電灰塘防波堤堤道	400M
	高雄港旗后山下舊台機造船廠旁護岸	145M
	高雄港第二港口北防波堤	510M
布袋港	布袋港北防波堤內堤以外西側	660M

資料來源：《垂釣資訊專區》,〈臺灣港務股份有限公司〉,
< https:// www.twport.com.tw/chinese/cp.aspx?n=4852D2E650294239 > 。

六、《漁港法》

　　依據《漁港法》第 4 條：規定「漁港分為第一類漁港及第二類漁港，分別由中央主管機關，及直轄市、縣（市）主管機關管理；其類別由中央主管機關會商漁港所在地直轄市、縣（市）政府，依漁業發展需要及使用目的指定之」，本法第 2 條：規定「本法所稱主管機關：在中央為行政院農業委員會；在直轄市為直轄市政府；在縣（市）為縣（市）政府」，本法第 5 條：規定「第一類漁港之漁港區域，由中央主管機關會商有關機關劃定，報請行政院核定後，由中央主管機關公告

之。第二類漁港之漁港區域，由直轄市、縣（市）主管機關會商有關機關劃定公告之，並報請中央主管機關備查。漁港區域內得依據漁港計畫劃設各類專用區域，並由各目的事業主管機關依有關法令規劃建設及管理」，故第一類漁港主管機關為行政院農業委員會，第二類漁港主管機關在直轄市為直轄市政府，在縣（市）為縣（市）政府。

另根據第 3 條第 1 項第 1 款：規定「漁港：指主要供漁船使用之港」（我國漁港統計表如表 3-3），[40]並非提供自用船舶使用，惟我國行政院農業委員會漁業署為符合一般大眾對海上休憩旅遊之需求，自民國 88 年起開始推動漁港多元化計畫，全力發展並改造傳統漁港為兼具漁業及休閒觀光的現代化漁港，在不影響漁業發展之情況下，規劃部分空間設置遊艇、帆船浮動碼頭，以及大力推動遊艇碼頭的建設，而選擇建設的遊艇碼頭，多數鄰近都會區交通便捷，且鄰近海域可發展海域休閒活動，除國內遊艇可停靠外，國際遊艇亦可停靠，遊艇碼頭由專業廠商經營管理，經營方式採 OT 或 BOT 模式，迄 101 年 9 月 21 日碧砂遊艇碼頭成為第一個在漁港內建設完成的遊艇碼頭，[41]截止目前，已有專屬遊艇停泊區 18 座、非專屬遊艇停泊區 19 座，一般民眾可至交通部航港局-遊艇申辦服務平臺－泊位資訊查詢，可顯示泊位清單及停泊遊艇概況（我國專屬遊艇停泊區及非專屬遊艇停泊區如表 3-4）。

---

[40] 《漁港法》，〈全國法規資料庫〉，
　　＜https://law.moj.gov.tw/LawClass/LawAll.aspx?pcode=M0050010＞。
[41] 《漁港休閒新風貌～遊艇碼頭初體驗》，〈臺灣農業故事館〉，
　　＜https://theme.coa.gov.tw/theme_list.php?theme=storyboard&id=335＞。

表 3-3　我國漁港統計表

縣市	一類漁港	二類漁港
基隆	正濱漁港(2) 八斗子漁港	大武崙漁港、外木山漁港、長潭里漁港、望海巷漁港(4)
新北		下罟子漁港、淡水第一漁港、淡水第二漁港、六塊厝漁港、後厝漁港、麟山鼻漁港、富基漁港、石門漁港、草里漁港、磺港漁港、水尾漁港、野柳漁港、東澳漁港、龜吼漁港、萬里漁港、深澳漁港、水湳洞漁港、南雅漁港、鼻頭漁港、龍洞漁港、和美漁港、美豔山漁港、澳底漁港、澳仔漁港、龍門漁港、福隆漁港、卯澳漁港、馬崗漁港(28)
桃園		竹圍漁港、永安漁港、許厝漁港、後厝漁港、蚵殼漁港(5)
新竹	新竹漁港(1)	坡頭漁港、鳳坑漁港、南寮舊漁港、新豐紅毛港(4)
苗栗		龍鳳漁港、外埔漁港、白沙屯漁港、塭仔頭漁港、公司寮漁港、福寧漁港、南港漁港、新埔漁港、通宵漁港、苑港漁港、苑裡漁港(11)
臺中	梧棲漁港(1)	松柏漁港、五甲漁港、北汕漁港、塭寮漁港、麗水漁港(5)
彰化		崙尾灣漁港、王功漁港(2)
雲林		五條港漁港、臺西漁港、三條崙漁港、箔子寮漁港、金湖漁港、臺子村漁港(6)
嘉義		鰲鼓漁港、副瀨漁港、塭港漁港、下莊漁港、東石漁港、網寮漁港、白水湖漁港、布袋漁港、好美里漁港(9)
臺南	安平漁港(1)	蚵寮漁港、北門漁港、將軍漁港、青山漁港、下山漁港、四草漁港(6)
高雄	前鎮漁港(1)	白砂崙漁港、興達漁港、永新漁港、彌陀漁港、蚵子寮漁港、鼓山漁港、旗后漁港、旗津漁港、上竹里漁港、中洲漁港、小港臨海新村漁港、鳳鼻頭漁港、港埔漁港、中芸漁港、汕尾漁港(15)

表 3-3　我國漁港統計表（續）

縣市	一類漁港	二類漁港
屏東	東港鹽埔漁港(1)	水利村漁港、塭豐漁港、枋寮漁港、楓港漁港、海口漁港、後灣漁港、山海漁港、紅柴坑漁港、後壁湖漁港、潭仔漁港、香蕉灣漁港、鼻頭漁港、興海漁港、南仁漁港、中山漁港、旭海漁港、小琉球漁港、漁福漁港、琉球新漁港、天福漁港、杉福漁港(21)
臺東		長濱漁港、烏石鼻漁港、小港漁港、新港漁港、金樽漁港、新蘭漁港、富岡漁港、大武漁港、南寮漁港、中寮漁港、公館漁港、溫泉漁港、開元漁港、朗島漁港(14)
花蓮		花蓮漁港、鹽寮漁港、石梯漁港(3)
宜蘭	烏石漁港 南方澳漁港(2)	石城漁港、桶盤堀漁港、大里漁港、蕃薯寮漁港、大溪第一漁港、大溪第二漁港、梗枋漁港、粉鳥林漁港、南澳漁港(9)
澎湖		合界漁港、橫礁漁港、竹灣漁港、二崁漁港、大菓葉漁港、赤馬漁港、內垵北漁港、內垵南漁港、外垵漁港、池西漁港、大池漁港、小門漁港、後寮漁港、赤崁漁港、岐頭漁港、港子漁港、鎮海漁港、講美漁港、城前漁港、瓦硐漁港、通樑漁港、大倉漁港、員貝漁港、鳥嶼漁港、吉貝漁港、中西漁港、沙港東漁港、沙港西漁港、沙港中漁港、成功漁港、西溪漁港、紅羅漁港、青螺漁港、白坑漁港、南北寮漁港、菓葉漁港、龍門漁港、尖山漁港、烏崁漁港、鎖港漁港、山水漁港、風櫃東漁港、風櫃西漁港、蒔裡漁港、井垵漁港、五德漁港、鐵線漁港、菜園漁港、石泉漁港、前寮漁港、案山漁港、馬公漁港、重光漁港、西衛漁港、安宅漁港、桶盤漁港、虎井漁港、水垵漁港、中社漁港、潭門漁港、將軍北漁港、將軍南漁港、花嶼漁港、東嶼坪漁港、東吉漁港、潭子漁港、七美漁港(67)
連江		福澳漁港、白沙漁港、青帆漁港、猛澳漁港、中柱漁港(5)
金門		復國墩漁港、新湖漁港、羅厝漁港(3)
合計	9	217

資料來源：作者整理自漁業署、各縣市政府漁業主管單位、中華民國全國漁會、海岸巡防署等

表 3-4　我國專屬遊艇停泊區及非專屬遊艇停泊區

	地區	名稱
專屬遊艇停泊區 (18)	新北	大舟遊艇碼頭、淡水領袖遊艇港、龍洞遊艇港
	桃園	竹圍漁港
	新竹	新竹漁港
	嘉義	公主布袋遊艇港
	臺南	將軍漁港、安平漁港、安平亞果遊艇碼頭、興達漁港
	高雄	鼓山漁港遊艇遊憩專用區域、亞果遊艇碼頭、嘉信 22 號遊艇碼頭
	屏東	濱灣碼頭、後壁湖遊艇港
	宜蘭	烏石遊艇碼頭
	基隆	八斗子漁港遊艇泊區
	澎湖	澎湖亞果遊艇碼頭
非專屬遊艇停泊區 (19)	新北	水湳洞漁港、萬里漁港、水尾漁港、草里漁港、富基漁港、後厝漁港
	臺中	臺中港
	臺東	金樽漁港、新港漁港
	花蓮	花蓮港
	澎湖	澎湖港馬公碼頭區、七美、吉貝、岐頭、赤崁、後寮、水頭港
	連江	福澳港、白沙港

資料來源：《泊位資訊查詢》,〈交通部航港局〉,
〈 https://yberth.motcmpb.gov.tw/YberthM2/Portal/sys_a/a02/a0201 〉。

　　本法第 1 條：規定「漁港之規劃、建設、經營、管理及維護,依本法之規定」,其中管理部分（11~19 條）第 18 條第 1 項第 4 款（採捕或養殖水產動植物）規範漁港內不得從事採捕活動,即不得從事釣魚、捕蟹等民眾常見活動,惟第三項但書：規定「漁港主管機關在不妨礙港區作業、安全及不造成港區汙染情況下,應指定區域,訂定相關措施,公

告開放民眾垂釣，不受第 1 項第 4 款之限制」（如圖 3-3 竹圍漁港開放
釣魚區域公告），即漁港管理單位在不妨礙作業及安全下應指定區域開
放民眾從事垂釣活動，目前國內漁港已開放 39 個漁港 51 處供民眾垂釣
（後續仍有三處待完成建設後開放，如表 3-5 全臺開放釣點及後續開放
釣點一覽表），[42]惟若違反規定在未開放區域垂釣，海巡機關得根據 18
條第 2 項「違反前項各款行為之一者，海岸巡防機關應採取適當措施制
止之」，且依據第 21 條可處新臺幣 3 萬元以上 15 萬元以下罰鍰。[43]另民
眾遊憩或垂釣應遵守相關安全及環保規範，漁港管理單位均設立牌提醒
民眾切勿任意丟棄垃圾（如圖 3-4，淡水漁港公告）。

圖 3-3　竹圍漁港開放釣魚區域公告

資料來源：作者於 111 年 7 月自行拍攝。

---

[42] 《友善垂釣-全台釣點更新公開資訊（截至 111 年 2 月 14 日）》，〈海洋保育署〉，
　　< https://www.oca.gov.tw/ch/home.jsp?id=191&parentpath=0,6,190&mcustomize=ocamaritime_
　　view.jsp&dataserno=202202150001 > 。

[43] 《漁港法第 18 條》，〈全國法規資料庫〉，
　　< https://law.moj.gov.tw/LawClass/LawAll.aspx?pcode=M0050010 > 。

表 3-5　全臺開放釣點及後續開放釣點一覽表

已開放釣點一覽表	
公告機關	漁港（釣點數－公告時間）39 個漁港 51 處
行政院農委會	八斗子(3-100.10.28)新竹(1-108.8.16)東港鹽埔(1-108.10.31)安平(2-109.10.29)
基隆市政府	望海巷(1)長潭里(1)外木山(1)大武崙(1)-96.10.24
宜蘭縣政府	南澳(1-108.9.3)
苗栗縣政府	公司寮(2-109.4.9)外埔(1-110.4.16)
雲林縣政府	三條崙(2)箔子寮(1)-111.2.9
臺南市政府	將軍(1-109.9.24)
桃園市政府	永安(2-109.8.13)竹圍(1-109.8.24)
新北市政府	福隆(1)和美(1)水湳洞(1)深澳(2)野柳(1)水尾(1)草里(1)後厝(2)淡水第二(1)六塊厝(1)澳仔(1)-103.7.31
高雄市政府	鳳鼻頭(1-100.4.20)彌陀(1-108.6.26)中芸(1-110.9.14)
屏東縣政府	枋寮(2)塭豐(1)中山(1)楓港(1)海口(2)旭海(1)-109.2.14
金門縣政府	新湖(2)復國墩(2)羅厝(1)-110.1.6
後續開放釣點一覽表	
臺東縣政府	富岡(1)
高雄市政府	興達(1)
行政院農委會	烏石(1)

資料來源：《友善垂釣-全台釣點更新公開資訊（截至 111 年 2 月 14 日）》,〈海洋保育署〉,〈 https://www.oca.gov.tw/ch/home.jsp?id=191&parentpath=0,6,190&mcustomize=ocamaritime_view.jsp&dataserno=202202150001 〉。

圖 3-4　淡水漁港公告

資料來源：作者於 111 年 7 月自行拍攝。

　　在各漁港開放指定地區垂釣後，仍有民眾會在未開放或禁制地區垂釣（如圖 3-5），其原因可能包括便利性、魚種選擇等，民眾仍須考量自身安全及漁港作業安全等，赴合法定區域進行垂釣。

圖 3-5　民眾未在指定區域垂釣

資料來源：作者於 111 年 7 月自行拍攝。

　　民眾在搭乘或駕駛自用船舶在海上航行期間，若發生燃油即將用盡、船舶設備故障、人員身體不適等情況，且附近亦無可供自用船舶進入之合適港口時，可依本法第 15 條第 3 項：規定「…但為緊急避難者，不在此限」，申請緊急進入漁港維修船舶或解決緊急情況；[44]進港前可先撥打海巡署免付費 118 海巡服務專線，若無法自行航行可向海巡署

---

[44] 《漁港法第 15 條》，〈全國法規資料庫〉，
　　〈https://law.moj.gov.tw/LawClass/LawAll.aspx?pcode=M0050010〉。

申請救援。[45]每年國內民眾在搭船從事海上休憩時，可能發生船機或舵機故障、擱淺、船長身體不適等事故，墾丁及澎湖海域即因船機故障、擱淺等由海巡署船舶拖帶回港及抽水堵漏。[46]

在漁港多元化建設中，對傳統漁港改造形成兼具觀光、休憩等多元化功能，使漁港在獲得新生與再造，藉由休閒活動吸引人潮進入漁港、漁村，帶動周邊產業商機，提供漁民在地就業機會以因應國人日益增加的休閒需求。[47]以淡水漁港為例，行政院農業委員會為拓展我國漁港功能，藉漁港多元化計畫提供國人休閒需求，自 88 年起補助淡水漁港完成港區綠美化、浮動碼頭及木棧道景觀工程、跨港大橋及魚市，其中跨港人行大橋全長 165 公尺，屬白色風帆造型之斜張橋，展臂銜接漁港兩岸，連接木棧道及觀光魚市（如圖 3-6），港區西側碼頭泊區及其後側土地增建海岸親水活動區，以期進一步帶動港區觀光及休閒發展，並舒緩船舶使用空間及消除港區東西兩側開發差異所造成之不均衡發展。[48]

---

[45] 《海難遇險警報訊息》，〈海洋委員會海巡署〉，
< https://www.cga.gov.tw/GipOpen/wSite/ct?xItem=3528&ctNode=10094&mp=999 >。海上航行或作業船隻如發生緊急危難狀況時，請運用以下方式尋求協助或救援：一、使用船舶配置之緊急指位無線電信標(EPIRB)，將訊息經國際衛星輔助搜救系統(COSPAS-SARSAT)傳送至台北任務管制中心(TAMCC)，經台北任務管制中心確認後，即可將此訊息轉行政院國家搜救指揮中心(RCC)或本署勤務指揮中心調派搜救部隊前往救援。二、使用船舶配置之中頻(MF)、高頻(HF)或特高(VHF）無線電通信系統，透過各地海岸電台接收站傳送訊息，經基隆海岸電台總台確認後，即可將此訊息轉行政院國家搜救指揮中心(RCC)或本署勤務指揮中心調派搜救部隊前往。三、運用漁船配置之無線電對講機，透過各漁會設置之漁業電台即可將訊息轉行政院國家搜救指揮中心(RCC)或本署勤務指揮中心調派搜救部隊前往。四、運用自動電話或手機撥打本署免付費 118 海巡服務專線報案，本署將儘速派遣搜救船、艇前往。

[46] 《遊艇擱淺進水 澎湖海巡馳援》，〈中華新聞雲〉，< https://www.cdns.com.tw/articles/218408 >。《驚魂! 墾丁外海遊艇故障 海巡繫繩拖回港》，〈yahoo 奇摩〉，
< https://tw.stock.yahoo.com/video/驚魂-墾丁外海遊艇故障-海巡繫繩拖回港-142700425.html >。

[47] 《推動漁港多元化建設成果與展望》，〈行政院農業委員會〉，
< https://www.coa.gov.tw/ws.php?id=19300 >。

[48] 《觀光漁港帶動漁業多元化發展(93.10.11)》，〈行政院農業委員會漁業署〉，
< https://www.fa.gov.tw/view.php?theme=Press_release&subtheme=&id=574&font-size=l > ，93年 11 月 10 日。

大胖活海鮮　　　　　　　　　　　　漁港商店

魚藏餐廳　　　　　　　　　　　　　漁港遊樂區

圖 3-6　淡水漁港多元化發展

資料來源：作者於 111 年 7 月自行拍攝。

　　在梧棲漁港方面，109 年進行外部空間及周邊環境進行美化、漁港
濱海藝術廣場及港區設施改善、魚貨直銷中心臨時銷售區改建為藝術廣
場、漁民活動中心整修、鋪設地坪與設置指示標誌等友善設施等以提升
港區休閒功能（如圖 3-7），相關工程已於 110 年完工，提供舒適且更多
選擇的休閒觀光景點，成為兼具傳統漁業、休閒遊憩、海上觀光及海釣
活動、直銷中心購買海鮮、餐飲及特產購物等多功能漁港。[49]

---

[49] 《創建多元新格局　臺中梧棲漁港啟動 3 大改造計畫》，〈農傳媒〉，
　　＜https://www.agriharvest.tw/archives/51150＞，110 年 1 月 4 日。

圖 3-7　梧棲漁港多元化發展

資料來源：作者於 111 年 7 月自行拍攝。

七、《娛樂漁業管理辦法》

依本辦法第 1 條規定，制定本辦法之目的在於「本辦法依漁業法第 41 條第 5 項及第 43 條規定訂定之」，[50]而第 2 條：規定「本辦法所稱娛樂漁業活動，指娛樂漁業漁船搭載乘客在船上或登島嶼、礁岩從事下列活動：一、採捕水產動植物；二、觀賞漁撈作業；三、觀賞生態及生物；四、賞鯨」，亦即未具備船員手冊之一般民眾可搭乘兼營娛樂漁業之漁船出海從事前述活動。

---

[50] 漁業法第 41 條第 5 項「第 2 項娛樂漁業執照之申請、變更、廢止、換發及應記載事項之辦法，由中央主管機關定之」，第 43 條「娛樂漁業之活動項目、採捕水產動植物之方法、出海時限、活動區域、漁船數、漁船噸位數及長度、漁船進出港流程、漁船幹部船員或駕駛人之資格及其他應遵守事項之辦法，由中央主管機關定之」。

　　由本《辦法》各條所列，均係規範娛樂漁業漁船業者必須具備證照、通信設備證照影本、責任險及個人傷害險契約、裝設船位回報器（VMS）、船舶自動識別系統船載臺（AIS）、無線電對講機（DSB）、應急指位無線電示標（EPIRB）、船員最低安全配額、投保責任保險、乘船費用優惠者等。另本辦法第 21 條規範娛樂漁業每航次以 48 小時為限，活動區域則以臺灣本島、澎湖地區、離島之島嶼間、彭佳嶼、綠島、蘭嶼距岸 30 浬內之沿岸水域為限，若有超出限制距離應依相關法規申報。

　　目前臺灣本島及各離外島包括烏石港有 14 艘娛樂漁船從事賞鯨及登龜山島活動、[51]屏東縣兼營娛樂漁業漁船有 11 艘（小琉球 1、琉球新 1、杉福 2 漁福 1、後壁湖 6），[52]營業項目包括浮潛、出海賞景海釣、觀賞飛魚、上礁磯釣等，[53]全國列管娛樂漁業漁船計 357 艘，[54]且娛樂漁業漁船因活動項目及出海時間不同而有不同價格，如由烏石港出海賞鯨及繞島價格為個人 1,200 元、團體 1,000 元，費用包括賞鯨、環繞龜山島、船票、報關、專業解說、200 萬意外險、200 萬第三責任險等，[55]民眾出遊前仍須注意天氣、海象、上網查詢及預約。

　　另出海非以娛樂為目的之項目，在主管機關核准後可從事包括提供

---

[51] 《賞鯨行程》，〈宜蘭龜山島賞鯨遊客售票服務中心-北極星葛瑪蘭〉，
　　＜https://www.li7779.com/ tour.php＞。

[52] 《常見問答》，〈屏東縣海洋及漁業事務管理所〉，＜https://www.pthg.gov.tw/pt-mfam/News_Content.aspx?n=7FFFCE2AF0F7BB7C&sms= 9928C72E8E003197&s= 171132A2E7599689＞。

[53] 《休閒樂活主題網》，〈屏東縣政府網站〉，
　　＜http://recreation.fa.gov.tw/Ports/content.aspx?cid=20&id=61&chk= 78fe7f4c-ea0b-4a47-b6d8-4fe90d12a3b9＞。

[54] 《娛樂漁業漁船》，〈政府資料開放平臺〉，＜http://data.gov.tw/dataset/135032＞。

[55] 《賞鯨費用》，〈宜蘭賞鯨旅遊服務中心〉，＜http://dpf.cru.com.tw/dpf.asp?pg=cost＞。

水產（漁業）資源調查、海洋環境調查研究、漁業管理、海洋工程、魚苗放流、人工魚礁投放及維護管理等（本《辦法》第 2 條），亦即非以觀光為目的之相關活動亦可報請主管機關核定後從事相關活動；目前娛樂漁船營業項目中除前述海洋工程、魚苗放流等外，亦包括婚紗拍攝、公司聚會等非漁獵及科學研究等活動，並可依民眾需求提供客製化服務，讓一般民眾更便利親近海洋。[56]

　　本《辦法》第 5 條第 2 項：規定「舢舨、漁筏不得經營娛樂漁業。但對於類似潟湖等具天然屏障之一定水深公共水域，直轄市或縣（市）主管機關得指定特定水域並制（訂）定自治法規，核准舢舨、漁筏於該水域內兼營娛樂漁業」，故民眾在租用舢舨、漁筏時僅能在潟湖等具天然屏障之一定水深公共水域從事釣遊活動，不能駛出潟湖等具天然屏障之一定水深公共水域，以免發生危險即受罰。

　　目前由 YouTube 頻道可查詢到已有業者依據浮具法規開始建造合乎安全規範之泡棉船，以及使用合乎規範之弦外機，並依規範從事訓練、穿著救生衣等安全護具出海從事釣遊活動；[57]另臺西海域亦有合法業者從事出租舢舨、漁筏，供釣客赴潟湖及內灣之蚵棚從事釣遊之休憩活動，[58]使我國民眾在沿岸及沿海休憩活動可有法遵循並安全地從事多種休憩活動。

---

[56] 《八斗子出遊去#休閒娛樂漁船報你知》，
　　＜http://www.youtube.com/watch?v=UWaOBEFpGrQ＞。

[57] 《全新泡綿船+全新 15 馬船外機，下水試釣#釣魚#黑鯛#黑格#浮標#泡綿船#fishing》，
　　＜http://www.youtube.com/watch?v=Lby_FE023_E＞。

[58] 《2022.07.14|二探雲林台西五條港蚵棚，巧遇網紅，很是開心》，
　　＜http://www.youtube.com/watch?v=9faOFXE3oEU＞。

MEMO

CHAPTER **4**

國土安全

4-1　生態維護

　　海洋的永續利用是國際社會及各國不斷追求的目標，相較於臺灣民眾較熟悉的黑鮪魚，北太平洋鮪類國際科學委員會於民國 101 年公布一項調查報告，統計 41 年迄 100 年間，太平洋黑鮪魚已銳減 96.4%，我國屏東東港 90 年捕獲 6686 尾黑鮪魚，101 年僅捕獲 505 尾黑鮪魚，亦減產 9 成，相關統計資料均指出各國對於海洋之利用已超出自然界可負擔之量能。[1]而除了海洋保育之外，另外仍包括國家管轄內與國家管轄外海域的資源，這些資源包括遺傳資源（Marine Genetic Resources, MGRs），在科技進步下許多國家開始關注這些遺傳資源，並在國家管轄內與國家管轄外海域中發現包括海綿、磷蝦、海藻及細菌等基因物質具有獨特性質，這些獨特的基因可製成新的藥品進而改善醫療科技，亦使食品及可再生能源出現重大創新，各國及相關商業開始關注、研究並進一步將其商業化。[2]

一、海洋環保

　　海洋環保層面相當廣泛，包括從陸地流向海洋的汙染或空氣汙染影響海洋，以及在海上直接造成之汙染，從人、自然環境、機械、意外事件等所形成的過度捕撈、非法作業、塑膠汙染、生態破壞，均對海洋直接或間接造成危害，對於海洋直接或間接產生環保危害本節區分為人為及自然災害、意外事件等三部分。

---

[1] 《黑鮪魚捕撈量少 9 成　海洋資源空前危機》，〈風傳媒〉，
　　＜https://www.storm.mg/article/30930＞。
[2] 本節內容係請教並轉引自南華大學孫國祥教授未發表之寫作。

　　根據美國國家海洋及大氣管理局（NOAA）對海洋垃圾的定義：海洋垃圾（Marine Debris）意指任何因人為活動直接或間接產生，有意或無意被直接丟棄或間接棄置遺失，不論其源頭、持續不斷地、最終進入海洋環境的固體廢物，海洋廢棄物是人類活動所生產製造，最後流入海洋的廢棄物。

（一）人為災害

　　地球表面約有 71%為水覆蓋，其中海水覆蓋面積約為 97%，海洋對人類的重要性不言可喻，惟海洋汙染問題自民國 40 年代起因塑膠製品出現且被人類大量運用與隨意拋棄，這類質輕價廉之製品多數運用在包裝，在包括飲料、產品使用後這些包裝在人類未妥善處理之下，經由河川直接流入海洋，甚至有直接岸拋或海拋，這些海洋垃圾經過洋流牽引帶動，可能在自己國家海岸流動，亦有可能隨著洋流漂至其他國家（如圖 4-1）；根據 Pew Charitable Trusts 及 SYSTEMIQ 於 109 年 7 月提出的海洋汙染報告指出，經由河川流入海中之塑料量，預估將由 105 年的 1,100 萬噸／年增長到 129 年的 2,900 萬噸／年。

　　海洋垃圾主因人類活動所產製，最終因處理不當或丟棄而流入海洋形成海洋廢棄物，此海洋廢棄物包括玻璃瓶罐、鐵鋁罐、塑膠瓶罐、保麗龍等均歸類為海洋垃圾，而其中最難處理的便是塑膠類製品。

　　海洋垃圾中塑膠類製品對海中生物造成相當大程度之不良影響，包括海龜誤食塑膠袋碎片而導致死亡，且海洋並無法有效分解塑膠類廢棄物，此類細小、長度在 5mm 以下的碎片、塑膠微粒（Microplastics）對海洋生物、環境造成相當大危害。[3]

---

[3]　《海洋污染是「你」造成的？你不可以不關心的海洋垃圾問題！》，〈點點塑環保科技股份有限公司〉，〈https://micropctw.com/blog/海洋垃圾問題/〉。

4-1　海岸邊散落之海洋垃圾

資料來源:《海洋汙染是「你」造成的?你不可以不關心的海洋垃圾問題!》,〈點點塑環保科技股份有限公司〉,< https://micropctw.com/blog/海洋垃圾問題/> 。

　　過度捕撈亦為對海洋環境所造成之人為災害,聯合國糧食及農業組織曾評估全世界已有超過 70%的魚種幾已撈光、枯竭,且捕撈速度已快過魚類繁殖生長之速度,且單一魚種的枯竭形成食物鏈斷層,造成魚種間食物鏈破壞,嚴重危害、威脅整個海洋生態系。由於過度捕撈對某些食用魚種造成損害,在野生漁獲減少、繁殖技術突破之情況下,水產養殖業開始發達,惟水產養殖所形成之水產糞便、化學藥品等均隨洋流、潮汐進入大海,因自然災害或其他原因造成養殖魚類進入大海,對當地海域原生魚種可能造成棲地危害及消滅原生魚種,亦有可能傳播疾病,而這些隱藏在水下不易發現之問題,對海洋環保及生態形成極大隱憂。[4]

　　「混獲」或「誤捕」亦為現今魚種「商業性滅絕」之因素,主要包括底拖拖網作業漁船密集的在沿近海作業所造成,誤捕許多未長成魚類或混獲不需要之漁獲;而流刺網(區分為底刺網、浮刺網、流刺網、圍刺網四大類)造成表層鯨豚、海狗、海牛、海龜、海鳥等保育類動物的

---

[4]　《海洋日 談海洋的九大危機》,〈環境資訊中心〉,< https://e-info.org.tw/node/56192 > 。

誤捕，亦造成海底底棲魚類及珊瑚礁遭受破壞，尤以底刺網漁法係將漁網沉落海底，若覆蓋或纏住礁石則無法收網，其網具極其不易腐爛，在海底形成「死亡之牆」，將持續捕獲漁獲造成死亡，亦極易覆蓋珊瑚礁，此類漁法破壞生態甚鉅，我國已有許多縣市不再核發底刺網漁業項目，以避免持續破壞海洋生態。[5]

目前許多國家開始重視海洋環保議題，初步針對海岸垃圾及海漂垃圾開始發起活動，官方及民間各有發起相關活動，包括海巡署南部分署第 11 岸巡隊於 110 年 12 月 11 日配合高雄市永安區公所在高雄市永安區永新灣沙灘舉辦「110 年秋季淨灘活動」，期間清理各式海岸垃圾 150 餘公斤，海巡署在保障人民水域遊憩品質及維護人民遊憩安全時，亦從事環保工作，使海洋環境能永續維持原始美貌，讓民眾也能共享這一片美麗的岸際沙灘。[6]

行政院環境保護署亦設立「海岸淨灘認養系統」網站（https://ecolife2.epa.gov.tw/coastal/），可查詢淨灘活動列表，瞭解不同海灘參與單位及人數，民眾亦可申請加入擔任淨灘志工，為我國海洋環保貢獻一己心力。

民間企業包括和泰集團每年於「世界海洋日」發起淨灘減塑活動，111 年在桃園觀音區舉辦「111 年和泰 TOYOTA 集團—淨灘減塑全臺總動員」活動，包括該集團員工、眷屬、當地民眾、公務單位、NGO 組織等計有 11,431 人報名參加，該公司品牌經銷據點皆停止提供塑膠瓶

5　《「死亡之牆」破壞生態 縣府擬禁止底刺網》，〈自由時報〉，
　　<https://news.ltn.com.tw/news/life/breakingnews/1810943>。

6　《海巡新聞-高雄永安秋季淨灘 海巡攜手民眾維護海洋起而行》，〈海洋委員會海巡署〉，
　　<https://www.cga.gov.tw/GipOpen/wSite/ct?xItem=147076&ctNode=650&mp=999>。

裝水，估計一年可減少 250 萬個塑膠瓶，對環境保護及海洋環保帶來正面影響。[7]

（二）自然災害

　　海洋災害主要指海洋自然環境發生異常或激烈變化，導致海上或海岸發生之災害，主要包括災害性海浪、海冰、赤潮、地震、海嘯、颱風及風暴潮等，此類災害對海洋環境常造成重大傷害；[8]本節列舉颱風、地震（形成海嘯）對海洋及河岸之生態造成之重大危害。

　　臺灣每次颱風過境，因山林遭風雨侵襲造成斷倒樹木隨溪流及河川漂至大海，加上原本溪流及河川之垃圾亦隨大水沖刷至海洋，形成海上及岸際出現大量的垃圾及漂流木，100 年桃芝颱風過境時，造成我國山林環境滿目瘡痍，亦造成我國海岸及河口由北至南陸續出現大量垃圾及漂流木，而風災過後蘭陽溪口垃圾、漂流木及各種漂流物幾乎占滿海灘，其中不乏巨大的中高海拔山區樹種，另多座商港及漁港因潮汐流入大量浮木及垃圾，造成船舶及漁船無法進出港而損失慘重，經基隆港務局估算，單就單一港口垃圾焚化費用即高達 40 萬元以上，自然災害除對陸地及人民財產造成重大損害外，對海洋之破壞更難估計。[9]

　　宜蘭縣頭城鎮東邊海域，111 年 7 月 14 日上午發生 4 次極淺層地震，龜首「牛奶海」附近噴出高溫火山流體，亦造成龜首土石崩落，[10]

---

[7]　《淨灘減塑總動員　落實企業社會責任持續守護海洋》，〈yahoo 新聞〉，
　　＜https://tw.news.yahoo.com/news/淨灘減塑總動員-落實企業社會責任持續守護海洋-074037010.html＞。

[8]　《海洋災害》，〈中文百科〉，＜https://www.newton.com.tw/wiki/海洋災害/5038747＞。

[9]　《風災過後任漂流　山林環境現警訊》，〈公視新聞網〉，＜https://news.pts.org.tw/article/22418＞。

[10]　《龜山島連 4 極淺地震　罕見噴出滾燙「火山流體」》，〈自由時報〉，
　　＜https://news.ltn.com.tw/news/life/breakingnews/3992201＞。

而宜蘭於 105 年 5 月 12 日發生 5.8 地震，造成龜山島岩壁大規模崩落，尤其龜首地貌像遭挖土機拆除，裸露出大量殘破石塊，岩壁亦震出大裂縫，雖未造成重大危害，惟地震對於自然生態、民眾海上休憩仍造成一定程度之影響。[11]

日本福島縣外海於 100 年 3 月 11 日下午發生規模高達 9.0 之強烈海底地震，並隨之引發大規模海嘯，在仙臺、岩手引起高達 10 公尺之巨浪，造成 4,000 餘人死亡及一萬餘人失蹤，並造成福島第一核電廠爆炸與核汙染，而海嘯波甚至往南傳遞至東京市，並在臺場、池袋等人潮眾多之購物區造成多處失火，以及東京迪士尼樂園與海洋世界造成土壤液化等嚴重問題，新幹線與捷運系統皆停駛，造成交通中斷，仙臺機場甚至完全遭海嘯摧毀。

海嘯波約於下午 5 點 32 分抵達臺灣本島，然我國觀測海嘯波初達僅 12 公分，後續陸續有海嘯波抵達後壁湖、成功、烏石等處，高度約有 50 公分，由於皆未發生於潮汐之高潮時段，我國各地故未有災情傳出。[12]惟後續因福島第一核電廠爆炸與核汙染，我國採取緊急性暫時輸入管制措施，禁止進口福島、茨城、櫪木、群馬、千葉五縣的食品，主因當地食品驗出的碘、銫大量超標，包括碘 131、銫-134、銫-137 是最需要受檢的項目，而核汙染經由海水排放，因此亦提高水產品風險，因此包括香菇、茶葉、魚類海產等，均可能殘留輻射物質成為核食，誤食可能造成輻射物破壞人體 DNA，[13]對環境及民眾安全均有莫大危害。

---

[11] 《宜蘭 5.8 地震！獨家直擊龜山島地貌殘破》，〈東森新聞〉，
　　<https://news.ebc.net.tw/news/living/21863>。

[12] 吳祚任，《2011 日本大海嘯之研究與省思》，〈土水會刊第三十八卷第二期〉，
　　<https://tsunami.ihs.ncu.edu.tw/ tsunami/2011Japan.htm>。

[13] 《憂日本福島核食恐致癌？專家曝「日常解方」自保：可修復 DNA 被輻射破壞處》，〈中天快點 TV〉，<https://gotv.ctitv.com.tw/2022/02/2016081.htm>。

（三）意外事件

重大海洋汙染事件多為大型船舶觸礁、擱淺等，造成重大海洋油品外洩汙染海域，我國海洋保育署即針對可能發生的重大油品汙染海洋事件，承接行政院環境保護署海洋汙染防治業務，於 109 年 6 月 29 日成立「重大海洋油汙染緊急應變計畫」，主要制定計畫之目的在對海洋重大汙染之預防與應變予以規範，以達海洋環境保護之目標。[14]

我國於 103 年 6 月 4 日制定《海洋污染防治法》，依本法第 1 條：規定，制定本法之目的在於「為防治海洋汙染，保護海洋環境，維護海洋生態，確保國民健康及永續利用海洋資源，特制定本法。本法未規定者，適用其他法律之規定」。第 2 條：規定「本法適用於中華民國管轄之潮間帶、內水、領海、鄰接區、專屬經濟海域及大陸礁層上覆水域」。第 10 條：規定「為處理重大海洋汙染事件，行政院得設重大海洋汙染事件處理專案小組；為處理一般海洋汙染事件，中央主管機關得設海洋汙染事件處理工作小組。為處理重大海洋油汙染緊急事件，中央主管機關應擬訂海洋油汙染緊急應變計畫，報請行政院核定之。前項緊急應變計畫，應包含分工、通報系統、監測系統、訓練、設施、處理措施及其他相關事項。」

第 14 條第 2 項：規定「海洋環境汙染，應由海洋汙染行為人負責清除之。目的事業主管機關或主管機關得先行採取緊急措施，必要時，並得代為清除處理；其因緊急措施或清除處理所生費用，由海洋汙染行為人負擔」。在罰則方面，第 46 條：規定「未依第十四條第二項規定清除汙染者，處新臺幣三十萬元以上一百五十萬元以下罰鍰」。

---

[14] 《重大海洋油污染緊急應變計畫》，〈海洋保育署〉，
　　<https://www.oca.gov.tw/ch/home.jsp?id=322&parentpath=0,294,320>。

第 32 條：規定「船舶發生海難或因其他意外事件，致汙染海域或有汙染之虞時，船長及船舶所有人應即採取措施以防止、排除或減輕汙染，並即通知當地航政主管機關、港口管理機關及地方主管機關。前項情形，主管機關得命採取必要之應變措施，必要時，主管機關並得逕行採取處理措施；其因應變或處理措施所生費用，由該船舶所有人負擔」。在罰則方面，第 48 條：規定「未依第十六條第一項、第十九條第一項、第二十四條第一項或第三十二條第一項規定為通知者，處新臺幣三十萬元以上一百五十萬元以下罰鍰」。第 49 條：規定「未依第十六條第一項、第十九條、第二十四條或第三十二條規定採取防止、排除或減輕汙染措施或未依主管機關命令採取措施者，處新臺幣三十萬元以上一百五十萬元以下罰鍰，並得限期令其改善；屆期未改善者，得按日連續處罰；情節重大者，得令其停工」。

第 33 條：規定「船舶對海域汙染產生之損害，船舶所有人應負賠償責任。船舶總噸位四百噸以上之一般船舶及總噸位一百五十噸以上之油輪或化學品船，其船舶所有人應依船舶總噸位，投保責任保險或提供擔保，並不得停止或終止保險契約或提供擔保。前項責任保險或擔保之額度，由中央主管機關會商金融監督管理委員會定之。前條及第一項所定船舶所有人，包括船舶所有權人、船舶承租人、經理人及營運人」。[15]

我國近年來發生多起因意外事件所造成大型船舶漏油事件，導致原油外洩汙染海域及岸際，對於海洋生態、岸際環保、海洋復育、民眾休憩造成極大危害及負擔，僅列舉四件在我國岸際發生之大型船舶及輸油管路汙染事件。

---

[15] 《海洋汙染防治法》，〈全國法規資料庫〉，
　　<https://law.moj.gov.tw/LawClass/LawAll.aspx?pcode=O0040026>。

　　巴拿馬籍貨輪「晨曦號」（Morning Sun）97 年底在臺北縣石門外海擱淺，擱淺時洩漏重油約 100 公噸，造成十八王公廟以西沿岸約 3 公里海岸汙染，僅第一階段油汙清除及岸際油汙清除工作即抽除約 200 餘噸重油、岸際清除 285 噸油汙及 901 公噸廢棄物，動用當地村民 9,817 人次，此次汙染事件當時評估需半年有初步復育成果，完全恢復至少需要 3 年。[16]

　　萬噸砂石船巴拿馬籍瑞興輪 100 年 10 月 3 日凌晨，在基隆大武崙外海 0.1 海浬發生船難，船身斷為二截，該輪載有柴油 160 公噸、重油 108.5 公噸及潤滑油 7.3 公噸，共計 275.8 公噸，當下即造成柴油、重油及潤滑油洩漏，海岸汙染範圍自萬里漁港至外木山漁港，寬度約 1 公里，對當地環境及生態造成重大危害。[17]

　　紐埃籍耘海（YUN HAI）貨輪 105 年 2 月 25 日凌晨由中國大陸福州駛返印尼途中，因機件故障失去動力，漂流擱淺於澎湖縣小白沙嶼北側，船上五座油箱載有 145 公噸重柴（燃）油，由於已有油花漂流的現象，未免造成小白沙嶼玄武岩保護區、初春魚類迴游侯鳥棲息繁殖、海洋生態及漁民生計，於 3 月間即開始進行抽油工程。[18]

　　中油高雄大林煉油廠 110 年 6 月 22 日凌晨其外海輸油蛇管破漏，導致約 50 公噸原油外洩，而第一時間不及防堵，油汙擴散至小琉球、墾丁國家公園海岸，後發現包括小琉球白沙漁港、小琉球花瓶岩至中澳

16 《石門擱淺漏油清除初步完成 邱文彥：期待設海洋部專責管理》，〈環境資訊中心〉，
　　<https://e-info.org.tw/node/40218>。
17 《瑞興輪擱淺基隆外海 外木山變色》，〈環境資訊中心〉，
　　<https://e-info.org.tw/node/70685>。
18 《耘海輪漏油污染澎湖保護區 環團憂變天增清除難度》，〈環境資訊中心〉，
　　<https://e-info.org.tw/node/113713>。

沙灘等地區均有發現油漬汙染。[19]本次事件在緊急應變、油汙清除階段計投入 536 萬元，受油汙影響的墾丁、小琉球週邊海域漁業、生態調查費用計約 624 萬元，在事件發生當下所投入之人物力即相當驚人，後續因原油汙染國家公園海岸求償逾 1,000 萬元，但生態復原之路恐遙遙無期，而對於漁業之傷害更難估計；由於 109 年 8 月該公司大林廠外海蛇管即曾發生洩漏油事件，所幸當時洩漏量不大未造成重大災害，惟中油老舊石化廠、船舶及設備管線，以及現有的汙染防治、緊急應變計畫顯然不足。[20]

（四）盜採砂石

　　人類消耗資源中水為首位，其次為砂石，而砂石並非取之不盡用之不竭，在各國高度建設下砂石過度開發已逐漸枯竭，此將導致各種環境危機。砂石作為建築主要材料，高度發展下使用量越來越大，主因砂石是混凝土、道路、玻璃及電子產品的初始原料，另在頁岩氣開採過程中亦使用許多砂石，成為高耗使用之基礎材料。許多開發中國家對於砂石需求激增，統計 96~105 年間其需求量遠超過政府的評估，使各國國內砂石越來越稀缺；以越南為例，其國家建設部 106 年間發表聲明，依照越南目前速度耗用砂石，迄 109 年越南國內河砂將會耗盡，將使用越南轉向國際進口砂石，惟世界許多國家砂石多已趨向枯竭，國際價格開始高速飛漲，從 80~106 年已增長 6 倍價格，而砂石短缺國際價格高速飛

19　《臺灣中油大林廠外海浮筒油管破裂漏油污染 已積極清理中》，〈中華民國經濟部〉，
　　<https://www.moea.gov.tw/Mns/populace/news/News.aspx?kind=1&menu_id=40&news_id=95846>。

20　《【中油大林廠漏油事件】兩週後警報解除 海污防治有得失 生態復原更大考驗》，〈環境資訊中心〉，<https://e-info.org.tw/node/231818>。

漲，競爭造成暴力事件頻傳，亦成為組織犯罪團夥的營生工具，甚至成為跨國犯罪。

大量開採砂石會改變河流及沿海生態系統，使河川及沿海動植物棲地遭到破壞，族群開始減少甚至在當地滅絕；過度開採同樣影響人類居住環境，濕地及海灘缺少砂石易遭湧浪侵蝕及破壞，使沿岸地區易遭受暴雨、洪水、颱風侵襲，民國 93 年發生的南亞海嘯災情，部分即與過度開採砂石有關，使海嘯進入陸地後的破壞更形惡化。另無論河川或海灘開採砂石所形成的巨大坑洞，若未加妥善管理及回填會成為蚊蠅及昆蟲繁殖地，可能傳播病毒及細菌性皮膚病。[21]

我國桃園是全臺陸砂盜採發源地，民國 80 年代觀音、龜山、大園因盜採砂石而形成的「大峽谷」及「毒龍潭」（峽谷積水成潭，再混入有害事業廢棄物）在當時遠近馳名，主要模式係盜採集團先將農地砂石挖走先賺一筆，再向企業承攬清運事業廢棄物予以回填，而後覆上薄土再將農地抵押貸款，90 年代重出江湖，在彰化、雲林、高雄、屏東均傳出盜採事件；相較河砂混有土壤的陸砂品質較差、加工不易，惟相較盜採河砂需擔負刑責，在農田盜採陸砂僅有輕微罰款，致使盜採集團趨之若鶩。

高屏溪盜採砂石情況相當嚴重，直至 89 年 8 月 27 日南臺灣受碧利斯颱風及其降雨影響，使高屏大橋橋墩遭溪水沖毀，橋上 17 輛汽機車墜落溪底，造成 22 人輕重傷，高屏兩地交通中斷，[22]此事件輿論壓力均

---

[21] 《人類過度開採砂石 將導致環境危機》，〈中時新聞網〉，
<https://www.chinatimes.com/realtimenews/20170914004518-260408?chdtv>，106 年 9 月 14日。

[22] 《17 年前的今天高屏大橋曾經斷過 照片竟然如此驚悚》，〈高雄屏東小鎮資訊〉，
<https://news.tw789.net/news-701.html>，106 年 8 月 28 日。

指向河砂盜採，事件後高屏溪成立我國第一個河川管理委員會，108 名稽查隊員 24 小時巡守高屏溪，使高屏溪盜採案件大減，致使不肖業者及盜採集團將盜採轉向農地。

盜採陸砂是臺灣農地的新浩劫，此浩劫來自取締河砂盜採過於成功，盜採砂石集團一度將盜採由河川轉移到陸地，且桃園到屏東連農地都被挖出巨大坑洞，部分盜採深度達 16 公尺，盜採情況越來越嚴重，尤其坑洞可能遭倒入廢土、有害事業廢棄物或垃圾，造成地下水汙染。

承辦砂石盜採案的臺中高分檢特偵組檢察事務官曾耀賢分析，我國中部盜採砂石已演變成兩種型態，一是盜採陸砂，業者晚上盜採清晨撤離；二為「假疏濬，真盜採」，90 年桃芝風災在濁水溪上游刮下堆積如山的砂石，由河川局交給砂石業疏濬，不法業者開挖後即不管規定深度及範圍，甚至深挖 10 餘公尺，連深層岩盤都打碎運走，不法業者行徑超乎想像。臺灣地區盜採河砂手法越來越大膽，彰化地檢署 90 年底在大肚溪口查獲罕見以船盜採的罕見砂石盜採案，盜採集團日間以兩艘抽砂船在大肚溪口抽砂，抽出後砂石直接以管路傳至岸邊砂石廠加工，一年不法獲利上億元，彰化地檢署會同海巡署臺中查緝隊同時查獲砂石廠負責人。

砂石問題原本是簡單的經濟問題，因政府考慮不周及執法不力，使簡單經濟問題成為供需失衡的大問題；根據礦務局資料，全臺建設每年需六千多萬立方公尺砂石，然政府每年以疏濬名義僅開放兩千多萬立方公尺的砂石，供需失衡並有極大落差，造成價格暴漲，利之所趨下不足的四千多萬立方公尺砂石轉由盜採供給，無論政府如何巡守、執法機關大力掃蕩、河川聯管及禁採等措施，往往僅有短期效果。另重大工程轉

包制度，使下游營建業遭低價綁架，國內包括中二高、南二高、高鐵、東西向快速道路、西濱公路等，以低價承攬工程的下游承包商，面臨砂石價格飛漲，僅能選擇盜採砂石，抑或選擇使用含有鹽分的海砂，影響公共工程甚鉅。而砂石業者認為盜採是「官逼民反」，砂石問題是政府怠惰抑或高利潤所趨。[23]

　　針對中國大陸採砂船違法越界盜採海砂事件，109 年 10 月 29 日行政院院會通過《中華民國專屬經濟海域及大陸礁層法》第 18 條及《土石採取法》第 36 條修正草案，《大陸礁層法》第 18 條第 1 項：規定「在中華民國專屬經濟海域或大陸礁層，故意損害天然資源或破壞自然生態者，處五年以下有期徒刑、拘役或科或併科新臺幣五千萬元以下罰金」，第 2 項：規定「未經許可，以船舶或其他機械設備方式，在中華民國專屬經濟海域或大陸礁層採取土石者，處一年以上七年以下有期徒刑，得併科新臺幣一億元以下罰金」，另《土石採取法》第 36 條：規定「未經許可，以船舶或其他機械設備方式，在下列區域採取土石者，處一年以上七年以下有期徒刑，得併科新臺幣一億元以下罰金：一、中華民國內水（不含內陸水域）及領海。二、依臺灣地區與大陸地區人民關係條例第二十九條第二項規定公告之金門（含東碇、烏坵）、馬祖（含東引、亮島）及南沙地區之限制、禁止水域」。[24]

　　由於中國大陸抽砂船在臺灣海域內非法抽砂，違法抽砂區域包括金門、馬祖、澎湖等離島水域，其嚴重破壞海洋生態環境、改變海底地

---

[23] 《砂石盜採—臺灣農地新浩劫》，〈天下雜誌〉，＜https://www.cw.com.tw/article/5108687＞，91 年 4 月 1 日。

[24] 《土石採取法》，〈全國法規資料庫〉，
　　＜https://law.moj.gov.tw/LawClass/LawAll.aspx?pcode=J0020025＞。

形、影響底棲生物，對生態及漁業造成巨大浩劫，且夜間抽砂作業時產生之噪音亦對金、馬、澎等離島民眾造成嚴重影響，而抽取海砂致使沙岸地區海岸流失、海岸線倒退、破壞海底纜線、延誤島際交通船程時間等問題，我海巡署海巡隊及支援艦艇針對大陸船隻違法抽砂進行強勢驅離，亦持續派駐大型艦艇守護海洋國土，對於違法越界抽砂的大陸船隻、人員扣押，人員移送法辦。[25]

　　中國大陸籍 2200 噸級抽砂船「海盛 655 號」108 年 5 月 22 日中午違法進入連江縣莒光鄉外海 2.2 海浬處之公告限制海域，盜抽海砂約 2000 噸，馬祖海巡隊查扣該船及逮捕 9 名大陸地區人民，29 日馬祖海巡隊押解「海盛 655 號」至盜採海砂地點，將盜取海砂卸回海中，連江地檢署並於 7 月 5 日下午舉行「海盛 655 號」拍賣作業，以 3,661 萬元拍出，為第 2 例連江地檢署拍賣查扣抽砂船，對於警惕大陸違法抽砂船及維護我國土安全已有實效。[26]

　　中國大陸籍「宏興 769 號」於 107 年 10 月 15 日在金門金沙鎮后扁外海約 2 海浬處非法越界抽取海砂，海巡署查扣船隻並逮捕 7 名中國大陸籍船員，查扣海砂約 500 立方公尺；另中國大陸籍「海潤 9688 號」107 年 11 月 14 日在金沙鎮田浦外海約 2.1 浬處盜採海砂，海巡署查扣船隻並逮捕 6 名中國大陸籍船員，查扣海砂約 800 立方公尺。而金門地檢署 108 年 6 月 27 日拍賣「宏興 769 號」及「海潤 9688 號」，分別拍得 1,200 萬元、1,300 萬元，合計新臺幣 2,500 萬元；金門地檢署前曾於

[25] 《中國非法抽砂船頻「越界」包圍南竿，政院提修法最高關 7 年、罰 8000 萬》，〈關鍵評論網〉，＜https://www.thenewslens.com/article/142532＞，109 年 10 月 29 日。

[26] 《捍衛國土第二例 中國盜砂船 3661 萬高價拍出》，〈自由時報〉，＜https://news.ltn.com.tw/news/society/breakingnews/2843883＞，108 年 7 月 5 日。

106、107 年分別拍賣中國大陸籍「遠泰 99 號」、「順興 929 號」抽砂船計新臺幣 2,551 萬 7,000 元，沒入拍賣越界非法抽砂船，對於遏制中國大陸抽砂船非法越界抽砂，防止破壞我國國土、影響生態環境、沿海漁場、危害我國家安全，已有警惕效果。[27]

4-2　海洋復育

一、珊瑚白化與復育

（一）珊瑚白化

　　珊瑚對海洋的重要性通常不為人所知，但海洋一旦缺少珊瑚將對物種多樣性形成重大危害，而珊瑚礁的重要性包括能維持漁業資源、維護生物多樣性、保護海岸線、保護人生命、吸引觀光客等，而珊瑚是動物由骨骼及珊瑚蟲組成，形成像樹枝般長期固著在海中，一株珊瑚體表上有成千上萬個珊瑚蟲，是一種構造簡單的生物，成長時會不斷分泌碳酸鈣形成骨骼，每年春季珊瑚在海中集體釋出精卵，受精後產出珊瑚蟲附著在海底，並不斷分裂生殖，惟因蟲體相連，若一個蟲體染病將快速蔓延。[28]

　　珊瑚固著在海床或礁石上，依靠觸手捕捉浮游生物並與藻類共生，主因珊瑚蟲代謝時釋出二氧化碳及氮、磷成為藻類的養分，而共生的藻

---

[27] 《越界盜砂的下場！2 中國抽砂船 2500 萬拍出》，〈自由時報〉，
　　＜https://news.ltn.com.tw/news/society/breakingnews/2835913＞，108 年 6 月 27 日。

[28] 《珊瑚礁的重要性》，〈環境資訊中心〉，＜https://e-info.org.tw/issue/animal/2001/issue-animal01032101.htm＞。

類行光合作用時產生氧氣及有機物回饋，形成彼此互利共生之機制，部分珊瑚壽命可達千年，對海中生態相當重要；珊瑚蟲則靠其體內的藻類形成紅澄黃綠藍靛紫等多種色系，而藻類需要陽光進行光合作用，此類珊瑚多生存在約 200 公尺以內的海中，另生活在水深超過陽光可穿透深海中的珊瑚，則不依靠藻類提供氧氣及有機物提供養分，這類深海珊瑚顏色為紅、紫色，均為珊瑚蟲本身的顏色。

　　珊瑚礁提供食物來源及繁殖場所，對許多魚類而言若珊瑚礁消失，附近的食物鏈隨即崩潰，根據學者專家估算，一個珊瑚礁生態系統中最多可達到 1,500 個魚種，我國週邊海域的珊瑚礁生態則發現有 600~800 種魚類，是一個生物多樣性的生態體系，亦有「海底的熱帶雨林」之稱；部分依靠珊瑚礁進行漁業活動的國家及漁民，其有約 30%漁獲來自珊瑚礁叢，包括海參、龍蝦、珊瑚礁魚類及無脊椎動物等，因此保護珊瑚礁對確保漁業永續、漁民生計、食物穩定供應具相當重要之地位。

　　珊瑚適應存活之溫度約為攝氏 20~28 度的水域，若低於攝氏 18 度或超過攝氏 30 度即可能造成珊瑚蟲死亡形成白化現象，另地球環境變遷、極端氣候影響、海水升溫、海洋汙染、泥沙淤積、船舶漏油等因素造成外在環境改變，與珊瑚共生的藻類離開珊瑚，造成珊瑚顏色褪回原珊瑚蟲色之灰白色，此時可能造成珊瑚蟲大量死亡，但若仍有約 10%的珊瑚蟲仍存活，依靠捕捉浮游生物存活，且環境若未再惡化，珊瑚蟲可繼續分裂生殖慢慢恢復原有狀況，惟若環境持續惡化則造成珊瑚蟲持續死亡。

　　除了地球環境變遷、極端氣候影響、氣候暖化、海水升溫、海洋汙染、泥沙淤積、船舶漏油等因素之外，盜獵是珊瑚遭破壞更嚴重的問題。包括我國東沙國家公園是珊瑚重要的棲地，105 年 2 月海巡署在東

沙島附近查緝盜採珊瑚，查獲 1 萬 5 千公斤珊瑚及貝類，此盜採即為東沙水質乾淨清澈，珊瑚卻無法復育的重要因素。我國目前發現存活最久的珊瑚礁在綠島，可能在宋朝時期綠島即有珊瑚存活迄今，惟氣候暖化、海水升溫、海洋汙染、泥沙淤積、船舶漏油、盜採等因素外，我國長期忽略海洋發展均造成海洋環境破壞。[29]

（二）珊瑚復育

　　珊瑚體在海床的覆蓋程度越高，表示珊瑚礁的環境狀態越佳，故珊瑚覆蓋率亦為珊瑚礁健康程度之重要指標，珊瑚礁若因各種因素受損，可以移植方式復育珊瑚，其方式先採集珊瑚分株回實驗室復育、將切下珊瑚株固定於附著板，模擬與野外環境相仿之環境水槽讓珊瑚蟲生長，待復育至可移植程度後，將分株帶回原海域的海床固定，此即為復育珊瑚之作法。國家實驗研究院自 103 年起在小琉球週邊海域進行水質監測、珊瑚礁體檢、生物地理、魚類調查、微生物群落變化、環境史重建等調查工作，而研究初步發現，小琉球珊瑚逐漸死亡之因素包括每逢夏季豪大雨使高屏溪挾帶泥砂等陸源碎屑部分送往小琉球沿岸導致海水混濁並降低海水透光及能見度，此情況最久可維持兩週，此為影響珊瑚共生藻行光合作用，而珊瑚分泌黏膜用來排除覆蓋其表面碎屑，但海水混合著高營養鹽的高屏溪水使藻類迅速生長，使珊瑚黏膜無法排除表面碎屑且讓藻類大量生長，導致珊瑚死亡。研究團隊亦發現颱風來臨前後及過境時引發的湧浪，若珊瑚固著的海床不夠穩定，湧浪打翻珊瑚體使其無法攝食、體內共生藻也無法行光合作用，造成珊瑚死亡。[30]

---

[29] 林慧貞，《珊瑚為何很重要？這五件事一定要知道》，〈News&Market〉，< https://www.newsmarket.com.tw/blog/83482/ >，105 年 3 月 30 日。

[30] 《淺談珊瑚人工復育》，〈國家實驗研究院〉，< https://www.narlabs.org.tw/tw/xcscience/cont?xsmsid=0I148638629329404252&sid=0J178404054819027320 >。

目前包括新北市與國立臺灣海洋大學、遠雄人壽與國立臺灣海洋大學、臺達電與海科館、澎湖縣水產種苗繁殖場與縣農漁局等合作執行珊瑚復育。

新北市政府與中央攜手合作，結合產業、學界、NGO 及民眾的力量，因應全球氣候變遷所帶來的環境衝擊，新北市擁有 145 公里的海岸線，其呼應聯合國世界海洋日主題「振興：海洋的集體行動」，結合產官學力量維護保育海洋生態，其中與國立臺灣海洋大學合作執行珊瑚復育，在新北市貢寮「海洋資源復育園區」海底池培育 1,275 株珊瑚，且於 108 年起辦理珊瑚小學堂海洋教育體驗課程，111 年在貢寮卯澳灣種植 500 株珊瑚，拓展新北市海域珊瑚生態；此復育方式係剪下約 5 公分長的珊瑚片段綁在珊瑚基座後，放入海洋資源復育園區海底池內的珊瑚養殖桌進行珊瑚養殖，珊瑚成長至 15~20 公分時再將珊瑚復育至卯澳灣。[31]

遠雄人壽為實踐聯合國永續發展目標 SDGs14「永續海洋與保育」，與臺灣海洋大學合作發起「海洋珊寶生態復育行動－種珊瑚」，遠雄人壽號召海洋農夫志工在新北市海洋資源復育園區內種下 200 株珊瑚苗，透過臺灣海洋大學海洋環境與生態研究所守護照料，透過人工培育技術繁殖在安全的養殖池下生長，珊瑚成長至可復育大小後，重回臺灣東北角外海成長，此復育活動可使海域內重現繽紛七彩的珊瑚。[32]

---

[31] 《啟動「新北山海造林計畫」 讓海洋生態生生不息》，〈遠見〉，
　　<https://www.gvm.com.tw/article/94668>。

[32] 蔡淑芬，《復育台灣珊瑚生態 支持海裡種樹行動》，〈工商時報〉，
　　<https://ctee.com.tw/industrynews/technology/701889.html>，111 年 8 月 21 日。

　　臺達電員工在後壁湖潛水時發現珊瑚出現白化現象，員工拍照後將照片交給臺達基金會研究，研究發現國際間生物多樣性與珊瑚復育係現階段國際重要潮流，且與臺達技術有連結，因緣際會下促成臺達電參與珊瑚復育活動，而生物多樣性是道瓊永續指數 111 年甫列入的新指標，鼓勵企業思考企業營運與整體價值鏈對生態系的影響，且生態復育的效果，較企業淨灘之效果為大。109 年間發現基隆潮境公園有 2~3 成的珊瑚呈現白化現象，未免因珊瑚消失造成海底生態面臨浩劫，臺達電與海科館合作，在臺達電工程師設計最理想的光源及各種自動控制系統，大幅加快研究與復育的速度。[33]

　　澎湖縣政府農漁局在近 3 年澎湖海洋花園植栽計畫中，包括珊瑚移植磚、珊瑚復育、海洋教育課程及海洋花園導覽人員培訓等活動。澎湖縣水產種苗繁殖場 103 年開始在鎖港杭灣地區的人工珊瑚復育活動，105 年獲得民間業者贊助，在約兩座標準游泳池的範圍內進行「海洋花園」計畫，期盼在復育珊瑚礁生態系同時，帶動鄰近地區的生態旅遊商機，迄 108 年 5 月已投擲 500 座珊瑚移植磚，並在投擲的珊瑚移植磚週圍已可發現魚兒悠游期間，其復育成果相當成功。[34]

二、藻礁維護

　　藻礁中的藻類是植物，與珊瑚礁中的珊瑚是動物不同，藻類生活在海岸多孔隙的環境中，在海水水質環境良好、水溫較高環境較難與動物

---

[33] 《比淨灘還強大！難度超高的珊瑚復育，台達如何在基隆完成千顆？》，〈天下雜誌〉，
　　<https://www.cw.com.tw/article/5122887?template=transformers>。

[34] 《【珊瑚復育】首座人工復育珊瑚海洋花園 澎湖鎮港杭灣亮相》，〈農傳媒〉，
　　<https://www.agriharvest.tw/archives/10505>，108 年 5 月 31 日。

造礁競爭，惟若在海水較為惡劣的環境中卻能緩慢成長，其生長速度亦如珊瑚礁相同緩慢；藻礁與珊瑚礁同為海中生物良好之棲地，珊瑚礁在水質良好環境生長，在日光照射下與珊瑚蟲共生的共生藻行光合作用，成為生態豐富的「海底的熱帶雨林」，而以植物造礁的藻礁，亦生長在海岸多孔隙環境，形成海洋的「生物育嬰房」。其中在桃園海岸地區藻礁藻類屬於「無節珊瑚藻」，成長速度相當緩慢，經調查 20 年僅成長 1 公分，相較珊瑚礁年平均成長 1 公分，海岸的藻礁更為稀有而珍貴，更須以國家的力量結合民間維護此一生態。

在礁石孔隙地形造礁的藻類統稱為石灰藻，石灰藻主要將海水中游離的鈣固定在其細胞壁中，成長時藉留下石灰質依附在礁石孔隙中，部分石灰藻類藉鈣化作用沉積碳酸鈣，並可不斷膠結形成大型礁體，此礁體即為藻礁。以桃園藻礁為例，97 年臺灣大學海洋研究所團隊的研究資料顯示，桃園藻礁生成年代已有 7500 年歷史，其中大園區潮音海岸的礁體超過 6 公尺高，據此推算該區藻礁已約有 7620 年，研究顯示，此區原為珊瑚礁較藻礁為多的礁體，後約於 4500 年前逐漸形成藻礁較珊瑚礁多的礁體，而在觀音區保生海岸探取之樣本厚度約為 3.35 公尺，其年代亦約為 7500 年歷史（如圖 4-2），為此區藻礁係以純藻類所形成之礁體，故依此推算該區藻礁成長 1 公分超過 20 年時間。[35]

由於國際海洋保育組織「Mission Blue」已於 108 年將大潭藻礁列入全球「希望熱點」，證實大潭藻礁具有世界級自然遺產的價值。特有生物研究保育中心副研究員劉靜榆指出，藻礁的生長條件及生態系有其

---

[35]　《【什麼是藻礁】》，〈珍愛桃園藻礁〉，
　　　＜https://http://algalreef.weebly.com/ 20160406362615934299 30977.html＞。

獨特性，學者在此紀錄到一級保育類動物柴山多杯孔珊瑚、紅肉丫髻鮫及白海豚。

臺灣環境資訊協會於 110 年推出「藻礁公投」網站，將正反方意見彙整生態保育、能源轉型、行政程序多項爭點等並陳，並提出該協會的觀察，此「珍愛藻礁公投」為我國首次由民間發起的生態保育公投案，並為 110 年 12 月 18 日舉行四項公投案之其中一項公投案，本公投案主要針對中油第三天然氣接收站，需離岸 5 公里外興建避免破壞藻礁生態，（三接工程原方案是在離岸 700 公尺處興建天然氣接收站，迴避藻礁生態熱區，以簍空棧橋連接，「再外推方案」則是將接收站外移至離岸約 1.2 公里處，以不浚深的方式建港，惟公投主文則要求「三接遷離離岸 5 公里外」）。

謹按：民國 80 年間政府為滿足未來電力需求，計劃在桃園大潭興建燃氣電廠，而東帝士集團即發現長達 25 年 4000 億元的天然氣供氣商機，便與中華開發等企業共同成立東鼎液化瓦斯公司，價購大潭電廠附近海岸土地，並取得桃園觀塘工業區及工業專用港開發權，計劃就近對電廠供氣。惟環評審查過程中，環評委員發現並質疑當地有珊瑚礁存在，環保署隨即要求補充調查，根據臺大海洋所戴昌鳳教授與科博館副研究員王士偉進行初步研究發現，工程預定地上有獨特的藻礁，惟學術界尚未做完整調查時，開發計畫環評於 88 年有條件通過，使得工程於 90 年 5 月動工。然大潭電廠天然氣供氣合約最終由中油得標，亦在東鼎公司財務出現狀況後，93 年填海造陸工程停擺，迫使中油考量成本等因素改由臺中港第二接收站延伸管線供氣給大潭電廠。[36]

---

[36] 《氣接何處？ 三接與藻礁的爭議｜能源轉型轉到哪系列報導02》，〈環境資訊中心〉，<https://e-info.org.tw/node/232935>。

圖 4-2　壯盛的藻礁地形已有 7500 年歷史

資料來源：《【什麼是藻礁】》，〈珍愛桃園藻礁〉，＜https://algalreef.weebly.com/
201604063626159342930977.html＞。

　　過去曾針對臺電大潭電廠在垂直海岸方向興建二道堤防，造成明顯
的突堤效應，而突堤效應形成且增加的漂沙將會影響藻礁生態，造成
「北淤、南侵、中間沙埋」，亦為北側白玉藻礁淤積、南側觀新藻礁保
護區遭受侵蝕，生態最佳的中段大潭藻礁亦將面臨更大威脅，另中研院
陳昭倫亦指出，大潭藻礁區域已有四道明顯人工建物，此結構體造成之
突堤效應將漂沙堆積在藻礁上，其中天然氣接收站與觀塘港第一期工程
最具環評爭議，其並表示無法在一個動態平行下評估藻礁未來如何發生
變化，且「再精密的水工模擬模型都無法告訴我們最後的真相⋯直到所
有的工程做好之後就已來不及了」。珍愛桃園藻礁主張，藻礁生態系本
來就不是單獨的存在，潮間帶健康藻礁需要亞潮帶健康泥沙生態的支
持，強調「海底泥沙環境生態當然是藻礁生態系的一部分」。[37]

---

[37] 《【藻礁公投吵什麼】生態篇》，〈環境資訊中心〉，＜https://e-info.org.tw/node/232753＞，
110 年 11 月 18 日。

　　除了大潭藻礁外，臺灣包括三芝、桃園、澎湖、墾丁、臺東杉原及三仙臺、新北市石門等地區均有藻礁地形，而桃園小飯壢溪口南岸至新屋溪口北岸，即觀音藻礁，為我國面積最大的藻礁區，[38]而最具特色的則為新北市石門區老梅地區海岸，此海岸地區擁有珍貴的藻礁海岸，老梅海岸為石槽海岸地形，老梅石槽同時擁有細緻沙灘與被侵蝕岩岸，適合海藻類附著生長，海藻死去後殘骸硬化成一層薄薄的石灰質，新的藻類在這層石灰質上繼續附著生長，如此一生一死不停循環，千年來堆疊出老梅石槽美麗的藻礁，是大自然精心雕琢形成的火山岩石槽，是全臺少見的特殊景觀（如圖 4-3），每年 3 月中旬迄 5 月上旬，整個海岸石槽上會附滿海藻，形成一條一條的條狀「綠石槽」，狀似一隻隻瘦骨嶙峋的綠色海豚成排躺在沙灘上，將整個海岸染成鮮綠的春天色彩。[39]

圖 4-3　老梅石槽經過千年堆疊成美麗藻礁

資料來源：〈新北市政府〉，＜https:// newtaipei.travel/zh-tw/attractions/detail/110378＞。

---

[38] 《珍愛桃園藻礁》，〈環境資訊中心〉，
　　＜https://algalreef.weebly.com/21488287713429930977 2099820296.html＞。
[39] 《老梅石槽－景點介紹》，〈新北市政府觀光旅遊網〉，
　　＜https:// newtaipei.travel/zh-tw/attractions/detail/110378＞。

自然環境是經過千年甚至更長時間所形成，在環境變遷、工業化、發電、人為破壞等衝擊下，資源永續、環境保護、工業民生相互間要如何保持平衡已成為各國政府的難題，且法規益趨嚴格及開發技術持續進步，維護脆弱及易遭破壞的自然環境將持續困擾各國政府。

三、魚苗放流

由於人類過度捕撈、環境變遷、水溫增高等因素，許多具高經濟價值魚類日漸減少甚至枯竭，各國在永續漁業資源、保護海洋之前提下，開始從事魚苗放流，我國中央及地方政府、企業、科研單位、民間團體等，不定期在沿海或漁港附近舉行魚苗放流活動，並邀請媒體、民眾、學生共同參與，除擴大宣傳外亦從學校教育做起資源永續觀念，使魚苗放流進入大海以彌補漁業資源能量，臺灣漁業永續發展協會理事長廖正信表示，我國放流魚苗活動是在「對的時間、對的地點、對的方法、放對的魚」，且放流前先評估海域內浮游生物數量是否足以支撐魚苗食物來源，而浮游生物數量會有週期性變動，魚苗放流的體型及時間點能否搭配浮游生物數量，均為考量因素；另亦評估放流魚苗是否會影響其他海中魚苗及珊瑚礁群成長，其中包括外來種、雜交種均不能放流，亦不放流肉食性魚種，因其有可能會影響其他魚種生存。民眾放流魚種須依照《水產動物增殖放流限制及應遵行事項》進行放流活動，根據該《放流限制及應遵行事項》第三條第一項：規定「為附表一所列物種或放流地點原有分布之本地物種」，第二項：規定「禁止使用外來種、雜交種、基因轉殖種或其他不符合生態保育之物種」，其中附表一規範計有 11 項 24 類種魚貝類，放流地點簡列臺灣本島及澎湖、金門、馬祖等地區，並未明確標示放流區域或地點，後在《第三點附表一海域放流物種

地點及條件修正規定》，惟亦僅列出縣市別，若違反第十三條第一項：規定「辦理海域放流工作，有下列情事之一者，由中央主管機關依《漁業法》第六十五條第六款規定核處」，而《漁業法》第六十五條第一項：規定「有下列情事之一者，處新臺幣三萬元以上十五萬元以下罰鍰」，第六十五條第六款：規定「違反第四十四條第一項第四款至第九款規定公告事項之一」，第四十四條第一項：規定「主管機關為資源管理及漁業結構調整，得以公告規定下列事項」，第四十四條第一項第四款：規定「漁區、漁期之限制或禁止」，第四十四條第一項第五款：規定「妨害水產動物回游路徑障礙物之限制或除去」，第四十四條第一項第六款：規定「投放或遺棄有害於水產動植物之物之限制或禁止」，第四十四條第一項第七款：規定「投放或除去水產動植物繁殖上所需之保護物之限制或禁止」，第四十四條第一項第八款：規定「水產動植物移植之限制或禁止」，第四十四條第一項第九款：規定「其他必要事項」，亦即違反《水產動物增殖放流限制及應遵行事項》將依《漁業法》裁罰三萬元以上，十五萬元以下罰鍰，民眾在從事放流魚類維護生態永續時，須依政府相關法規規範完成生態調查、人員訓練、放流申請、依規定之種類及地點放流魚苗，避免違反規定遭裁罰。[40]

行政院農業委員會漁業署自 67 年起投入魚苗放流活動，期以魚苗放流補充自然生產力，開始放流各類人工繁殖生產包括魚、蝦、貝類等海水種苗，漁業署委託臺灣漁業永續發展協會自 91 年起執行魚苗類放流計畫，該協會在過程中逐步建立放流魚苗之標準作業程序（SOP,

---

[40] 《水產動物增殖放流限制及應遵行事項》，〈行政院院農委會主管法規查詢系統〉，< https://law.coa.gov.tw/glrsnewsout/LawContent.aspx?id=GL000203 >。《漁業法》，〈全國法規資料庫〉，< https://law.moj.gov.tw/LawClass/LawAll.aspx?pcode=M0050001 >。

Standard Operation Procedure），配合協會繁殖放流魚苗的養殖場，須做好水質監測、填寫週報表、檢測病毒等，放流活動前協會再次抽檢魚苗是否帶有神經壞死病毒或虹彩病毒，確保放流魚苗無藥物殘留或病毒帶原。迄 100 年訂定《水產動物增殖放流限制及應遵行事項》，使魚苗放流走向管制，避免有《水產動物增殖放流限制及應遵行事項》第三條第一項第二款：規定「禁止使用外來種、雜交種、基因轉殖種或其他不符合生態保育之物種」等情事發生，使參與防流魚苗均能保護漁業資源、環境永續。[41]

　　我國有許多善信宗教團體從事「放生活動」，其善意行為一般民眾視為善舉，認為將生物放生是在給予活命，惟「放生活動」前若未做好環境調查及申請、魚體先放入水中適應後再放流、在規範地點放流規範魚種等，輕則違反《水產動物增殖放流限制及應遵行事項》，重則發生放流魚群集體死亡事件。109 年 6 月間，某宗教社團向臺船基隆廠申請提供放生地點，宗教社團放生約 400 條黑鯛，翌日發生百餘條死亡漂浮海面，事後基隆市政府產發處副處長表示，自 3 月起均未核准任何宗教團體放生之許可，原本「放生活動」的美意遭打折扣引發民眾遺憾，而地方政府亦要求各宗教團體 15 天前申請放流及放生應遵守之規則，需考量對的時間及地點，用對的方式放對的魚，包括魚種生態、食物來源、相關疾病、溫度及水溫等，要多方面評估再從事放流活動。[42]

---

[41] 《對的時間、環境與魚種才真正作功德：魚苗放流前應做那些評估？》，〈農傳媒〉，
　　<https://www.agriharvest.tw/archives/15732>。

[42] 《快新聞／宗教團體和平島放生黑鯛 「上百尾翻肚」現場畫面曝光》，〈yahoo 新聞〉，
　　< https:// tw.news.yahoo.com/news/快新聞-宗教團體和平島放生黑鯛-上百尾翻肚-現場畫面曝光-120639643.html>。

　　108 年 3 月 17 日臺南市某宗教團體經向臺南市漁港及近海管理所徵詢適合臺南市海域魚種，該宗教團體並檢送符合規定之魚苗藥物殘留檢驗文件及養殖場經營許可登記證，符合漁業署訂定《水產動物增殖放流限制及應遵行事項》規定向市府申請，經市府核准在漁光島附近海域放流高經濟價值魚種黃錫鯛（中文名平鯛，俗名班頭仔），該魚種屬廣鹽性魚類，可有效增益臺南市附近海域漁業資源。無論是宗教團體或是民間社團均可以政府及地方政府規定，可至各縣市政府府線上申辦整合系統，至單位機關選單內點選農業局項下漁港及近海管理所，即可進入水產動物增殖放流線上申請作業頁面，依申請說明填具水產動物增殖放流申請書，並備妥種苗場養殖登記證影本及相關藥檢證明上傳送出後，完成線上申請辦理；而臺南市政府 107 年度計核准市轄海域 12 件魚苗放流活動，放流魚種包括烏魚、黑鯛、布氏鯧鰺及黃鰭鯛等，合計放流 55 萬 7 千尾魚苗，投入總經費 287.8 萬元，對於海洋漁業資源已有效增益漁源，提供近海漁業及釣客多元漁業及休閒活動效益。[43]

　　我國民間對臺灣近海漁業捕獲之高經濟價值魚類有「一午、二鯧，三鮸、四嘉鱲」之排名，其中排名第一的午仔魚在一般民眾心中有著相當重要之地位及食用價值，臺中市政府多年來透過自辦魚苗放流達到復育漁業資源目的，且藉由輔導漁民及宗教團體選擇適合當地漁業環境的魚苗進行放流，除能兼顧漁業多元化外，更在杜絕不適當之放生行為，以使環境及漁業資源永續。而臺中市政府自 107 年起因應在地漁民建議逐年放流午仔魚苗，以增加沿近海午仔魚族群數量，111 年 9 月 21 日市府海岸資源漁業發展所在麗水漁港放流午仔魚苗約 80 萬尾，並藉活動

---

[43] 《漁光島宗教團體放流經查均符合規定申請辦理》，〈臺南市政府〉，
　　<https://www.tainan.gov.tw/News_Content.aspx?n=13371&s=3749796>。

向民眾傳達保護海洋環境及永續漁業的理念。經統計，臺中市漁民在附近海域午仔年漁獲量均維持在 20 公噸以上，顯見放流及環境維護已具相當成效，有效提升漁民收益，改善沿近海漁業資源。另臺中市海資所藉舉辦海洋盃全國友善釣魚交流賽中，協助主辦單位展示黑格仔（黑鯛）及枋頭（黃錫鯛）魚苗，對參與釣魚比賽及一般民眾推廣正確魚苗放流方式及保護海洋環境觀念。[44]

　　許多宗教團體在符合政府規範及符合宗教教義之前提舉辦放生法會，望透過魚苗放流讓生命能重返大自然，亦有增益附近海域漁業資源之效。108 年 10 月 29 日財團法人瑪倉文教基金會在龍井區麗水漁港舉辦《佛定放生日》放生法會，宗教雖定義為放生，惟已經過針對目標魚類徹底瞭解、挑選適合物種之環境、重視魚資源保育、有計畫且事先進行環境評估、挑選適合的魚類，符合宗教定義之「放生」，亦符合法規定義之「放流」，使此次宗教「放生」活動成為永續環境的「放流」魚苗，成為復育漁業資源的有利手段，在正確的時間地點，放流對的魚蟹苗，達到該魚種有過半機率可以在自然環境中成長，經調查附近海域適合廣鹽性魚類生存，黑鯛魚苗性喜砂泥、岩礁底質之海域，此次在麗水漁港配合潮汐時間進行黑鯛魚苗放流合計 3,000 斤五萬尾魚苗，長成後對漁民作業及保育均具助益。[45]

---

[44] 《中市府放流魚苗　照顧漁民生計並推廣海洋永續》，〈臺中市政府〉，
　　<https://www.taichung.gov.tw/2172194/post>，111 年 9 月 21 日。

[45] 《《佛定放生日》　瑪倉文教基金會號召二百餘人放流魚苗復育海洋資源》，〈公民新聞〉，
　　<https://www.peopo.org/news/428495>，111 年 9 月 21 日。

四、海廢問題

　　我國以往針對海洋廢棄物調查多集中在海灘及海面清點，至於海底廢棄物較少全面清查，109 年開始進入更前線的海底，以全面瞭解海洋廢棄物在臺灣周邊海域的現況；由於調查海底廢棄物主要在釐清海底廢棄物對海洋生物的危害，來擬定溯源政策，以減少源頭傷害進而降低廢棄物形成垃圾，使「調查」成為環境恢復的第一步。海洋廢棄物調查多數以垃圾密度或件數為主要指標，全球尚未統一調查方法，然從調查結果發現，位於西地中海的西班牙馬約卡島（Mallorca）南方，每平方公里高達 400 公斤海洋廢棄物，我國西海岸每平方公里有 102 公斤海洋廢棄物，均較日、韓、中國大陸的調查為高。

　　基於海水流向、垃圾密度等變因，垃圾密度小於海水則在海面或灘岸上，密度大於海水則沉入海底，形成海灘、海面及海底「垃圾相貌」不同：109 年底民間機構「澄洋環境顧問」及「工業技術研究院」受海洋保育署委託調查臺灣西海岸北由八里南迄東港，蒐集 215 個點位的海底垃圾，以及涵蓋 12,400 公尺臺灣海岸線海底，運用水下動線攝影調查 16 航次，建構出海底大致的「垃圾相貌」。綜合兩份報告發現：

（一）最髒採集點垃圾總數較生物為多：西海岸最髒點座落淡水外海，該處撈上 70 餘個小型螺、貝類及 200 多件垃圾。

（二）河川出海口易成海底廢熱點：凸顯未來往源頭攔截垃圾係治理關鍵。

（三）花蓮、彰化垃圾密度最高：兩份調查中花蓮、彰化皆居垃圾密度高位，此與潮汐有極大關聯，我國東、西海岸潮差最大之處即為花蓮、臺中及彰化，潮汐起落成為最終垃圾堆積點。

（四）大型漁網、漁具遍布：新北貢寮發現全長超過 500 公尺大型廢棄漁網，龜山島附近亦發現多張漁網，屏東國立海洋生物博物館附近則發現許多廢棄魚線。

由上述調查結果發現海底海洋廢棄物以廢棄漁具及漁網占大多數，將形成包括纏繞（在海底持續捕獵或纏繞生物造成受傷或死亡）、航行危險（可能纏繞螺旋槳、船舵或賭塞進水口）、攝入（易附生藻類造成生物誤食）、吸附（裂解為微塑膠進而吸附海中有毒物質）、滲出（漁具中化學藥劑或重金屬釋放海中）等危害，[46]因此，除了持續調查及清理海底廢棄漁網之外，溯源管理、回收、循環再利用則為漁業發展及環境保護之重要發展。

多年來環保團體針對海洋廢棄物問題展開調查，相關倡議及行動逐漸受到重視，促成政府成立海廢治理平臺、向海致敬等行動，惟在海洋塑化危機中，已證實廢棄漁網是海洋廢棄物的主要成份，造成海洋生物死亡、破壞生態棲息環境，而廢漁網有回收再利用價值，惟須在源頭做好分類處理，而漁網並非漁民惡意拋棄海中，多數均為網掛礁石無法收網而沉入海底，我國各地區漁會已在漁港設立廢棄漁網集中回收區（如圖 4-4），並辦理活動推廣漁網再利用，避免讓海廢進入垃圾焚化爐。

我國再生塑膠工業技術發展中心及部分業者成立海廢塑膠循環經濟聯盟，包括億薈、臺化等企業均有廢漁網回收再生商業模式，其對廢棄塑膠轉化再生材料技術純熟，廢棄漁網再生前需在回收時將不同成份分出、去除雜質，廢漁網即成為可再利用的材料。[47]

---

[46] 《你所不知的「海底廢」現世報告》，〈報導者〉，
　　< https://www.twreporter.org/a/marine-litter >，110 年 4 月 21 日。

[47] 《從生活中實踐環境革命 中山大學調查廢漁網去向、帶動修理風潮》，〈環境資訊中心〉，
　　< https://e-info.org.tw/node/231212 >，110 年 5 月 20 日。

廢棄魚網堆置場　　　　　　　　　　海廢藝術品

廢棄魚網堆置場　　　　　　　　廢棄魚網堆置再生

圖 4-4　淡水漁港廢棄漁網回收、分類及海廢製成裝置藝術

資料來源：作者於 111 年 11 月自行拍攝

　　漁業署 110 年依據《漁業法》第 14 條公告 7 月 1 日起實施《刺網漁業漁具實名制措施》，漁民須在刺網浮球及浮子上標示漁船編號，若在海上作業時因故無法回收漁網，返航時必須主動通報政府機關，違反《實名制措施》規定者將裁罰 3~15 萬元。另各地方政府在中央政府補助下，與漁會合作進行廢棄漁網回收再利用獎勵機制，在漁港附近設置廢棄漁網回收站，鼓勵漁民將廢棄網具帶回漁港集中堆置，並提供現金或商品禮券獎勵，亦開放民眾、社區或藝術家認領部分廢漁網再利用或

藝術創作，可回收利用漁網交由海廢回收再利用業者收購，不具再生價值網具則採焚化處理。[48]

　　目前已有新創公司將廢棄漁網經過經過清洗、裁切、熔化後，將產生的尼龍粒製造成眼鏡架，讓漁網不再是海洋廢棄物，消費者購買使用後若眼鏡毀損，亦能將眼鏡回收再製成新鏡架，成為減少廢棄物產生的「循環眼鏡」。[49]

4-3　漁權簽訂

　　為確保漁業資源之永續利用及維護漁業秩序，並保障漁民及漁船海上作業之安全，行政院農業委員會於 103 年公告修正《政府護漁標準作業程序》，明訂護漁範圍、執行（配合）機關、護漁通報機制及緊急應變程序、護漁頻率、護漁原則等，以及依據《海岸巡防法》第 3 條第 1 項第 7 款第 3 目、海岸巡防法第 2 條第 1 項第 2 款，我國海洋委員會海巡署掌理漁業巡護與漁業資源維護任務，其巡護範圍涵蓋內水（不含內陸水域）、領海、鄰接區、專屬經濟海域、大陸礁層上覆水域及其他依法令、條約、協定或國際法規定我國得行使管轄權之水域範圍，[50]以維護漁民權益及保障國家安全。

---

[48] 《廢漁網循環再生 藍海減塑新經濟》，〈臺電月刊〉，
　　＜https://tpcjournal.taipower.com.tw/article/4801＞，第 703 期。

[49] 《把環保的事放在眼前－讓垃圾變黃金，漁網變眼鏡》，〈聯合報〉，
　　＜https://ubrand.udn.com/ubrand/story/12116/6253026＞，111 年 4 月 21 日。

[50] 《執法依據》，〈海洋委員會海巡署〉，
　　＜https://www.cga.gov.tw/GipOpen/wSite/ct?xItem=118370&ctNode=10115&mp=999＞。

　　我國漁船出海作業常在重要漁區及海域通道遭受干擾、驅離、攻擊、搶劫及扣留，我政府雖與多個相關國家長期開會協議，以及向漁民宣導禁制海域及危險海域，惟漁民表示，若非該海域有漁獲、要維持生計，誰會冒險經過或到危險海域作業；近年來發生多次遭攻擊、干擾後，我政府相繼與日本及菲律賓簽訂漁業協議，對於遭受搶劫及扣押之漁船、漁民亦協助處理與救援，包括財團法人中華民國對外漁業合作發展協會亦有針對漁船及船員遭扣之處理，除有防範漁船被扣或違規宣導、遭難或被扣漁船主動提供補助或墊借款、協助處理漁船被扣或遭他國指控違規事項為其年度主要工作外，本項重點工作亦在年度內編列 60 萬元整，在年度內提供 3 次宣導教育、提供補助款及墊借款、提供漁民相關法律協助等，[51]以維護漁民權益。

一、臺日漁業協議

　　「臺日漁業會談」自民國 85 年首次召開以來，17 年間歷經 16 次正式會議、多次預備會議及協商，於第 17 次臺日漁業會談後簽署協議，而未能在多次會議中達成共識主要仍是主權爭議及劃設專屬經濟海域立場不同；此期間曾於 97 年發生日本海上保安船撞沉我國聯合號海釣船後，船員遭日本逮捕、拘留，由於事發當時聯合號船員全程錄影，事發後我政府及臺北縣政府（現升格為新北市）態度強硬，當時臺北縣長周錫瑋親赴臺日交流協會抗議並要求日方放人、道歉、賠償，其表示亦將親赴聯合國及巴黎等各大城市召開國際記者會揭露日本使用軍艦撞沉漁船的暴行，使日本海保廳第 14 管區親自道歉並賠償一千多萬元。[52]

---

[51] 《財團法人中華民國對外漁業合作發展協會 110 年度預算》，〈財團法人中華民國對外漁業合作發展協會〉，＜https://www.ofdc.org.tw:8181/web/components/Editor/webs/files/Y110OFDCBudget_book.pdf＞。

[52] 《影／我漁船遭日船衝撞　馬英九：「聯合號事件」我讓日本親自道歉賠千萬》，〈ETtoday 新聞雲〉，＜https://www.ettoday.net/news/20201002/1823001.htm＞。

　　我國在每次會談前均重申擁有釣魚臺主權之一貫立場，表達維護我國釣魚臺列嶼主權及周邊海域正當漁捕權益之決心，要求日方切勿在協議中列入矮化或損及我主權主張之文字，堅持在協議內容列入「免責條款」，確認協議各項規定不損及我主權及海域主張等相關國際法各項問題的立場與見解，確保我國對釣魚臺列嶼主權之堅定立場，雙方同意在協議內容列入「免責條款」。在雙方今後設置之漁業委員會中，我方人員將以委員身份與會，持續關注維護我釣魚臺主權及漁民作業權益。

　　101 年 8 月 5 日，時任總統的馬英九先生提出「東海和平倡議」，期盼透過相關各方共同努力，使東海成為「和平與合作之海」，而日本前外務大臣玄葉針對馬前總統提出之「東海和平倡議」於同年 10 月 5 日表達日方能體察「東海和平倡議」及其「推動綱領」的基本精神，並表示如何冷靜且顧全大局地因應懸案，以推動務實且具體的合作。雙方基此基本理念進行協商獲致共識簽署協議，使久懸 17 年的臺日漁業問題獲得具體成果。[53]

　　102 年 4 月 10 日由我國亞東關係協會廖了以會長與日本公益財團法人交流協會大橋光夫會長，在臺北賓館正式簽訂《臺日漁業協議》，兩國同意擱置主權爭議，以經緯度劃定漁船作業海域，未來我國漁民在北緯 27 度以南、日本先島諸島以北劃定「排除對方法令適用海域」，計 7.4 萬平方公里協議範圍海域將可安心合法捕魚，不再受日本公務船干擾（95~102 年間我國漁船在此區域計有 252 艘次遭日本公務船以漆彈、阻撓收漁具等方式干擾作業，而協議適用海域主要漁獲包括鯖、黑鮪、黃鰭鮪、旗魚、鬼頭刀、鎖管、鯊、鰹、鯛魚等），惟釣魚臺 12 浬範圍排除在外，並未列入協議適用範圍（臺日漁業協議適用海域，如圖 4-5、適用海域之概略漁場及我漁船過往遭日方干擾分布圖，如圖 4-6）。[54]

---

[53] 《臺日漁業協議》，〈中華民國外交部〉，＜http://www.mofa.gov.tw/cp.aspx?n=205＞。

[54] 《17 年談判// 台日簽協議 釣島 12 浬外可捕魚》，〈臺灣海外網〉，
＜http://taiwanus.net/news/press/2013/20130410221940181l.htm＞。

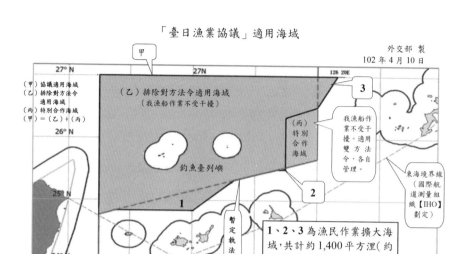

圖 4-5　臺日漁業協議適用海域

資料來源：《「臺日漁業協議」適用海域》,〈中華民國外交部〉,
＜http://www.mofa.gov.tw/cp.aspx?n=205＞。

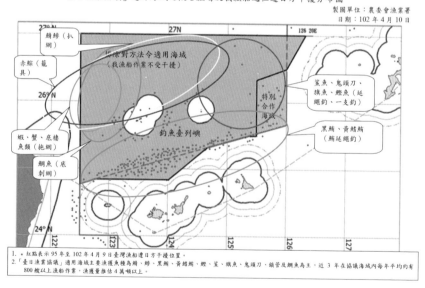

圖 4-6　適用海域之概略魚場及我漁船過往遭日方干擾分布圖

資料來源：《「臺日漁業協議」適用海域之概略魚場及我漁船過往遭日方干擾分布圖》,〈中華民國外交部〉,＜http://www.mofa.gov.tw/cp.aspx?n=205＞。

二、臺菲漁業協定

我國屏東琉球籍漁船廣大興 28 號 102 年 5 月 9 日在臺菲重疊經濟海域作業時，遭菲律賓公務船開槍掃射，我國漁民洪石成遭射殺身亡（5 月 11 日廣大興 28 號船身彈痕累累拖帶回港），家屬在獲知事件後向海巡署求助，海巡署公布 3 通求助電話中仍在與漁民家屬確認背部槍傷的是遭何種船型及武器造成，並告知家屬無法確認救援船隻何時出發，在事件發生 7 小時後臺南艦馳援趕抵，事發 2 天未見政府向民眾道歉，在菲國駐臺代表一副事不關己、菲國駐臺發言人表示係我方漁船衝撞菲國公務船才導致菲國公務船開槍，加以我經濟部長表示我國是 WTO 會員國，根據 WTO 規範不得以貿易手段來處理此類糾紛，事件發展至此我國民怨沸騰，由於民怨沸騰政府才在事件發生 72 小時後不滿菲國政府做出之回應，並啟動三項制裁措施（終止菲律賓外勞來臺之申請、召回我國駐菲律賓大使及要求菲律賓駐華代表返回菲律賓），當時馬總統對菲律賓提出 4 項嚴正要求，包括正式道歉、賠償損失、儘速徹查事實嚴懲兇手，以及儘速啟動臺菲漁業協議談判，菲國政府在我國外交部下達最後通牒後，菲國總統艾奎諾三世另指派馬尼拉經濟文化辦事處理事主席裴瑞茲來臺，向我國政府及罹難者家屬道歉，並與家屬就賠償金獲致共識。[55]

臺菲兩國於 6 月 14 日舉行漁業會談第一次預備會議，會中雙方達成 4 項共識，包括承諾未來對他方漁船避免使用武力及暴力，雙方會議紀錄屬法律文件，具拘束力；雙方歷經兩年持續召開會談，對於發生漁

---

[55] 《一個台灣漁民之死／廣大興血案「菲」要道歉》，〈東森新聞〉，<http://www.youtube.com/watch?v=P7Lm3CqbCfk&t=270s>。《台菲漁業協定 你不能不知道的 3 件事》，〈中央通訊社〉，<http://www.cna.com.tw/news/firstnews/201511195005.aspx>。

事爭議 3 大處理原則已具共識，包括發生爭議案件快速通知對方、不使用武力、透過雙邊窗口快速處理釋放漁業人員。在經過兩年多次協商後於 104 年 11 月 5 日由駐菲律賓代表處林松煥代表及馬尼拉經濟文化辦事處白熙禮代表在臺北完成簽署《臺菲有關促進漁業事務執法合作協定》，雙方漁政機關主管及馬尼拉經濟文化辦事處理事長培瑞茲均在場見證；協定本文共 7 條，將「避免使用暴力或不必要武力」、「建立緊急通報系統」及「建立迅速釋放機制」三項已執行之雙方重要共識納入規範。雙方簽署協定後隨即依據協定第 6 條規定於 11 月 5 日召開第一次技術工作小組會議，將「1 小時前通報機制」及「3 日內迅速釋放機制」等共識之具體執行方式以換函採認並納入協定規範，雙方同意前述協定及換函俟各自完成國內行政程序後再適時對外發布。[56]

根據聯合國《海洋法公約》現有協定、傳統捕魚權利和現有海底電纜之第 51 條：規定「在不妨害第 49 條[57]的情形下，群島國應尊重與其他國家間的現有協定，並應承認直接相鄰國家在群島水域範圍內的某些區域內的傳統捕魚權利和其他合法活動。行使這種權利和進行這種活動的條款和條件，包括這種權利和活動的性質、範圍和適用的區域，經任何有關國家要求，應由有關國家之間的雙邊協定予以規定。這種權利不

---

[56] 《臺菲雙方簽署《臺菲有關促進漁業事務執法合作協定》》，〈中華民國外交部〉，<http://www.mofa.gov.tw/News_Content.aspx?n=8742dce7a2a28761&sms=491d0e5bf5f4bc36&s=f6881fc2462d62d1>

[57] 第 49 條群島水域、群島水域的上空、海床和底土的法律地位：規定「一、群島國的主權及於按照第四十七條劃定的群島基線所包圍的水域，稱為群島水域，不論其深度或距離海岸的遠近如何。二、此項主權及於群島水域的上空、海床和底土，以及其中所包含的資源。三、此項主權的行使受本部分規定的限制四、本部分所規定的群島海道通過制度，不應在其他方面影響包括海道在內的群島水域的地位，或影響群島國對這種水域及其上空、海床和底土以及其中所含資源行使其主權」。

應轉讓給第三國或其國民，或與第三國或其國民分享」，[58]顯見菲國執法
單位對《海洋法公約》相關規範之漠視，政府欠缺對執法公務員法紀約
束，致我國漁民在我國經濟海域作業，非但未尊重我國捕魚權利，甚至
疑似放縱公務員使用非法武力。

---

[58] 《聯合國海洋法公約》，〈海洋保育署〉，
　　＜https://www.oca.gov.tw/ch/home.jsp?id=103&parentpath=0,83&mcustomize=law_view.jsp&
　　dataserno=202107300049＞。

CHAPTER **5**

海域治理

　　我國《憲法》第四條：規定「中華民國領土，依其固有之疆域，非經國民大會之決議，不得變更之」；其係採「概括方式」定出領土範圍條文，而我國現治權範圍涵蓋臺灣、澎湖群島、金門、馬祖與部分南海島嶼，因歷史及諸多因素，形成現階段南海問題，而南海問題主要係南中國海中的南沙群島、西沙群島、中沙群島所涉主權爭議，牽涉主權聲索國家包括中華民國、越南、菲律賓、馬來西亞、汶萊、印尼及中國大陸等國家，美國因主張航行自由亦涉入南海問題而非南海主權聲索國。

　　根據聯合國《海洋法公約》第八部分、第 121 條島嶼制度已有明確規定，依照島嶼制度可擁有領海、專屬區及大陸架；我國太平島即符合島嶼制度中認定之「島嶼」，然 105 年 7 月 12 日聯合國「常設仲裁法院」針對菲律賓所提發布南海仲裁，該判決否定中國大陸所提「九段線」歷史權利並無法律依據，附帶將我國太平島之「島嶼」地位降為「岩礁」，然此判決除中國大陸發表三「不」原則的白皮書外，[1]我國外交部亦提出對「南海仲裁案」之立場，其中第三項「本案仲裁庭於審理過程中，未曾邀請我國參與仲裁程序，也從未徵詢我方的意見，因此本案判斷對中華民國不具有任何法律拘束力」，[2]實質而言，該項仲裁對太平島「島嶼」定位並無影響，對我國主權地位亦無影響，其亦無實質約束與拘束力。而「島嶼」條件包括 12 個月均露出水面、有生存條件淡水，故可擁有領海及專屬區劃設、大陸礁層（《公約》第 76 條大陸礁層的定義）。

---

[1] 中國大陸發表三「不」原則的白皮書，即不接受、不承認該裁決，反對且不接受任何以仲裁裁決為基礎的主張和行動。

[2] 《中華民國外交部對「南海仲裁案」之立場》，〈臺北駐日經濟文化代表處〉，<https://www.roc-taiwan.org/jp/post/10980.html>，106 年 7 月 13 日。

　　現階段國土認識及海岸利用中，較重要之議題為再生能源及綠能，有鑑於全球刻正處於能源轉型關鍵，綠色能源將驅動未來經濟發展，為提升我國能源自主逐步達成非核家園目標，我國於 105 年 10 月 27 日通過「5+2」產業創新之一的「綠能科技產業創新方案」，以國內綠色需求為基礎，引進國內外大型投資，增加優質就業並帶動我國綠能科技及產業躍升，而我國綠能建設以兼顧能源安全、環境永續及綠色經濟為目標，以節能、儲能、創能及系統整合為 4 大主軸推動，包括智慧新節能、太陽能光電、風力發電、沙崙智慧綠能科學城等，其中風力發電設置攸關國內能源轉型、低頻汙染、漁民航道與漁區等議題，其設置可充分利用夏季西南風及冬季東北季風，其設置亦帶動內需與就業市場，促進國家永續發展。[3]

5-1　南海主權

　　有關南海主權方面，中華民國政府於民國 36 年繪製南海 11 段（條）「斷續國界線」（如圖 5-1），此「斷續國界線」（U 形線）是一條具有法律效力之歷史性水域（historical waters）界線，中華民國政府主張對線內之島、礁、灘、沙洲擁有主權，而斷續國界線是未定國界限，斷續線內島礁、灘沙屬中華民國所有，線兩側區域若有爭議可透過協商調整。[4]

---

[3]　《重要政策-前瞻基礎建設計畫—綠能建設》，〈中華民國行政院〉，
　　<https://www.ey.gov.tw/Page/5A8A0CB5B41DA11E/3c59c596-c1f3-424e-8b9d-bb047310208e>。

[4]　《賈忠偉觀點：複雜的南海主權爭議—1949 年之後傳說中的兩次國共合作抗越》，〈新新聞〉，<https://www.storm.mg/article/4186952?page=1>。

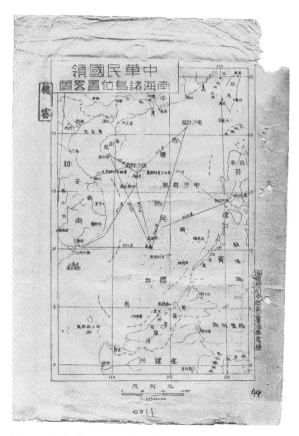

圖 5-1　中華民國政府於民國 36 年繪製南海 11 段（條）「斷續國界線」

資料來源：《貫忠偉觀點：複雜的南海主權爭議─1949 年之後傳說中的兩次國共合作抗越》,〈新
新聞〉, ＜https://www.storm.mg/article/4186952?page=1＞。

　　105 年 4 月 8 日，時任總統的馬英九先生主持外交部「南海議題及
南海和平倡議」講習會時表示，中華民國政府過去已數度嚴正聲明，無
論就歷史、地理及國際法而言，南沙群島、西沙群島、中沙群島、東沙
群島及其周遭海域是屬於中華民國的固有領土及海域，我國享有國際法
上的權利不容置疑；目前各方在南沙所占的島礁數，越南為 33 座、大
陸 10 座、菲律賓 9 座，馬來西亞 5 座、我方則是 2 座；中華民國政府
對於南海問題的一貫立場，係呼籲各方遵守國際法及尊重航行及飛越自

由，以和平方式解決國際爭端，我國不樂見、也不預見發生區域衝突之可能。[5]

　　國際仲裁法庭於 105 年 7 月 12 日針對菲律賓所提「南海仲裁案」作出裁決，重點包括：中國大陸在《公約》規定的權利範圍外，並無對「九段線」內海域資源享有歷史性權利的法律依據；認為南沙群島所有高潮時高於水面的島礁（包括太平島等）在法律上均為岩礁；裁定陸方建設人工島嶼等行為違反菲方主權權利、對海洋環境損害及加劇爭端等；我國政府提出包括「堅定捍衛國家領土主權與海域權利，不容任何損害我國家利益情形發生；呼籲各方透過多邊協商，共謀和平解決爭端」，總統府亦立即發表聲明，說明該仲裁結果嚴重傷害我主權，我方絕不接受，並重申我堅持南海主權與領土之嚴正主張。[6]

　　根據聯合國《海洋法公約》第八部分第 121 條島嶼制度：規定「一、島嶼是四面環水並在高潮時高於水面的自然形成的陸地區域。二、除第三款另有規定外，島嶼的領海、鄰接區、專屬經濟海域和大陸礁層應按照本公約適用於其他陸地領土的規定加以確定。三、不能維持人類居住或其本身的經濟生活的岩礁，不應有專屬經濟海域或大陸礁層」。依照島嶼制度必須具備 12 個月露出水面及有生存條件淡水，並為自然形成而非人工建造之人工島嶼，方可認定為「島嶼」，並擁有領海、專屬區及大陸架；我國太平島即符合《公約》121 條島嶼制度中認定之「島嶼」，並不會因為判決而改變太平島擁有重要生存條件－自然形成及擁有淡水之現況，其裁決僅強化南海情勢越趨緊張，實質而言該

5　《馬英九總統主持外交部「南海議題及南海和平倡議」講習會》，〈中華民國外交部〉，105年 4 月 8 日，<https://www.mofa.gov.tw/News_Content.aspx?n=95&sms=73&s=66947>。

6　《南海仲裁案對我國及周邊各國之影響及因應》，〈大陸委員會〉，<https://www.mac.gov.tw/public/Data/6821522971.pdf>，105 年 7 月 13 日。

項仲裁對太平島「島嶼」定位並無影響，對我國主權地位亦無影響，其亦無實質約束與拘束力。

蔡英文總統於 105 年 12 月 9 日出席國史館「經略南海·永保太平－收復南海諸島七十周年紀念特展」開幕式時，蔡總統除重申南海諸島及其相關海域主權屬於中華民國所有，亦說明政府針對南海議題提出「四點原則」和「五項做法」的初步成果及進展。

第一，在捍衛漁權的部分，近半年來，海巡署在東沙及南沙地區強化護漁能量，增加在太平島海域巡護的航次和時間，加強取締非法越界捕撈的非本國籍漁船。第二，在多邊協商部分，政府透過各項相關對話機制，多次向國際社會表達我國「擱置爭議，共同開發」的南海政策主張，也獲得相關國家的重視。第三，在科學合作的努力上，我們以太平島為中心，跟周邊國家合作，推動包括監測地震、海嘯、氣候變遷、海洋酸化等科學合作計畫，以實際行動促進南海和平及永續發展。第四，在人道救援工作上，海巡署在太平島海域及東沙海域，持續執行人道救援工作，並且和相關部會合作，於 105 年 11 月 29 日在太平島舉行「南援一號」人道操演，向國際社會展現，太平島完全有能力，做為南海區域的「人道救援中心與運補基地」。第五，我們也持續培養及鼓勵海洋法的研究人才，來強化國家因應國際法律議題的能量。目前，內政部及相關單位，已經舉辦海洋法相關研習會，積極培育海事議題的專門人才。[7]

---

[7] 《紀念收復南海諸島七十周年　總統重申堅定捍衛領土主權》，〈中華民國總統府〉，105 年 12 月 9 日，＜https://www.president.gov.tw/NEWS/20949＞。

　　我國行政院亦對南海主權發表聲明表示，中華民國作為一主權國家，採獨立自主之外交政策，我國對南海之主權主張堅定不移，未曾改變。其中時任行政院發言人孫立群指出，南沙、西沙、中沙及東沙等群島為我先民發現、命名、使用、納入版圖，係屬中華民國之固有疆域，主權屬於我國，不容置疑，我國對於該四群島及其周遭水域享有國際法上之權利，且自民國 35 年起已長期實質有效治理太平島，我國在該島之活動及設施，包括現正整建年久失修碼頭之作為，均係為強化我在周邊水域內人道救援、物資運補等和平用途之能力，並非為軍事大舉擴建之工程。為利和平解決南海爭議，中華民國政府前提出「東海和平倡議」之精神，亦即「主權在我、擱置爭議、和平互惠、共同開發」，應可適用於處理南海問題。中華民國政府再度籲請南海周邊各國依據國際法原則與精神，自我節制，勿採取任何影響南海地區和平穩定之片面措施，並以對話代替對抗，和平解決南海爭端。

　　現階段在南海主權爭議之聲索國包括中華民國、中國大陸、菲律賓、越南、馬來西亞、印尼及汶萊等國，主因南海之戰略地位及蘊藏豐富之天然資源，天然資源包括石油、天然氣、漁業資源及國家管轄內、外之自然資源，而從地緣戰略之角度審視，此處為重要之航運要道，戰略地位至關重要。此海域亦曾因為多項因素爆發過多次軍事衝突，亦為中國大陸「一帶一路」政策之重要通道，而美國亦聯合附近幾個國家在經濟及軍事上圍堵中國大陸，其強調之「航行自由」主要在《國際海洋法公約》之架構下，避免相關國家過度主張而影響美國在此地區之合法航行及飛行，惟短期內相關齟齬甚難停歇。

　　行政院曾針對南沙太平島整建年久失修的碼頭，係為強化我國在周邊水域內人道救援、物資運補等和平用途。而 110 年 11 月太平島碼頭整修工程開工，主要針對港側浚深、防颱強化工程及碼頭整修工程，亦增設海水淡化機，全部工程規劃於民國 112 年 4 月底完工；完工後可供 100 噸級巡防艇常駐，以強化太平島周邊巡護，並可供 4,000 噸級巡防艦靠泊深水碼頭，成為前進南海的前進基地，對於我國運補及從事人道救援提供進駐、國際運補、科學研究基地及轉進之港口。在防衛方面，太平島已增駐火箭彈，強化海巡署進駐部隊防衛火力。[8]

　　而我國前已完成南沙太平島機場跑道延伸案招標，完工後可將原 1,150 公尺長跑道延長 350 公尺，達到 1,500 公尺長跑道，我國現役戰機各機種均可起降；太平島機場跑道為簡易跑道，而近年增設助航燈光後可執行夜間起降，在擴大停機坪後，可同時停駐兩架 C-130 運輸機，並可提供 F-16 戰機及 P-3 反潛機起降，前已完成 P-3C 巡航太平島任務，島上設置兩組 2,500 加侖直立式儲油槽與兩組輸油、加油等相關設備，[9]此對我太平島防務及提供人道救援、國際運補、科學研究等助益頗大。

5-2 離岸風電

　　我國的能源政策在能源轉型後以減煤、增氣、展綠、非核之潔淨能源發展方向為規劃原則，確保電力供應穩定，並兼顧降低空汙及減碳；

---

[8] 《獨／島嶼防衛受關注 太平島碼頭浚深整建 3 月起大趕工》，〈聯合新聞網〉，＜https://udn.com/news/story/10930/6127389＞，111 年 2 月 27 日。

[9] 《太平島跑道將延長 戰機可起降》，〈聯合新聞網〉，＜https://udn.com/news/story/10930/6246578＞，111 年 4 月 13 日。

而其中展綠、增氣、減煤、非核等有不同之政策規劃，針對展綠部分之擴大再生能源推廣，經濟部訂定 114 年再生能源發電占比 20%政策目標，現正積極推動太陽光電及風力發電，計劃 114 年太陽光電裝置容量達 20GW，離岸風力裝置容量則達 5.7GW 以上。[10]

　　我國可發展風電主要係因臺灣海峽位於中央山脈及武夷山脈中間，高山形成天然管道，夏有西南季風、冬有東北季風，一年間均有不同方向之季風可供利用，且經評估為全球前 20 大最好風場，臺灣海峽即占有 16 處（80%）。我國政府提供 36 處潛力場址，提供開發商評估建置可行性，政府將逐年開放風場建置。目前開發商包括達德能源、臺電及西門子歌美颯公司（專門出產零組件，包括製作機艙、葉片、塔架及葉片傳動系統）。[11]

　　風場（wind farm）係指建有風力發電機組以產生電力的場域，按場域地點區分為陸域風場（onshore）與海域離岸風場（offshore），其中，離岸風場由風機、變電站、電纜等構成，並設氣象塔進行海上氣象資料收集，風機產生電力經由海底電纜輸送到陸地併入電網。

　　風場建置由開發前調查開始，包括地點選擇及環境影響評估，完成前述工作後開始設施興建，興建完成後進入 20~25 年的維運期後執行除役工作；風場規模隨技術、資金、規範及自然環境而有所不同，通常以裝置容量決定風場規模，而風場中風機設置與風機間距、大小有關，通常由地質、風向、海象等因素決定。我國在設置風機時其機組至少須有

---

[10] 《推動能源轉型》，〈中華民國經濟部〉，
　　　<https://www.moea.gov.tw/MNS/populace/Policy/Policy.aspx?menu_id=32800&policy_id=9>。

[11] 《全球 20 大風場「台海佔 16 處」　離岸風電「疫後復甦」衝刺搭建》，〈東森新聞雲〉，
　　　<https://www.ettoday.net/news/20220315/2208103.htm>。

3~6 倍扇葉直徑為間距，以彰化風場為例，其南北向間距 3,000~4,300公尺、東西向間距約 500~780 公尺，我國第一座離岸風場位於苗栗外海為海洋風電 Formosa 1，風場內計有 22 座風機、面積 10.27 平方公里、總發電容量 128MW，每年可發電供應 12.8 萬戶家庭使用，而全球現階段最大離岸風場係英國 Walney 風場，其裝置容量達 659MW，涵蓋面積73 平方公里。[12]

　　我國在環境影響評估與許多國家不同，主因我國在環評期間會要求開發商增加附帶或額外條件，其中包括我國行政院農業委員會漁業署提出的漁業補償問題，主因我國彰化海域、苗栗、竹南、雲林沿海等地區漁民曾發起海上抗議行動，抗議原因包括漁民對於生計訴求及生態擔憂，以及溝通機制不健全等兩項主要因素，行政院農業委員會針對風場設置造成漁民權益受損於 105 年 11 月 30 日發布《離岸式風力發電廠漁業補償基準》（106 年 03 月 27 日修改），其漁業補償金計算方式為：漁業權漁業經營管理之損失×施工期加營運期（年）×影響面積比＋漁船繞道風場增加之成本＋漁獲淨收益之損失×施工期加營運期（年），其中漁獲淨收益之損失計算方式為 $V \times D \times ((1+r)n-1) / (r(1+r)n)$；[13]在電纜方面，海纜鋪設海域漁業補償金（適用漁業權區內、外）為（漁業權漁業經營管理之損失＋平均淨收益×生產力豐度比值）×影響面積比×影響時間比；另電纜經過專用漁業權之潮間帶，在施工範圍內受影響之養殖或漁撈業者，從其撤離至恢復原狀期間之經營損失；而經過前述計算後，漁業補償金總額為（風場漁業補償金＋海纜鋪設海域

---

[12] 《風場是什麼》，〈環境資訊中心〉，< https://e-info.org.tw/wind_turbine_ocean_ecology/ >。

[13] V：平均淨收益，D：生產力豐度比值，r：臺灣銀行股份有限公司、合作金庫商業銀行股份有限公司、第一銀行股份有限公司、華南銀行股份有限公司及土地銀行股份有限公司之一年期定存平均年利率，n：施工期加營運期（年）。

漁業補償金＋電纜經過專用漁業權之潮間帶，在施工範圍內受影響之養殖或漁撈業者，從其撤離至恢復原狀期間之經營損失）×（1＋10%），此對從事離岸風電的外商而言是無法想像之事。[14]另有關前述補償金計算相關參數，參閱行政院農業委員會漁業署《離岸式風力發電廠漁業補償基準》中各項參數說明表。[15]

　　早期運用補償金制度主要在解決鄰避設施設置問題，運用經濟誘因制度來降低附近居民的反對力度，亦有提高居民對鄰避設施的容忍度，而補償金之金額大於附近居民的實質或抽象損失，附近居民即會降低反對力度或贊成設施之設置，此舉已成為許多國家及開發商（廠商）採取之作為，以加速在地工程建設之速度。我國雖具備優良風場條件，政府亦積極將風力發電作為能源轉型的重要措施，惟近年在推動能源轉型在離岸風電選場及建設時遭遇當地漁民及居民的強烈抗爭及衝突，面臨學理上的「鄰避現象」（not in my backyard, NIMBY），此項抗爭及衝突均為世界各國在推動離岸風電時面臨的最大問題之一。

　　離岸風電在建設及運轉時均有噪音問題產生，完成後亦有包括侯鳥撞機、漁場阻隔、漁船繞越、水下噪音、陰影、改變航道、水下文資、保育類棲地、景觀生態等許多問題，與漁民相關之問題包括漁場阻隔、漁船繞越、水下噪音、陰影、改變航道等，然有許多傳統鄰避設施有明確可計算之基準，漁業損失之計算基準雖有計算規範，但我國仍有少數專業漁戶遇到補償金與收入差距很大的問題，若我國參考許多國家運用

---

14 高銘志，《三分鐘帶你看懂離岸風力發電產業的環評困境》，〈綠學院〉，
　　< https:// greenimpact.cc/zh-TW/article/qdvxq/ >，106 年 10 月 30 日。

15 《離岸式風力發電廠漁業補償基準》，〈行政院農業委員會漁業署〉，
　　< https:// www.fa.gov.tw/view.php?theme=FisheriesAct_RULE&subtheme=&id=470 >。

之「利益共享」（benefit sharing mechanism）、「共同所有權」（co-ownership）的方式，前者包括部分收益與住民分享、提供住民優惠電價費率、開發商向地方政府支付稅收、建立地方發展基金等方式，後者為住民可透過入股或所有權方式，讓住民主導及參與本地再生能源設施建設，提高本地社群的接受度，抑或透過完整早期溝通與納入當地居民公眾參與之機制，來提高環境影響評估程序中的資訊透明度，亦為可參考之方式。[16]

　　離岸風電建設初期打樁會造成相當大的水下噪音，對海域內生物造成不同程度之影響，102 年海洋風電在環評審查時承諾在打樁期間進行水下聲學監測，在周圍配置 10 艘鯨豚觀察船搭載訓練有素的鯨豚觀察員，其中以打樁點為中心，半徑 1 公里所形成的圓形警戒區範圍內設置 2 艘觀察船，同時以順或逆時鐘方式巡航，而在周圍監測區中每 4 平方公里再設置一艘，計有 8 艘觀察船繞行。惟海洋竹南風電場在打樁過程中並未依照環評承諾配置足夠的鯨豚觀察船，保育團體因此向環保署遞交「公民告知函」，要求 60 日內需依環評法嚴格懲處，甚至約束廠商停工，環保署後正式公告，針對施工廠商違反環評承諾，開出 150 萬的最高罰鍰，此環評承諾主要係中華白海豚活動範圍在臺灣西海岸，北由新竹南迄臺南七股沿海，均有發現其蹤跡，其主要活動範圍在離岸不超過 6 公里的海域及河口，以及水深 15 公尺範圍內，而農委會 103 年預告「中華白海豚野生動物重要棲息環境」範圍，同樣在苗栗、臺中、彰化、雲林的近岸區域，97 年國際自然保育聯盟 IUCN 已經將我國白海豚

---

16 《風機來了！離岸風電業與漁業大對決：除了漁業補償外，還能怎麼做？》，〈風險社會與政策研究中心〉，<https://rsprc.ntu.edu.tw/zh-tw/m01-3/en-trans/1677-0224-offshore-wind.html>，111 年 2 月 24 日。

列入極度瀕危最高保育等級，風電設置應對自然生態與保育之野生動物做到最低之影響。[17]

　　我國為達成 114 年再生能源發電占比 20%、離岸風力裝置容量則達 5.7GW（GW 為電量單位，即 10 億瓦）以上之政策目標，政府期藉此促進能源多元化及自主供應，並帶動內需與就業，建構風力發電友善發展環境，展現我國積極推動再生能源發展之決心，預期每年可提供 215 億度自主潔淨電力，至 114 年並可累計創造投資額約新臺幣 1 兆元及約 2 萬個就業機會，帶動年減碳量 1,192 萬公噸。

　　我國在離岸風電開發初始階段並不具備開發經驗，且臺灣處在多颱風及地震環境，因此採「先示範、次潛力、後區塊」等三階段開發策略；推動設置目標為 109 年 520MW（MW 為電量單位，即百萬瓦）、114 年 5.7 GW。

1. 第一階段提供補助示範獎勵，引導投入：106 年 4 月 28 日完成首批 2 部示範機組計 8 MW 商轉，109 年完成所有示範風場計 238 MW。

2. 第二階段公告潛力場址，先遴選後競價：現階段已完成容量分配作業，計 14 案共 5.5 GW，於 109~114 年間陸續完成商轉，與示範案共將設置約 5.7 GW。

3. 第三階段政府主導區塊開發，帶動產業發展：領海內未開發之離岸風場進行整體區塊劃設，並推動本土供應鏈全面產業化，包括風力機關鍵零組件（如機艙組裝、發電機、變壓器、配電盤、功率轉換系統、葉片等）、塔架、水下基礎、海纜、海事工程船舶製造等之完善離岸風電產業供應體系，進而搶攻亞太市場。[18]

---

[17] 《離岸奏鳴曲｜水下噪音的影響》，〈我們的島〉，＜https://ourisland.pts.org.tw/content/5298＞，108 年 10 月 7 日。

[18] 《重要政策-全力推動離岸風電—打造台灣成為亞洲離岸風電技術產業聚落》，〈中華民國行政院〉，＜https://www.ey.gov.tw/Page/5A8A0CB5B41DA11E/9eebb9b8-490b-4357-963f-a48a981852a7＞。

　　我國風力發電發展已趨 20 年，風電由北海岸往南延伸至屏東海岸（圖 5-2），且離外島包括澎湖及金門均已設置陸域（近岸）風力發電機座，在陸域風電日趨成熟後，政府於 105 年轉向推動離岸風電，以吸引海外開發商、零組件廠商來臺設廠，統計至 110 年底全臺風機近岸加離岸已有 396 部。

圖 5-2　臺 61 線快速道路旁陸域風電

資料來源：作者於 111 年 7 月自行拍攝。

　　風力發電產業可以區分為設備製造業、整合服務業以及風力發電業三大部分（如圖 5-3），而根據風力發電機裝設位置，可區分為安裝在陸地上的陸域型風機，以及裝設在海上的離岸型風機兩類，當前以陸域型風機技術較為成熟，而離岸型風機仍處於發展階段，尚存在技術困難。設備製造業包括風力發電機之原材料、零組件及配件、次系統之供應與風機設備系統組裝，其中風機原材料供應涵蓋鋼材、玻璃纖維、碳纖維及樹酯，零組件與配件則涵蓋風機系統相關之葉片、齒輪箱、塔架、電纜及其他配件，次系統則包括監控系統與電力系統兩部分，風機設備系

統則有陸域型與離岸型；整合服務業包括風場規劃、風場營造以及風機維護等廠商；風力發電業則包括風場開發業者及發電營運業者。[19]

圖 5-3　位於臺北港附近之世紀風電

資料來源：《「鏗」動離岸風電產業！ 世紀風電攜手立陶宛加速學習曲線》，〈ETtoday 財經雲〉，〈https://finance.ettoday.net/news/2150670〉。

　　我國第一座離岸風場、22 支風機設置在苗栗竹南外海（如圖 5-4），該風場花費上億元佈設水下氣泡幕以降低噪音干擾，且在 106 年試製 2 座風機以測試對颱風侵襲時之地抗能力，當年歷經 2~3 個颱風過境考驗均無受損，且基於風險考量，遇颱風前會先將風機調整成面風，並讓風機降載或停機；該風場 108 年 11 月完工，12 月取得電業執照、正式商轉，總裝置容量達 128MW，每年發電量達 4.8 億度，可供 12.8 萬戶家庭一年用電；[20]在離岸風場技術更趨成熟後，將可取代已趨飽和之陸域風電。

---

[19] 《風力發電產業鏈簡介》，〈產業價值鏈資訊平臺〉，
　　 <https://ic.tpex.org.tw/introduce.php?ic=AB20>。

[20] 《近距離曝光！臺灣第一座離岸風場年底正式來電》，〈自由時報〉，
　　 <https://ec.ltn.com.tw/article/breakingnews/2937648>，108 年 10 月 5 日。

圖 5-4　竹南外海總裝置容量達 128MW 的海洋示範風場

資料來源：《近距離曝光！臺灣第一座離岸風場年底正式來電》,〈自由時報〉,
＜https://ec.ltn.com.tw/article/breakingnews/2937648＞,108 年 10 月 5 日。

5-3　陸域風電

　　我國陸域風電早於 89 年由臺朔重工在雲林麥寮設置四座 660 kW Vestas 風力機組,係我國第一個商轉的風場,亦為我國陸域風電發展的重要里程碑,其享有「風力發電示範系統設置補助辦法」所提供的設備補助,在麥寮設置風力機組後,我國金門、澎湖及本島北、中、南地區亦陸續建置陸域風電場。另行政院於 106 年通過風力四年計畫中,將至 109 年定為中期目標,其累計裝置容量達到 814 MW,迄 114 年達致 1.2GW,惟迄 109 年底陸域風電落後政策目標 88.3MW,僅達 725.7MW,而累計迄 111 年 7 月 20 日僅達 825MW,顯示陸域風機裝置容量一年半期間僅增長近 100MW,若以 111 年年底 916MW 為目標,顯然難以達成。

　　迄 110 年，已核准籌設許可 242.76MW 及施工許可的 160.7MW，合計裝置容量達 1,140.2MW，其中已核准籌設許可的風場中有過半逾兩年都未取得施工許可，已取得施工許可之風場中則有約四成施工超過兩年仍未完工，由以上統計資料可發現，陸域風電發展已近乎停滯，即便陸域風電供不應求，現有情況對於興趣缺缺的開發商而言，風場進度難以推進。

　　迄 111 年 7 月，已併網的陸域風電中，臺電陸域風電場有 297MW，約占 36%，民營陸域風電場有 528MW，約占 64%，民營陸域風電場多數由英華威（InfraVest）負責開發，計有 390.2 MW 風場完成併網（英華威自 89 年間即來我國建設風場，其在我國係擁有最多開發經驗之民營開發商，風場多數股權與經營權已於 105 年售予達德能源，英華威等民營風場相較臺電之優勢在於，臺電建置案場受限於法規須先公開預定地，使預定地價格遭哄抬，以致臺電必須負擔高額取得土地之成本）。

　　英華威的陸域風電場分佈集中，商轉中的陸域風電場計有 8 個，主要在桃園、新竹、苗栗、臺中及彰化五個縣市，每個陸域風電場規模相對較大，英華威總裝置容量最大的縣市在苗栗，而彰化彰濱工業區的陸域風電場為該公司最大案場所在（96.6MW）；另臺電 17 個陸域風電場分布在我國金門、澎湖及本島北、中、南地區等九個縣市，其雖分布遍及九個縣市，惟多數陸域風電場規模較小，總裝置容量最大計有 103.4MW 設置在彰化（彰工風電站為最大規模自有陸域風電場，計有 71.2MW）。

　　我國現階段陸域風電發展陷入瓶頸，累計核發許可風電場及現有風電場距 114 年所設政策目標仍有 60MW 之差距，加以排程中風電場計有六成超過兩年未進入下個階段，主因開發商進入市場與完成風電場意願低落、利害關係人協調困難等，再加上風電場飽和及利潤誘因薄弱等因素，更加惡化我國現階段高度需求陸域風電，以及電力供給不足之現況。[21]

　　陸域風電場與離岸風電場相同亦有環境保護及噪音之問題，另亦包括風機離民宅太近、產生眩影、噪音等問題，在設置完成後屢遭附近居民強烈抗議，包括雲林五港村、彰化彰濱工業區鄰近居民均持續抗議要求拆除，然根據達德能源公司表示，該公司設置 183 座陸域風機，並未有因噪音而引發之陳情案件，僅偶爾有民眾反映風機運轉聲，惟亦相對出現必須修正「環評細目及範圍認定標準」，包括環保署規劃原應距建築物 250 公尺內建置陸域風電須經過環評，應修正擴大為 500 公尺，且邊界直線距離加嚴到 500 公尺以下，雲林縣環保局提出 1,500 公尺以內即應做環評，環保團體則認為應以風機葉片之 15 倍作為標準（約 1,200 公尺），達德能源公司則表示應維持現狀，因其建置之風機距民宅 88~650 公尺不等，並未有噪音陳情案件發生。[22]

　　我國陸域風電已發展 20 餘年，期間與設場附近居民衝突不斷且抗爭持續，在優良風場開發飽和後進入次級風場進行開發，陸域風電建置亦開始逐步轉移至離岸風電開發，我國風電距離經濟部設定 114 年

---

[21] 《陸域風電政策目標》，〈InfoLink〉，
　　< https://www.infolink-group.com/energy-article/tw/recent-development-of-onshore-wind-energy-in-Taiwan >。

[22] 《地方抗議陸域風機噪音問題 環保署擬加嚴環評標準》，〈公視新聞網〉，
　　< https://news.pts.org.tw/article/583620 >，111 年 6 月 1 日。

1.2GW 目標仍有差距，陸域風電及離岸風電發展要以加快腳步盡速完成目標，抑或停下腳步重新思考陸域風電與民宅及村落之距離，讓陸域風電成為受影響民眾可接受的綠能建置。[23]

5-4　太陽能光電

　　根據國家教育研究院雙語詞彙、學術名詞暨辭書資訊網針對太陽能發電詞彙之精確定義為「光生伏打效應」（photovoltaic effect），簡稱光伏效應，[24]而太陽能發電係利用太陽光透過「光生伏打效應」轉換為電能之裝置，即利用太陽能發電原理，由於利用太陽能發電屬於綠能（環保型能源），其利用光能產生電能的過程對環境不會造成影響及傷害。[25]

　　太陽能光電系統係由太陽能光電板、專用逆變器、監控系統等裝置組成。其中太陽能光電板又稱為「太陽能模組」或「太陽能電池」，在光電板接受陽光照射即可產生電力，再透過太陽光電轉換技術將光能轉換為電能，再產生電力。另依據電力使用情形，將太陽光電安裝種類分為「獨立型」與「市電並聯型」兩種。獨立型係以日間太陽光電發電後直接供應負載使用，夜間利用蓄電池直接供電，此型不必與臺電並聯，自行發電自行使用達到全綠電，通常在臺電無法供電的偏遠區域設置；另市電並聯型係以日間太陽光電發電後將輻射能轉為直流電能，運用逆

---

[23] 《大風機進庄頭 當陸域風機噪音侵擾西部海濱農村》，〈環境資訊中心〉，
＜https://e-info.org.tw/node/231855＞，111 年 8 月 2 日。

[24] 《光生伏打效應》，〈國家教育研究院〉，＜https://terms.naer.edu.tw/detail/3218674/?index=2＞。

[25] 《探索太陽能的能源轉換:認識 leXsolar 光伏打電池》，〈科學教育〉，
＜https://edu.kyst.com.tw/news/detail/342＞。

變器將直流電轉換為市電，輸送至臺電公司系統並聯。本型除可自用供電外，餘裕電力可售予臺電，即為「餘電躉售」，若日照不足致太陽光能發電量不足，則可切換使用臺電電力，則為「全額躉售」。

一般地區太陽光電設置區分地面型、屋頂型，依照屋頂類型不同建置屋頂型太陽光電設施工法亦有不同，大致可區分為平舖式、棚架型、落地型等三種。平舖式適用浪板式屋頂、斜屋頂，其設置方式係以浪板夾具作為建置方式，運用防腐蝕建材 H 腳座鎖住後用矽利康密封防止漏水，再依不同浪板型式之太陽能專屬夾具固定在浪板上，再進行太陽能光電模組鋪設；棚架型適合 RC 結構屋頂、女兒牆屋頂，鋼棚型建置方式可增加屋頂作為休憩、植栽等空間，取代鐵皮、採光罩棚架，在遮陽隔熱方面可使屋頂有效降溫 2~3 度；落地型專為 RC 結構屋頂無女兒牆設置，優點為建置時間短、高度低且重量輕，可有效降低屋頂負重。

地面型太陽光電是直接設置在陸地上或採用地面架高方式設置，包括特定目的事業用地、遊憩用地、工業用地、建築用地，抑或針對地層下陷、受汙染等不利耕作之用地，可使土地獲得長時間休養後再利用；建置地面型太陽光電設施時，基座會先挖設溝槽及填灌水泥，來穩固支架結構，鑽孔洞後注入喜立得、抗腐蝕建材，牙條亦設置較深，完成後再運用矽利康固定，最終搭建太陽能模組支撐鋼構與鋪設太陽能光電模組。[26]

我國地狹人稠、生態環境豐富，在發展地面型太陽光電時須經過主管機關評估各層面優劣利弊，在不影響自然生態下方可建置，目前我國

---

[26] 《太陽光電設置種類有哪些？三分鐘了解地面型、屋頂型差別》，〈承躍科技股份有限公司〉，＜https://chengyaot.com.tw/archives/1431＞，111 年 6 月 1 日。

許多地區均可看到屋頂裝設有太陽能板從事發電，以及政府積極推動的
「農電共生」與「漁電共生」，在不影響原農業生產、原有耕作及養殖
漁業用地上建置太陽能設施，兼顧自然生態並發展綠能，也可防範極端
氣候的侵襲，達成「共生」關係，且目前各縣市均有「補助設置太陽光
電發電設備補助計畫」，且設置單一窗口以便利企業及一般民眾申請，
以臺北市政府之補助計畫以表單方式為例（如表 5-1）：

表 5-1　臺北市政府補助設置太陽光電發電設備補助基準

臺北市政府補助設置太陽光電發電設備補助基準	
設置總容量	每峰瓩補助
逾三峰瓩，且在五峰瓩以下者	新臺幣 1 萬 8,000 元
逾五峰瓩，且在十峰瓩以下者	五峰瓩以下部分依前目規定補助；逾五峰瓩部分，每峰瓩補助新臺幣 1 萬 4,500 元
逾十峰瓩，其十峰瓩以下	依前二目規定補助
逾十峰瓩部分	每峰瓩補助新臺幣 1 萬 3,000 元，每案最高補助新臺幣 100 萬元
補助對象如係建物所有權人、社區管委會或非政府組織以集資方式設置之公民電廠，其太陽光電設備設置金額 50%以上對外集資，且每認購者認購容量未逾一峰瓩	除依前三目規定計算補助基準外，每峰瓩額外補助新臺幣 5,000 元，每案最高補助新臺幣 100 萬元
如補助對象其設備售電方式採僅併聯不躉售，除依前四目規定計算補助基準外	每峰瓩額外補助新臺幣 1,000 元。但每案最高補助新臺幣 100 萬元，且補助總容量本局得依設置地點實際使用電力調整補助金額，補助對象不得異議

資料來源：《111 年度各縣市補助計畫清單》，〈太陽光電單一窗口〉，
< https://www.mrpv.org.tw/Post/PubView.aspx?type=news&id=6&post_id=13376 >。

　　而前述計算標準「峰瓩」係指「Kwp」，即太陽電池在標準日照條件下發電輸出的計算單位，當太陽電池在溫度為 25 度 C、大氣光程 AM1.5、輻射強度 1,000W/m^2 的日照下，輸出 1 瓦（W）的電力時在太陽能系統中稱為 1 峰瓩（Kwp），另一度電為使用額定功率 1,000W 之電器 1 小時所耗用之能量（Kwp），若某電器功率為 500W 連續使用 2 小時，其計算方式為 500w×2h=1000wp=1kwp=1 度電。[27]

　　截至 111 年 7 月止，我國太陽光電系統裝設量為 8801MW，並預估年發電量 110 億度，一年可減少二氧化碳排放量約 559.97 萬公噸，年減碳量相當於每年種植 46,664 萬棵樹，其設置面積相當於 10,668 個足球場，其產生之效益相當驚人，

　　根據《電業法》第 1 條：規定「為開發及有效管理國家電力資源、調節電力供需，推動能源轉型、減少碳排放，並促進電業多元供給、公平競爭及合理經營，保障用戶權益，增進社會福祉，以達國家永續發展」，[28]其已明確規範在有效管理下推動能源轉型以減少碳排放，來促進電業多元供給，以達國家永續發展之政策目標。另政府在包括再生能源法規、推動示範補助、土地法規、農業法規、臺電公司規章條款、模組及變流器規範等相關法規已臻完善，為便利民眾及企業發展太陽光電，特 將 相 關 法 規 置 放 在 太 陽 光 電 單 一 服 務 窗 口（ https://www.mrpv.org.tw/Article/PubArticle.aspx?type=setup_info&post_id=879），如表 5-2。

---

[27] 《台電計算的一度電與太陽能發電的 kWp 是什麼關西呢？》，〈鴻元工程顧問股份有限公司〉，< https://sungolds.com.tw/news1-14.html >，108 年 4 月 30 日。

[28] 《電業法》，〈全國法規資料庫〉，< https://law.moj.gov.tw/LawClass/LawAll.aspx?PCode=J0030011 >。

表 5-2　太陽光電相關法規

分類	法規名稱
再生能源法規	《設置再生能源設施免請領雜項執照標準》
	《中華民國一百一零年度再生能源電能躉購費率及其計算公式》
	《再生能源發電設備設置管理辦法》
	《再生能源發展條例》
	《設置屋頂太陽光電免請領雜項執照處理原則》
	《委任本部能源局及委辦地方政府辦理「再生能源發電設備設置管理辦法」相關業務事項》
推動示範補助	《經濟部辦理綠能屋頂全民參與推動作業要點》
	《直轄市及縣（市）政府推廣再生能源補助作業要點》
	《原住民地區參與再生能源設置補助作業要點》
	《建築整合型太陽光電發電設備示範獎勵辦法》
	《經濟部推動陽光社區補助要點》
土地法規	《非都市土地使用管制規則》
	《都市計畫法》
	《申請農業用地作農業設施容許使用審查辦法》
	《受汙染土地設置太陽光電設施審查作業原則》
	《國土計畫法》
	《修正「非都市土地申請變更為太陽光電發電設施使用興辦事業計畫審查作業要點」》
	《區域計畫法》
農業法規	《行政院農業委員會養殖漁業經營結合綠能設施專案計畫審查作業要點》
	《陸上魚塭設置綠能設施注意事項》
	《行政院農業委員會漁電共生試驗專案計畫作業原則》
	《農業發展條例》
	《農業用地變更回饋金撥繳及分配利用辦法》

表 5-2　太陽光電相關法規

分類	法規名稱
臺電公司規章條款	《太陽光電發電業設置共同升壓站之線路併聯範圍》
	《太陽光電發電業設置共同升壓站注意事項》
	《臺灣電力股份有限公司再生能源發電系統併聯技術要點》
	《太陽光電發電業設置共同升壓站容量分配規定及相關作業程序》
	《太陽光電發電業設置共同升壓站及容量分配作業要點》
	《屋頂型太陽光電發電設備併網及再生能源發電設備代辦工程費計費方式》
	《臺灣電力公司再生能源電能收購作業要點》
模組及變流器規範	《臺灣高效能太陽光電模組技術規範》
	《太陽光電變流器產品登錄作業要點》
	《太陽光電模組產品登錄作業要點》

資料來源：《太陽光電相關法規》,〈太陽光電單一服務窗口〉,
< https://www.mrpv.org.tw/Article/PubArticle.aspx?type=setup_info&post_id=879 > 。

　　由於太陽光電各項規範均已臻完善,無論是公司企業、工廠、一般民眾、魚塭、大樓及農地等,在擴大綠能及降低設置成本負擔、擴大產業經濟規模,可進入「太陽光電單一服務窗口」辦公室網站（https://www.mrpv.org.tw/index.aspx）申請,且一般民眾無須負擔設置成本,僅需提供屋頂由太陽光電能源技術服務業者負責建置太陽光電發電系統及後續營運維護,在取得售電收入後民眾依合約收取租金、分享售電利潤,如此可形成雙贏局面。我國目前太陽光電推動政策優先推動土地多元利用,以土地既有用途結合太陽光電設置,其中「漁電共生」為結合養殖漁業與綠能發電的新型態經濟模式,由經濟部、農委會及內政部三個部會共同推動。

　　「漁電共生」係結合綠能發電系統及養殖漁業，在維持養殖生產前提下，利用魚塭堤岸、引水渠道設置綠能發電設施，透過「漁電共生」裝置設備提供魚塭適度遮光，避免夏季水溫過熱、冬季架設防風布抵禦寒流。而「漁電共生」之營運模式係採取原來養殖戶優先承租、場域設計與漁民溝通、養殖物種不變、地主與養殖戶皆同意才設置、只用清水清洗等先決條件，並有包括魚塭立柱型、魚塭浮筏型、魚塭塭堤型等三種裝置類型，以便利不同養殖漁業及場域申請，其營運模式如圖 5-5。

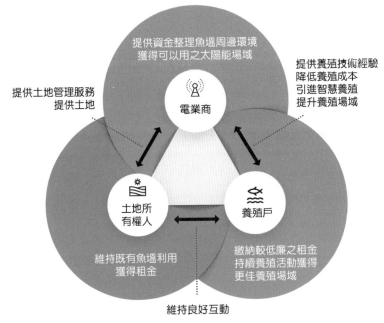

圖 5-5　漁電共生營運模式

資料來源：《漁電共生營運模式》，〈高雄市政府漁電共生資訊平臺〉，
<https://solaraquaculture.kcg.gov.tw/introduce/>。

　　「漁電共生」在政府以跨部會合作方式，來簡化行政程序並與地方政府合作推動，基於「農漁為本、綠電加值」為核心價值，期以綠能資源帶動漁業及漁牧產業升級、環境與生態永續發展，基此可創造在地就

業經濟，以新型科技優化養殖技術環境，創造永續土地發展利用，帶動漁業與綠能共生共榮。

　　我國將綠能產業列為「5+2」產業創新計畫之一，在兼顧能源安全、綠色經濟及環境永續政策下，行政院於 105 年 10 月 27 日通過推動方案，致力達成 114 年再生能源發電占比 20%之目標，其中太陽光電裝置容量占 66.3%最高，至 109 年為短期目標裝置容量 6.5 GW（GW 為電量單位，即 10 億瓦），至 114 年為長期目標裝置容量 20GW，迄 107 年 12 月累積設置 1.7GW，超越 1.52GW 的計畫目標，迄 109 年太陽光電計畫目標為 6.5GW，發電量達 46 億度電，供應 132 萬戶家庭，每年減碳 246 萬公噸，帶動投資 2,200 億元及 2 萬 2 千個就業機會。另推動包括產業園區擴大推動屋頂型光電及農、漁、畜電互利共生、中央與地方共同推動等 3 大主軸來建立示範，帶動設置能量，期在中央與地方政府合作下，加速推動地面型專案，以期於 114 年太陽光電累積裝置容量達到 20GW 目標，逐步實現我國能源轉型、促進能源多元化及自主供應，以及達成環境永續發展之願景。[29]

　　而太陽能光電在製作太陽能電池板過程中，亦有包括過於耗能、汙染、不易回收等問題，根據 107 年加拿大自由報（Canada Free Press）報導太陽能電池板環境衝擊分析，報導指出太陽能電池板在整個運作生命週期內（約為 20 年，若遭遇天災等不確定因素亦可能提前結束生命週期），每單位發電產生有毒廢物較核電廠多 300 倍，兩者產生之廢料在性

---

[29] 《全力衝刺太陽光電》，〈行政院重要政策〉，
　　<https://www.ey.gov.tw/Page/5A8A0CB5B41DA11E/4413b416-5f1e-419b-9a39-5a02c8a3ba8c>
　　，108 年 10 月 29 日。

質上雖完全不同，許多國家亦未有完善的回收機制，若無妥善回收機制此類廢料有可能送入焚化爐或垃圾掩埋場，形成另一種的再次汙染。[30]

環保署預估我國太陽能板廢棄物於 112 年約產生 1 萬公噸，124 年起每年將超過 10 萬公噸；而以國際再生能源總署預測模型推估，至 139 年全球廢太陽能板將達到 9.1 億公噸，發展潔淨能源美意，恐被棘手的廢棄物問題而掩蓋，廢太陽能板的回收已是全球當務之急。

太陽能板的組成是將太陽能電池以 EVA 塑膠等封裝材料，封裝在玻璃與背板間後，在外圍裝上鋁框；目前市面上九成太陽能電池係採用矽晶製作的矽晶太陽能電池，故太陽能板主要材料裡包括 75%玻璃、10%鋁、10%EVA 塑膠，其他仍包括矽、銅、銀等，使太陽能板可耐受日曬、風吹雨打至少 20 年，代表這些材料等級很高，應回收再利用。臺南大學綠能所研究團隊打造太陽光電產業的循環經濟，嘗試物理性技術以破壞材料接面親和力方式，一層一層拆解太陽能板，團隊與多家廠商合作研發，克服機器升溫膠合層會沾黏等問題，機臺在室溫下即可進行太陽能板拆解不需增溫，並可在不破壞材料原有特性原則下，成功將鋁框、矽晶、玻璃、EVA、PVDF、貴重金屬等分別回收。

團隊研究回收後材料應用，探索商業模式可行性，避免商轉過程僅回收矽、銀等價高材料，EVA、玻璃等價低材料遭丟棄，如此方能將整條產業鏈串起，為廢太陽能板找到出路。目前已成立新創公司，使研究成果快速與產業接軌，亦已有廠商願意使用從太陽能板回收的 EVA 製作鞋子、瑜珈墊，團隊亦利用 PVDF 抗酸鹼特性，研究做成工業排水水

---

[30] 《必須被認識的太陽能板「陰暗面」》，〈中時新聞網〉，
〈https://www.chinatimes.com/realtimenews/20211003003556-260408?chdtv〉，110 年 10 月 4 日。

管，抑或工廠用塗料、水庫濾水器，在評估用途可行性、商業價值高後可產出，另將太陽能板回收的玻璃，製成另一種形式太陽能板延續生命。若社會願意思考太陽能板與建築物整合，僅需花費建材成本，便能達到發電效果，包括高速公路隔音牆、人行道均為可行之裝設場所，如此可大幅降低搭建太陽能板成本，更可將太陽光電融入生活，不需尋找空地或空間裝設，解決與民爭地的問題。[31]

---

[31] 《光電產業的最後一片拼圖 廢太陽能板完全回收系統》，〈新南向政策資訊平臺〉，
＜https:// nspp.mofa.gov.tw/＞，110 年 7 月 26 日。

CHAPTER 6

危險海域

　　國際間存在三大海盜區域，即亞丁灣海域（索馬利亞海盜）、西非海域、東南亞海域（麻六甲海盜），而國際間海盜問題近年來多發在亞丁灣海域，然東亞地區亦有藉公務船舶臨檢（登臨）從事海盜行為，而亞丁灣海盜導因本世紀初索馬利亞內戰爆發後，附近國家漁民趁該國無力管轄進入大肆捕撈，該國漁民初期自發成立武裝集團保護國家海域，並針對違規越界進入該國海域捕魚之漁船索取罰款，在此巨大利潤誘惑下轉而形成海盜行為，由於亞丁灣及附近海域係蘇伊士運河必經海域，大型遠洋漁船及商貨輪開始成為海盜搶劫之目標，故引發世界各國關注後，該海域有多國派遣護航編隊，以保護各國商用船舶往來及漁船作業安全。

　　根據聯合國《海洋法公約》第 101 條海盜行為的定義：規定「下列行為中的任何行為構成海盜行為：1.私人船舶或私人飛機的船員、機組成員或乘客為私人目的，對下列對象所從事的任何非法的暴力或扣留行為，或任何掠奪行為：(1)在公海上對另一船舶或飛機，或對另一船舶或飛機上的人或財物；(2)在任何國家管轄範圍以外的地方對船舶、飛機、人或財物；2.明知船舶或飛機成為海盜船舶或飛機的事實，而自願參加其活動的任何行為；3.教唆或故意便利 1.或 2.項所述行為的任何行為」，基於海盜行為是各國所唾棄以船舶或飛機在海上以非法行為從事掠奪，《公約》第 100 條合作制止海盜行為的義務：規定「所有國家應盡最大可能進行合作，以制止在公海上或在任何國家管轄範圍以外的任何其他地方的海盜行為」，而早期傳統海盜行為多以小區域、小船、人數少之方式透過黑夜潛入海中航行之中大型船舶進行現金及財物之掠奪，另則為有組織性且火力強大的海盜集團，其掠奪目標則針對人員、貨物或整艘船作為現金交換條件，對於世界航運造成莫大損失及傷害。

　　東亞地區近期則在中華民國與菲律賓間發生菲律賓公務船舶對我國漁船以登臨為由搶劫及扣押我國漁船，由於我國漁船均知菲律賓公務船多以越界捕魚為由後登臨後扣船及搶劫，使得我國漁船發現菲律賓公務船時均加速逃離，此舉則造成菲律賓公務船舶對我國漁船開槍射擊，其中 102 年 5 月 9 日菲律賓公務船在臺菲專屬經濟海域重疊區對我國籍漁船進行緊追、暴力攻擊，導致我國籍一名船員死亡，船身及引擎等設備受損，此即為我國舉國譁然之「廣大興 28 號」事件，然仍有其他搶劫事件未造成國內關注而遭忽略。

　　依照我國《漁業法》第 39 條之 1 第 1 項：規定「漁業人之漁船經中央主管機關核准作業之海域範圍，含有受海盜或非法武力威脅高風險海域者，該漁業人得僱用私人海事保全公司提供之私人武裝保全人員」，第 3 項：規定「漁業人應令其僱用非本國籍之私人武裝保全人員及其持有或使用之槍砲、彈藥、刀械，在國外登（離）船，並不得進入已報請備查受保護漁船以外之中華民國領域」，[1]惟我國遠洋漁船未聘請境外武裝保全者多因經費考量。

　　我國農委會曾於 101 年 7 月 25 日公布《漁船赴海盜可能活動海域作業應行遵守及注意事項》，其中第 3 項：規定「漁船赴海盜可能活動海域作業，禁止通過或進入以下海盜頻繁活動之海域範圍：自肯亞東岸沿南緯 4 度向東延伸至其與東經 44 度交會處（A 點），再向東北方延伸至北緯 0 度（赤道）、東經 49 度交會處（B 點），再延伸至北緯 15 度、東經 61 度交會處（C 點），再沿北緯 15 度向西至葉門東岸（如圖 6-1）」。[2]

---

[1]　《漁業法》，〈全國法規資料庫〉，
　　<https://law.moj.gov.tw/LawClass/LawAll.aspx?pcode= M0050001>。

[2]　《漁船赴海盜可能活動海域作業應行遵守及注意事項》，〈漁業署網站〉，
　　<https://www.fa.gov.tw/cht/LawsRuleFisheries/content.aspx?id=487&chk=BA08CD30-2E8B-400C- AAA1-C89C0AA2369C&param=>。

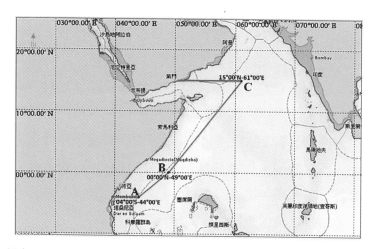

圖 6-1　漁船赴海盜可能活動海域作業應行遵守及注意事項及禁止通過或進入以下
海盜頻繁活動之海域範圍

資料來源：《漁船赴海盜可能活動海域作業應行遵守及注意事項》，〈漁業署網站〉，＜
https://www.fa.gov.tw/cht/LawsRuleFisheries/content.aspx?id=487&chk=BA08CD30-2E8B-400C-
AAA1-C89C0AA2369C&param=＞。

　　由於我國經濟海域與周邊國家多有重疊，在尚未簽訂漁業協定前捕
魚作業亦與相關國家產生爭議，包括我國南部海域與菲律賓經濟海域重
疊，我國作業漁船常遭該國公務船舶開槍或搶劫，而我國漁船在釣魚臺
及日本南部海域常遭日本海保廳騷擾及驅趕，在近海漁業資源逐漸匱乏
情況下，漁船轉赴中西太平洋、印度洋，亦因如此靠近索馬利亞海域作
業，而前往索馬利亞海域捕魚，又須經過麻六甲海峽此一危險海域，若
非別無選擇，漁民怎會以身涉險。[3]

3　《索馬利亞海盜多為何仍冒險捕魚？ 蘇澳漁會這麼說…》，〈自由時報〉，
　＜https://news.ltn.com.tw/news/life/breakingnews/1869135＞。

6-1　海盜問題

　　亞丁灣海域（索馬利亞海盜）、西非海域、東南亞海域（麻六甲海盜），其組織日趨嚴密且多配備攻擊性或殺傷力武器，對我國往來相關海域作業之漁船形成重大威脅，我國亦有包括「慶豐華 168 號」等漁船在相關海域遭受海盜挾持、扣押、搶劫漁具及漁獲，藉以威脅船東交付贖款換人換船，對我國跨洋作業漁船形成重大生命財產威脅。經統計，92 年迄 108 年計有 11 件海盜槍擊、搶劫、挾持事件。

一、海盜劫持

1. 「東億輪」事件

　　我國高雄籍運載船 92 年 8 月 10 日運載 1200 餘噸漁獲，在麻六甲海峽航往新加坡途中，遭兩艘海盜船追逐及槍擊，船長羅英雄左腿中彈、船身彈痕累累、部分航儀受損，所幸船隻未失去動力，該船船長送往新加坡就醫後航往泰國卸貨，31 名船員將漁船駛返高雄。

2. 「中義 218 號」、「新連發 36 號」、「承慶豐號」事件

　　我國分屬高雄籍、琉球籍「中義 218 號」、「新連發 36 號」、「承慶豐號」漁船，94 年 8 月間在亞丁灣及索馬利亞外海作業時遭海盜劫持，除我國籍船長外，包括中國大陸籍、越南、菲律賓及印尼籍船員計 47 人，95 年 1 月間船東透過私人管道每船交付 15~50 萬美金不等之贖金後釋放。

3. 「慶豐華 168 號」事件

　　高雄籍遠洋漁船「慶豐華 168 號」96 年 4 月在索馬利亞外海遭 15 名叛軍持步槍、機槍、榴彈槍登船挾持臺灣籍船長林勝信、輪機長林上

裕及 12 名大陸籍船員，期間綁匪要求 150 萬美金贖款（約 4,800 萬臺幣），船東表明無力支付後，綁匪隨機挑選 1 名大陸籍船員槍殺要求贖金，綁匪曾試圖將屍體丟下海，在船長林勝信堅持下，遺體一直被保存在冰櫃內，經 7 個多月斡旋及國際救援行動，最後敲定贖款金額為 22 萬美元，而後綁匪要求提高贖金放人，此時美軍介入透過無線電要求放人，綁匪於 11 月 5 日離開，在海盜劫持 7 個月後，96 年 11 月 5 號獲釋，14 日抵達肯亞蒙巴薩港。[4]

4. 「穩發 161 號」事件

高雄籍延繩鮪釣漁船「穩發 161 號」98 年 4 月 6 日在印度洋賽席爾群島附近約 200 浬合法海域作業時，遭索馬利亞海盜挾持，挾持期間該漁船遭海盜作為海盜母船，與美軍作戰艦、直升機對峙長達 2 個月，船東經 11 個月與海盜周旋，於 99 年 2 月 11 日由英國談判專家搭直升機海上丟包贖金獲釋，歷經 11 個月劫持，船東雖付出鉅額贖金，但已造成 2 船員病死。[5]

5. 「日春財 68 號」事件

我國屏東琉球籍漁船「日春財 68 號」99 年 3 月在印度洋海域遭到索馬利亞海盜挾持，失聯 5 天後船長打電話回家，吳來于船長簡短表示船員均安，根據船上定位器該船停靠在距索馬利亞兩海浬岸邊，海盜向

---

[4]　《遇劫半年 慶豐華 168 安抵肯亞》，〈中華電視公司〉，
　　<https://news.cts.com.tw/cts/international/200711/200711150234473.html>。
　　《〈慶豐華漁船遭挾持〉船長揚言跳海 保住船員》，〈自由時報〉，
　　<https://news.ltn.com.tw/news/society/paper/168698>。

[5]　《遠洋富貴險中求 雇武裝保全護百萬漁獲及千萬元船隻》，〈中時新聞網〉，
　　<https://www.chinatimes.com/realtimenews/20201116004805-260402?chdtv>。
　　《被海盜擄走 11 個月 穩發 161 號回來了》，〈自由時報〉，
　　<https://news.ltn.com.tw/news/society/paper/377399>。

家屬要求高額贖金。該船後遭海盜利用作為海盜攻擊母船，100 年 5 月 21 日與執行反海盜任務的美國軍艦交火，船長與 3 名索國海盜身亡，事後調查，美艦「格洛夫號」（USS Stephen W. Groves FFG-29）開火解救母船及癱瘓海盜小艇過程中誤殺船長。[6]

6. 「泰源 227 號」事件

我國高雄籍延繩釣漁船「泰源 227 號」99 年 5 月 6 日在東非席爾群島東北方 1300 海浬、馬爾地夫西方附近海域遭索國海盜挾持，船上包括中國大陸、肯亞、印尼、菲律賓、越南、莫三比克等國船員計 28 名，我國漁業署接獲通報後隨即啟動緊急應變機制，並通知國際海事局等機關尋求協助，迄 100 年 1 月 24 日凌晨在未交付贖金情況下海盜釋放「泰源 227 號」漁船及所有船員。[7]

7. 「旭富一號」事件

我國遠洋漁船「旭富一號」99 年 12 月間在馬達加斯加東部海域作業時，遭索馬利亞海盜劫持，該船計遭劫持 571 天，期間船員遭嚴密監控，船長並遭海盜以槍械威脅開船協助海盜劫持各國船隻，在海上徘徊近一年曾遭脅迫劫持他國商船，亦曾遭遇美軍機艦，而「旭富一號」擱淺在海盜港霍比奧外海後，海盜將船上 26 名船員移至霍比奧內陸並勒索船公司，談判期間船員關押在羊圈，海盜並長期對船員毆打及給予惡劣飲食，後透過地下管道，我國船東搭乘飛機前往索國空投一百萬美金

---

[6] 《挾持日春財 68 號 海盜索鉅額贖金》，〈公視新聞網〉，
　　<https://news.pts.org.tw/article/144929>。《名家—從日春財號事件思考國際水域安全》，〈中時新聞網〉，<https://www.chinatimes.com/newspapers/20110801000866-260301?chdtv>。

[7] 《我國遠洋漁船海上危安事件救援對策探討》，〈中央警察大學警學叢刊〉，
　　<https://tpl.ncl.edu.tw>，第 43 卷第 3 期，108 年 4 月 22 日，頁 4~5。

贖金換取所有船員，海盜取得贖金後釋放船員，並由中國大陸軍艦進行
人道救援，轉送坦尚尼亞後輾轉回國。[8]

8. 「金億穩號」漁船遭索馬利亞海盜劫持案

100 年 11 月 4 日我國籍「金億穩號」漁船在賽席爾經濟海域作業
時遭索馬利亞 6 名海盜劫持，11 月 5 日下午 6 時接獲船主通報，船員成
功制服海盜（海盜落海）並奪回漁船控制權，過程中多名船員受輕傷，
漁船向賽席爾方向前進，漁業署隨即聯繫國際海事局（IMB）及負責統
合西印度洋反海盜資訊收集、通報、聯繫協調盟軍之「英國海事貿易組
織」（UKMTO），提供「金億穩號」漁船即時船位，並請求立即派艦協
助戒護，該等組織於下午 7 時派遣在附近巡弋的英國軍艦及飛機前往
救援及戒護，英國船艦於 6 日上午 4 時與該漁船會合，確認我國漁船船
員僅 3 人輕傷並進行醫療，約 40 小時後駛入賽席爾港，結束此一劫持
事件。[9]

9. 阿曼籍「NAHAM3」事件

101 年 3 月 26 日深夜阿曼籍低溫鮪釣漁船 NAHAM3 遭索馬利亞海
盜劫持，海盜登船期間我國籍船長鍾徽德抵抗遭海盜開槍擊中頸部死
亡，船隻及船員遭囚 1672 天，成為索馬利亞海盜史上囚禁時間第 2 長
的亞洲人質。全船包括我國籍船長、輪機長及來自中國大陸、菲律賓、
印尼、柬埔寨等國船員計 29 人，180 噸的漁獲（時價逾新臺幣 4,000 萬

---

[8] 《歷劫十八月 旭富一號全體船員獲救》，〈行政院農委會漁業署〉，
    < https://www.fa.gov.tw/view.php?theme=Press_release&subtheme=&id=1131&font-size=m >。

[9] 《我遭索國海盜劫持漁船成功反制，漁業署透過國際合 作確保人船安全》，〈行政院農委會
    漁業署〉，
    < https://www.fa.gov.tw/view.php?theme=Press_release&subtheme=&id=1055&print=Y >。

元）對海盜毫無用處而拋棄以減輕船用油負擔，惟船仍擱淺，嗣後人質遭軟禁在索馬利亞哈拉德拉，20 多人擠在約四坪大的篷布帳棚裡，海盜每日排班看管人質、共同生活，亦等同自我囚禁 4 年 7 個月，期間中國大陸及印尼籍兩名船員病死。談判過程（出資營救者包括薇閣文教公益基金會董事長李傳洪），因贖金談妥沈瑞章一度單獨被釋放，後於 105 年 10 月 22 日獲釋，輾轉到奈洛比搭機，25 日飛抵廣州，26 日返抵國門。[10]

10.「屏新 101 號」事件

　　101 年 9 月 29 日我國高雄籍「屏新 101 號」在索馬利亞首都摩加迪休的東南方外海約 321 浬、印度洋公海上作業時，疑似海盜搭武裝木殼船接近，其中 1 艘國籍不明漁船撞翻海盜的木殼船造成 4 名海盜落海，該船陸籍代理船長汪峰裕指示 2 名巴基斯坦籍武裝保全開槍，致 4 名海盜先後中彈身亡。斐濟警方著手調查該起海上喋血案，案經國際刑警將案件移往高雄地檢署偵辦，全案提起公訴後移審高雄地院。[11]本案二審判處 26 年有期徒刑，高雄地院合議庭表示汪員在船員生命身體安全未受威脅下射殺無自救能力者，係不尊重他人生命權，惟法院合議庭念其長年在不受任何國家統治、毫無安全保障環境下從事漁業作業，汪員主觀上認定此 4 人為海盜，殺人動機是確保自身、船員及漁獲安全，與一般殺人者動機不同非罪無可赦，故據此量處適當刑度。[12]

---

[10]　《【海盜虎口搶救人質】海盜叫我阿古力　沈瑞章索馬利亞歷險記》，〈鏡週刊〉，
　　　＜https://www.mirrormedia.mg/story/20161101pol002/＞。

[11]　《6 年前印度洋射殺落海 4 海盜喋血案　台灣漁船陸籍船長被依殺人罪起訴》，
　　　〈LINE TODAY〉，＜https://today.line.me/tw/v2/article/aK16ZP＞。

[12]　《命傭兵射殺落海疑似海盜　中國籍船長二審仍判 26 年》，〈中央通訊社〉，
　　　＜https://www.cna.com.tw/news/asoc/202105180056.aspx＞。

11.「鑫順發 889 號」鮪延繩釣事件

我國籍鮪延繩釣漁船「鑫順發 889 號」108 年 4 月 21 日傍晚 6 時，遭遇 2 艘索馬利亞武裝快艇靠近，該 2 快艇有攻擊意圖，此時「鑫順發 889 號」附近有 2 艘外國籍圍網船亦在作業，鑫順發船長呼叫該 2 艘外國籍圍網船共同驅趕 2 艘武裝快艇，所有船員均安，本次遇險事件所幸漁船及人員均安；由於我國在該海域作業漁船均為 CT6（300 噸以上）級別，作業期間雇有境外武裝人員，可順利驅趕武裝海盜船。[13]

二、漁船遇險

我國與菲律賓尚未簽訂漁業協定前，漁船在菲律賓及印尼附近海域作業時，常受該國公務船舶騷擾甚至槍擊、搶劫漁具或漁獲，對我國在該區域作業之漁民造成相當程度之恐懼與壓力。經統計，89 年迄 103 年計有 4 件公務船舶槍擊、搶劫事件。

1.「昇滿 12 號」事件

我國「昇滿 12 號」89 年 8 月 8 日在新加坡東北 220 海浬附近海域遭著印尼海軍制服人員駕駛一艘軍用船舶攔截，人員登船後隨即槍決船長，後船上我 5 名國籍船員及 18 名大陸籍船員僥倖存活，自行駕船返國結束本次遇劫事件。

2. 臺東成功籍漁船「滿春億號」：

我國臺東成功籍漁船「滿春億號」95 年 1 月 12 日在蘭嶼海域作業，後轉往菲律賓海域作業，15 日上午在菲律賓巴丹島東南方約 12 浬

---

[13] 《怒海劫真實版重演！臺灣鮪延繩釣漁船驚傳遭「索馬利亞海盜」攻擊》，〈ETtoday 新聞雲〉，＜https:// www.ettoday.net/news/20190422/1428042.htm＞，108 年 4 月 22 日。

海域遭菲警以 M14 及 M16 步槍掃射，船長陳安老右大腿動脈中彈失血過多死亡，船長胞弟陳明德右腿中彈受傷。[14]菲警追逐過程中，該漁船遭菲警射擊致船身彈痕累累，且因方向舵損壞及油管破裂致漁船停俥，菲國水警登船後發現船長死亡原欲將屍體海拋企圖滅證，亦企圖殺害受槍傷之陳明德，在陳跪求下方未受害且未將船長遺體海拋。根據陳明德表示，菲警取走部分漁獲後離去，大陸漁工謝永芳以無線電向我國「新日進」168 號求救，兩船於 1500 時在巴丹島北方第六、七島相會後獲救；俟發生廣大興 28 號漁船事件時，「滿春億號」漁船仍未獲得賠償，家屬呼籲政府一併向菲國政府求償。[15]

3. 「廣大興 28 號」事件

我國籍「廣大興 28 號」102 年 5 月 9 日在我國專屬經濟區內即我國鵝鑾鼻東南方 164 浬（北緯 20.07 度、東經 123.01 度海域）作業時，遭菲律賓公務船舶開槍射擊，造成我國籍船員洪石成中槍死亡，船身遭射擊 59 處彈孔，該船液壓管路破裂並嚴重損壞。[16]由於該船作業並未侵入菲國領海，事件發生時該漁船家屬透過電話向海巡署求援，在媒體持續報導引發國內民情激憤，事發 7 小時候臺南艦抵達事發海域現場，菲國及駐我國代表對此事件冷淡處理亦未第一時間道歉，且菲國官方強硬姿態，遂引爆我國輿論高度憤怒與不滿，我國隨即凍結菲國護照簽證優惠，並要求馬尼拉當局道歉，惟菲國方面以「堅持一個中國」、不承認

---

[14] 《滿春億漁船沉冤 家屬討公道》，〈中時新聞網〉，
　　<https://www.chinatimes.com/realtimenews/20130517003151-260402?chdtv>。

[15] 《滿春億號海上喋血記實 菲警登船 企圖殺絕滅口》，〈自由時報〉，
　　<https://news.ltn.com.tw/news/society/paper/53852>。

[16] 《菲律賓公務船槍擊我國籍漁船「廣大興 28 號」案國際記者會紀要》，〈中華民國外交部〉，<https://www.mofa.gov.tw/News_Content.aspx?n=99&s=76928>。

臺灣為由，因此無法就政府官方立場讓步、道歉、或與我方進行漁業談判，當時雙方關係高度緊張；後菲律賓調查局與司法部逐漸釐清公務船3001「執法不當」之事實，3 個月後確認菲律賓海巡隊員殺人的責任，8 名當事隊員以「殺人罪」提起公訴，時任菲國總統艾奎諾三世亦迂迴向我國受害者致歉，雙方於 2015 年簽署漁業協定。

4. 東港籍漁船「全有財 1 號」

我國東港籍漁船「全有財 1 號」103 年 11 月 21 日在菲律賓明答那峨東方 245 海浬、帛琉東北方 160 海浬附近海域從事鮪魚延繩釣作業時，遭疑似菲國 2 艘海盜船亮槍威嚇但並未開槍後搶走漁具，全有財 1 號漁船全速逃離，歷經 5 小時航行後始擺脫該 2 艘海盜船，所幸全有財 1 號我國籍船長及 7 名印尼籍船員皆未受傷。[17]

6-2　危險水域

臺灣本島與各離島均四面環海，地形概可區分為北部岩岸、中部沙岸、南部珊瑚礁岩岸、東部斷層岩岸；而黑潮由南向北流經臺灣南部時，分別流往日本及臺灣海峽，因此不同地形及海流造就臺灣沿海魚種豐富，亦因如此形成相當多危險海域，而眾多魚種中亦有相當多有毒魚類，民眾在戲水、遊憩、垂釣時均須謹慎，避免因疏忽造成身命身體傷害。

---

[17] 《菲海盜打劫 東港漁船全員逃脫》，〈中時新聞網〉，
　　< https://www.chinatimes.com/newspapers/20141023000610-260503?chdtv >。

　　三立新聞網曾於 107 年 9 月因宜蘭海域發生溺水事件公告臺灣地區危險海域，北部地區危險海域包括新北市石門白沙灣、新北市三貂角萊萊礁釣場、基隆市和平島海域、基隆市外木山海域，中部地區危險海域包括臺中市清水北防波堤海域、彰化縣王功漁港至新寶溪出海口海域，南部地區危險海域包括臺南市安平港海域、高雄市旗津海域、屏東縣恆春香蕉灣，東部地區危險海域包括花蓮縣七星潭等 10 個海域；而這些危險海域共同特徵包括海流不穩、漲退潮落差大、潮流匯集處、強勁渦流、驟降陡坡等，專家亦針對遊客到海邊戲水時若發生危險必須保持冷靜並記住「舉手、漂浮、游側邊」的自救三要訣，[18]若在岸邊看見有人溺水千萬不可貿然下水施救，必須保持冷靜（勿衝動下水營救，貿然下水救人亦可能會隨水流飄出外海，自己亦可能溺水），迅速找尋救生器材（附近是否有救生圈或木板等可漂浮物品，丟至溺水者位置附近），立即通知救生員（立刻通知附近救生員，請救生員利用水上摩托車或橡皮艇等救生工具進行救援）。[19]

　　國立玉井高級工商職業學校統計內政部消防署防溺宣導網及各縣市政府消防局資料，將我國危險水域列表提供學生參考（如表 6-1）。

---

[18] 「舉手」代表的是向附近的人求救的動作，此時救生人員看到便會向前營救；「漂浮」為若發現即使舉手仍沒有人相救，或是已經被衝到外海時，此時要順著裂流被衝出外海，不要抵抗水流，可以用「水母漂」的方式，被帶到裂流的末端等待水流消失；「游側邊」則是等待水流消失後，再沿著海岸平行方向游動，游往有白色碎浪的地方，不僅水域較淺，且會有向岸的波浪和水流將人衝回岸邊。

[19] 《宜蘭海邊兩天奪 6 命！全台十大危險海域公開　美麗卻致命》，〈三立新聞網〉，<https://www.setn.com/News.aspx?NewsID=424937>。

表 6-1　我國危險水域列表

我國危險水域列表	
縣市	地區
宜蘭縣	頭城鎮烏石港、竹安河口、大溪蜜月灣；壯圍鄉壯圍永鎮海邊、東港出海口、壯圍大橋水域；五結鄉利澤海邊、埤仔尾海邊、加里宛海邊、清水海邊、清水大閘邊、五股橋附近；蘇澳鎮豆腐岬海邊、內埤海邊、大坑罟出海口；南澳鄉朝陽海邊、南澳南（北）溪、金碧大橋下、南澳大橋下、金岳瀑布、澳花瀑布、武塔韻橋下。
基隆市	和平島海濱公園附近、碧砂漁港附近、外木山章魚游泳池外灘、信一路田寮河一帶、八斗子漁港綠燈塔防波堤附近、翠湖（基隆中學後山）、石公潭水域、協和莊漁港、基隆港務局客運大廈旁、協核發電廠出水口附近、長潭里垃圾場防波提一帶、長潭里平浪橋一帶。
新北市	林口西濱公路發電廠段海域、西濱公路下福與加保村海域、中福安檢站附近海域；淡水沙崙海水浴場、舟子灣海域；石門華隆育樂中心附近海域、白沙灣海域、老梅溪口海域、十八王公廟前海域、核一廠出水口海域、麟山鼻海域、海灣新城海域；三芝淺水灣海水浴場海域；貢寮鶯歌石海域、萊萊磯釣場海域、金沙灣海域、龍洞南口海洋公園海域、龍洞灣公園海域；萬里萬里海水浴場海域、龜吼漁港海域、野柳駱駝峰海域、核二廠出水口海域；瑞芳瑞濱海水浴場附近海域、濱海水　湳洞附近海域、鼻頭燈塔下方海域、蝙蝠洞海域、南雅停場前海域、濱海 81~91k 處海域。
桃園市	協核發電廠出水口附近、長潭里垃圾場防波提一帶、長潭里平浪橋一帶、蘆竹鄉海湖水域、大園竹圍海水浴場、觀音鄉海水浴場、新屋永安港。
新竹市	新竹漁港及沿岸、海山漁港及沿岸。
苗栗縣	竹南龍鳳港南北岸、中港溪出海口、崎頂海水浴場；後龍外埔漁港入口及北堤入口、龍津里漁港；通霄漁港北方海域、秋茂園後方海域、新埔漁港旁海域、精鹽場後方海域、霄新埔石蓮園後方海域、白沙漁港後方海域；苑裡苑港觀海樓旁、苑港安檢站旁。
臺中市	龍井臺中港西碼頭，清水鎮大甲溪出海口處。

表 6-1　我國危險水域列表（續）

我國危險水域列表	
彰化縣	線西肉粽角、塭仔漁港；北斗彰濱工業區沿海、伸港鄉防潮門海域、大肚溪出海口、什股海域、鎮彰濱工業區沿海；芳苑王功漁港、二林溪出海口。
嘉義	布袋港海邊堤防、好美里防風林海域。
臺南市	海濱秋茂園、安平海灘區、黃金海岸海灘、雙春村隻春海水浴場、蘆竹溝海域、馬沙溝海域；七股潟湖。
高雄市	旗津海水浴場外海域、旗津海岸公園及防波堤沿岸、旗津防波堤沿岸、西子灣海水浴場外海域、中山大學附近防波堤、紅毛港沿岸水域；林園中芸漁港、西溪海域；茄萣老人亭前海域、崎漏安檢所後方興達港南堤入口處、烏林投安檢所港區左方沙灘、茄萣濱海遊樂區；彌陀濱海遊樂區；永安興達漁港、鄉漁會前海域、中油液化場右邊沙灘；梓官蚵仔寮漁港。
屏東	東港大鵬灣風景區水域、青洲樂園海域、東港溪東港橋下水域、鎮海公園海域；恆春墾丁小灣海域、南灣海域、白沙灣海域、龍鑾潭水域、核三廠出水口、船帆石海域、後壁湖海域、紅柴坑海域；車城後彎海域；枋寮漁港水域；琉球杉福村海域；枋山率芒溪下游出海口水域。
花蓮	秀林三棧溪橋下及出海口；新城七星潭遊樂區海岸；美崙溪明禮國小旁及出海口、南濱海岸；吉安花蓮溪大橋上下游及出海口、七腳川出海口；豐濱沿岸礁石區及風景區、豐濱溪出海口。
臺東	大同路海濱公園堤防、卑南溪出海口南北端、小野柳觀光區及附近防波堤、富岡漁港、杉源海水浴場；綠島南寮漁港北方浮潛區、大白沙浮潛區、公館綠洲山莊前海域、柴口潛水區、南寮及中寮港；太麻里新香蘭海邊、大竹溪出海口、金崙溪北出海口、北太麻里溪出海口、知本溪出海口；成功漁港港區、海濱公園、基暈海邊、三仙臺保護區海邊、小港漁港港區、石雨傘附近海岸、宜灣至界橋海岸、麒麟九孔池旁、白守蓮堤防；東河金樽路海堤防波塊附近、金樽港左右兩側防波堤、七里橋下方海邊；大武尚武漁港；長濱烏石鼻漁港、白桑安海灘、竹湖海灘、長濱漁港、長光海灘、真柄海灘、八仙洞海灘、齒草橋海灘、大俱來海灘。

資料來源：《臺灣省各縣市危險水域資料一覽表》,〈國立玉井高級工商職業學校〉, ＜https://www.ycvs.tn.edu.tw＞。

　　近幾年發生多起為營救溺水者，營救者反而溺斃的不幸事件，主因溺水者緊張時會胡亂抓，若抓到任何東西都會向下壓以讓自己浮起，導致營救者溺水，因此消防單位提出「叫、叫、伸、拋、划」五字訣，大聲呼叫、報警求助，以竹竿或長繩施救溺水者，施救者若要下水營救必須要有搭負漂浮物靠近溺水者，若溺水現場無施救工具無法下水，則必須緊盯溺水者直至消防單位到場下水施救。[20]

　　而海邊戲水較常遇到的危險情況則是離岸流，離岸流發生主要係因向岸的海水持續拍打形成反向水流不斷匯聚海岸，進而形成快速流向外海的強勁水流，此即為危險的離岸流；在海邊若有離岸流可很明顯的識別，兩邊有海浪向岸持續拍打且有類似泡沫形成，而中間深色無白色泡沫向外流的區域即為離岸流，離岸流是深沉的水流且表面較無浪花，據報導海邊戲水造成的溺水約有九成為離岸流造成，所以在海邊戲水若遭遇離岸流必須保持鎮定、沿海岸平行方向游去、岸邊人員盡量給予漂浮工具後再慢慢游回岸邊或由救生人員帶回。[21]

　　根據水中運動協會網站教學資料顯示，離岸流是一種向外海方向快速移動的強勁海流，會將人快速帶離海岸邊往外海飄流，主要是當海浪沖擊向海岸時，因為遇到阻礙（陸地）而潰散，而大量的海水必須尋找回到海裡的路徑，但由於受到後續海浪的推擠，這些海水初期會沿著與沙灘平行的方向移動，最後匯集成一道或數道的強大水流退回海中，以上的過程循環發生形成離岸流（如圖 6-2），離岸流通常會在沿岸海底低

---

[20] 《見人溺水怎辦？一張圖看懂「救溺 5 字訣」跳下水恐以命換命》，〈三立新聞網〉，<https://www.setn.com/News.aspx?NewsID=424809>。

[21] 《[東森新聞 HD]恐怖「離岸流」 捲泳客離岸邊 害溺斃》，〈東森新聞〉，<https://www.youtube.com/watch?v=496d57rlm1Q>。

處或人造物如防波堤或碼頭附近形成，寬度、長度與方向因地形而不相同，離岸越遠離岸流力道越弱。人在與離岸流對抗時，容易因體力耗盡、疲倦而發生溺水意外，與瘋狗浪同樣對海邊戲水或釣遊民眾具高威脅性。[22]

圖 6-2　離岸流；左圖為海灘原圖，右圖為離岸流流向對照示意圖

資料來源：黃景良教授提供，拍攝於 111 年 7 月 20 日，拍攝地點在 Coogee Beach of Sydney Eastern Suburb。

　　臺灣近岸海域於每年 6~11 月好發「瘋狗浪」，其中颱風季與東北季風盛行期間都容易出現，最常出現在港口燈塔附近的防波堤、海堤邊消波塊、突出海岸的礁石、磯岩與靠近海邊的平臺，沿海瘋狗浪發生次數以東北角海岸最多，而基隆市外木山、新北市三貂角及臺中清水北防沙堤都是危險海域，我國每年平均有 25 人因瘋狗浪而落海，而此造成傷亡的突發性異常大浪俗稱「瘋狗浪」，屬於長浪的一種，成因與局部海域水深、地形、海浪波流間交互作用與波動演化有關，且與颱風長浪有密切關聯。

22　《認識危險離岸流》，〈水中運動協會〉，
　　〈https://www.cmas.tw/modules/tinyd1/index.php?id=1〉。

　　長浪又稱湧浪，是一種離開吹風區的浪，其周期較長、波期也較長，且有巨大能量，在海洋中移動快且遠，甚至遠超過颱風移動速度，當移動至淺水海域時，受到地形破壞，進而產生波浪堆疊及破碎現象。以颱風季而言，即使颱風距離臺灣尚遠，湧浪已經悄無聲息地抵達臺灣近海，在觸及岸邊時突然躍出海面襲擊，造成瘋狗浪事件。我國海岸出現的瘋狗浪區分為兩個類型，三個成因，四個時機。

1. 兩個類型

　　(1) 隨時出現型：湧浪不斷侵襲海岸，岸邊垂釣或游泳容遭捲入海中。

　　(2) 突然發生型：海面無大風浪徵兆，巨浪激起瞬間難以預防。

2.三個成因

　　瘋狗浪形成原因可能與當地海洋氣象及海底地形有關。當湧浪侵襲岸邊時，如果當地的海床坡度越陡峭，就容易形成「捲波」，捲波會如同打「保齡球」般，將岸邊的人車全部橫掃打入海裡，人一旦被捲入海中，就沒有著力點，生還機率也比較低。

　　(1) 外海湧浪傳到近岸時，受海底地形影響形成區域性近岸流，再與當地海水相互作用，引發「共振效應」而產生巨浪。

　　(2) 外海湧浪移動到變淺大陸棚時，由於相位速度變慢，波峰被後方接踵而至的大浪影響變得更高峻，而波底振幅變大後，波峰亦隨高漲衝擊岸邊形成滔天巨浪。

　　(3) 外海湧浪若遇近岸海流變化即形成大湧，並快速向岸邊推進，與近岸湧浪相互加乘，在突出岸邊磯岩、防波堤或消波塊間產生巨浪。

3. 四個時機

　　瘋狗浪常發生在季風來臨或外海颱風形成時，其四個時機包括：

(1) 冬季東北季風強盛，東北角海岸會有大湧浪出現。

(2) 夏季西南季風強盛，西南海岸線須注意大湧浪。

(3) 颱風生成前後。

(4) 農曆初一或十五前後三天滿潮期。[23]

　　交通部運輸研究所報告指出，無論是否有發布颱風警報，瘋狗浪與長浪密切關聯，且有跡可循，參照瘋狗浪發生對應時機與歷年颱風長浪演化歷程，當蘇澳港或花蓮港監測到颱風長浪進入堆疊擁積階段，即形成瘋狗浪侵襲潛勢，長浪在海面上看似不會有重大威脅，惟若與其他因素加乘，即形成「瘋狗浪」；而運研所則分析長浪開始堆疊擁積後約 10 小時，若尖峰週期持續維持 12 秒以上，且波高可增長至超越 2.5 公尺，將最容易引發瘋狗浪，同時具有最強烈侵襲潛勢，瘋狗浪準確發生時空目前仍難預測或預報，但為防災、避災、減災與除災需要，仍可從預警著手。[24]

　　根據內政部消防署 104~108 年水域事故統計，高達 41%事故發生在「溪河」、21%發生在「海邊」，餘分散在圳溝、碼頭、湖潭、池塘等處，其中溪河危險性相當高，發生意外人數幾為海邊兩倍，故民眾安全戲水需評估自身能力、學習判斷地形風險，在未有全然準備下切勿貿然下水；我國溪河多、易親近，惟溪河地形多樣，多數遊憩地點未設置救

23　《風平浪靜也會吃人揭開海洋巨獸瘋狗浪真面目》，〈聯合新聞網〉，
　　<https://topic.udn.com/event/2020freakwave>。

24　《瘋狗浪一年咬走 25 人 怎麼形成、如何防範一次看》，〈中央通訊社〉，
　　<https://www.cna.com.tw/news/firstnews/202009075004.aspx>。

生設備及救生員，發生意外狀況時水流很快將人沖走，相對使應變時間縮短，民眾若欲赴溪邊烤肉、戲水時必須做出包括自備浮具及救生用具、辨識危險地形遠離險地、平時練習自救等救命重點。

在自備浮具及救生用具方面可預先準備包括竹竿、繩子、保冷箱（溺水時可當救急的浮具）、泳具等；在辨識危險地形遠離險地方面須認知溪河屬天然環境，應盡量避開山洪暴發、深潭、漩渦、翻滾流、水溫太低導致抽筋等情況，以避免可能引發之致命風險，若遇前述情況必須冷靜嘗試自救；在平時練習自救方面需於平時積極學習游泳等親水性訓練（不怕水、懂得鎮靜處理）及模擬練習踩不到地的漂浮、划水，以便在遭遇意外狀況時保持鎮定並自救。[25]

若在水中遇險等待救援時，可於平時學會包括水母漂、仰漂及採水。

1. 水母漂

適合不會游泳自如的民眾，在水中等待救援從事水母漂的重點在吸飽氣，但若以屈膝抱胸的姿勢卻難以換氣，主因從事水母漂時手、肩膀、脖子、頭是相連，導致換氣時頸部受限無法抬頭，故不建議使用屈膝抱胸姿勢，依照吸飽氣、全身放鬆、縮下巴、縮小腹等步驟，保持頭及背部露出水面即可輕鬆漂浮在水面，需要換氣時雙手手掌向下壓抬頭即可輕鬆換氣。[26]

---

[25] 《牢記全臺十大危險海域、學會辨識危險地形及自救，玩水露營時別讓溺水意外壞遊興》，〈大家健康雜誌〉，< https://healthforall.com.tw/?action=article_in&id=5054 >，109 年 9、10 月號／第 390 期，109 年 9 月 15 日。

[26] 《水母漂換氣不易「難自救」！游泳教練除迷思：吸飽氣最重要｜溺水｜救生｜保命技》，〈YT〉，< https://www.youtube.com/watch?v=w4D5EaXETxA >。

2. 仰漂

仰漂時須保持頭部向上，若頭部稍有旋轉即有下沉可能，相較於水母漂，仰漂較不適合初學者使用，造成壓力較大容易失敗或嗆水，其風險亦較高，主因其容錯率較低，身體稍有變化即可能造成仰漂失敗，加以湧浪若拍擊臉部造成驚恐、仰漂時鼻孔向上容易進水造成嗆水、換氣時突遇湧浪亦可能嗆水；依照吸飽氣並憋氣、抬下巴、挺胸及挺腰、雙手伸平手掌向下，起身時手划水挺腰即可恢復水中站姿。[27]

3. 踩水

雙手抱胸，雙腳如同踩腳踏車般踩水，踩水時需放輕鬆慢慢踩水，否則容易疲倦造成抽筋，踩水時雙手平放水面手心朝下，踩水時手可向下壓水，雙腳向下用力畫圈，復位時休息，如此持續即為踩水，腳步踩水時類似蛙式腳步動作。[28]

在遭遇深潭、漩渦、翻滾流、抽筋時自救方法如表 6-2

---

[27] 《ep.18【必看自救】仰漂 詳解實作 ｜ 必看的三招學會仰漂 ｜買一送二仰式、仰泳》，〈YT〉，＜https://www.youtube.com/watch?v=RIkW7YD0ZQk＞。

[28] 《水中自救與求生-自救法 採水-雙手不動-腳踏車式》，〈YT〉，＜https://www.youtube.com/watch?v=FY4KwIAHolk＞。

表 6-2　遭遇深潭、漩渦、翻滾流、抽筋時自救方法

意外情況	地形及成因	肉眼能見度	自救方法
深潭	常見在瀑布下方	判斷是否有深潭、能否跳水及潛水，水深至少達 3 公尺以上方可從事	游泳者發現踩不到地面時，必須鎮定進行水母漂，穩定後再踢水離開
漩渦	常見在瀑布下方	水面上無法看出水面下有漩渦	先閉氣並順水流向下沉，在接近底部水流力量減弱時再奮力游開
翻滾流	常見在攔沙壩或瀑布下方	水面上即可辨識，翻滾流在水面處水流方向為逆流並流向上游	攔沙壩附近不適合戲水避免前往，若遇翻滾流先閉氣並順水流向下沉，在接近底部水流力量減弱時再奮力游開
抽筋	水溫低或未暖身		下水前先做好暖身運動，若發現小腿後側、腳趾、腳板抽筋，可將膝蓋打直，將小腿及腳板往心臟方向扳拉或按摩，在緩解後嘗試游回岸上

資料來源：《牢記全臺十大危險海域、學會辨識危險地形及自救，玩水露營時別讓溺水意外壞遊興》，〈大家健康雜誌〉，＜https://healthforall.com.tw/?action=article_in&id=5054＞，109 年 9、10 月號／第 390 期，109 年 9 月 15 日。

CHAPTER **7**

危險生物

　　民眾在岸際休憩及海上垂釣時，可從事包括垂釣、遊艇、衝浪、潛水等活動，惟從事相關活動時，須先瞭解危險海域及有毒水生物，以避免在從事活動時遭遇危險，部分海洋生物之毒性及攻擊性對海上休憩民眾可能造成身體傷害及生命危險，諸多海岸或港口多未設置危險生物警告，民眾須先瞭解我國周邊海域之危險水生物，以安全從事各項海上活動。

7-1　危險魚類

　　淡水及海洋生物除不可食用之種類外，多數為人類水生蛋白質之主要來源，而所謂危險魚類僅為泛稱，包括甲殼類、頭足類在捕食亦有注射毒液之種類，且各方對於有毒水生物之排名亦有不同，本章節僅針對臺灣附近海域有毒水生物進行介紹，並區分常見有毒或危險之魚類、甲殼類、頭足類，以避免在垂釣、遊憩時不知或不慎造成傷害。

　　臺灣釣魚界常有諺語「一魟、二虎、三沙毛、四臭肚、五變身苦」的說法，但有毒魚類並非僅此，仍有其他包括魨（刺龜）、刺尾鯛（倒吊）、石頭魚等，除體內有神經毒性的魨類之外，多數有毒魚類是因背鰭、胸鰭及尾刺刺入人體內時毒液注入人體內所造成的傷害，即所謂刺毒。[1]以下針對釣遊、遊憩常見的有毒魚類做出介紹，惟並不依照毒性排列。

---

[1]　《台灣毒魚排行榜：一魟、二虎、三沙毛、四臭肚、五變身苦……誰是危險份子？》，〈環境資訊中心〉，＜https://e-info.org.tw/node/216566＞。

一、魟魚

圖 7-1　魟魚

資料來源：《魟魚 2－有毒海洋生物主題館》，〈行政院農業委員會農業主題館〉，
< https://kmweb.coa.gOPov.tw/files/IMITA_Gallery/152/a7fbd81d46_m.jpg > 。

（一）種類

　　魟科魚類計有六鰓魟科、深水尾魟科、扁魟科、魟科等四類。[2]六
鰓魟科計有 5 種，包括：比氏六鰓魟、長吻六鰓魟、楊氏六鰓魟、短吻
六鰓魟及臺灣六鰓魟等，其形態特徵為體盤長大於體盤寬，吻延長扁薄
而近於透明，鰓裂六對，為深海之底棲中小型魚類；[3]全世界僅有達氏
近魟 1 屬 1 種深水尾魟科，體盤長略大於體盤寬，吻不特別延長，鰓裂
五對，皮膚光滑無盾鱗，尾部具強鋸齒緣之棘；扁魟科體型呈圓形或亞
圓形，通常體盤寬不超過長的 1.3 倍長，無吻鰭或頭鰭，頭部和體盤不
分開或不明顯分離，五對鰓裂，尾部為中等細瘦之鞭狀，且通常有一隻
大而具毒性之棘，棘之兩側為鋸齒狀，全世界計有 2 屬至少 24 種以

---

[2]　《臺灣魚類分科名錄》，〈臺灣魚類資料庫〉，
　　< https://fishdb.sinica.edu.tw/chi/fishfamily.php?pz=50&page= 1&R1=&key=魟 > 。

[3]　《六鰓魟科之科解說》，〈臺灣魚類資料庫〉，
　　< https://fishdb.sinica.edu.tw/chi/family.php?id= F051 > 。

上；魟科計有鬼魟、尤氏魟、赤魟、黃魟、光魟、奈氏魟、小眼窄尾魟、花點窄尾魟、波緣窄尾魟、齊氏窄尾魟、古氏新魟、費氏窄尾魟、紫色翼魟、藍斑條尾魟、邁氏擬條尾魟、尖吻魟、尖嘴魟、糙沙粒魟等18 種，體呈圓形、亞圓形或菱形，全世界計 6 屬 68 種以上，臺灣紀錄9 屬 18 種。

（二）棲息

海中多數魟類出現在沿岸、河口、內灣及平坦底部之砂泥地區，少數種類活動於珊瑚礁區；江魟類則生活於淡水江中。

（三）食物

魟類會將自己隱藏在砂泥中，僅露出兩眼及呼吸孔，捕食漫不經心的獵物，主要以底棲性蝦、蟹、軟體動物、魚類及蠕虫為食。[4]

（四）毒性

係危險的海洋生物，人們在砂泥地海域潛水時需非常謹慎，以防魟魚突然躍起，其有毒之尾棘可快速的往前攻擊目標，造成之傷口極疼痛，甚至有因傷口感染而致死之報導。不幸被刺傷時，可先將傷口處置於 50℃之溫水中，有助於疼痛之減輕，但仍應儘速送醫。[5]

---

[4]　《深水尾魟科之科解說》，〈臺灣魚類資料庫〉，
　　＜https://fishdb.sinica.edu.tw/chi/family.php?id= F052＞。

[5]　《魟科之科解說》，〈臺灣魚類資料庫〉，＜https://fishdb.sinica.edu.tw/chi/family.php?id= F055＞。

（五）意外事件

世界知名動物節目主持人鱷魚先生「史帝夫・厄文」於 95 年拍攝「海中最致命生物」紀錄片潛入大堡礁海域時，在淺灘游行遭魟魚尾部有毒刺鉤刺入心臟發生意外，經送醫搶救無效；[6]澳洲 42 歲男子在塔斯馬尼亞州一處海灘游泳時，遭魟魚尾部毒刺刺中腹部，導致心臟病發身亡，此為該地區首次發生遭魟魚毒刺刺中且導致死亡事件。[7]另 107 年 10 月 16 日在桃園大園工業區海邊發現一名男子仰躺全身僵硬死亡，其手臂上有 2 個孔洞，一旁還有一尾魟魚，疑遭魟魚尾刺刺傷毒發身亡，此為我國釣客遭魟魚刺死第一起案例。[8]

二、虎魚

圖 7-2　虎魚

資料來源：《石頭魚有毒為什麼能吃　石頭魚有什麼功效》，〈每日頭條〉，
＜https://kknews.cc/health/vo6jq32.html＞。

---

[6]　《因魟魚意外逝世！揭秘「鱷魚先生」的愛情與愛動物的心》，〈中時新聞網〉，
　　＜https://www.chinatimes.com/realtimenews/20190215003648-260510?chdtv＞，108 年 2 月 15日。

[7]　《恐怖！游泳被魟魚刺中腹部　男遊客心臟驟停慘死》，〈ETtoday 新聞雲〉，
　　＜https:// www.ettoday.net/news/20181119/1310068.htm#ixzz7js7nJfof＞，107 年 11 月 19 日。

[8]　《桃園男疑遭魟魚刺死意外　如屬實將是臺灣第一起案例》，〈自由時報〉，
　　＜https://news.ltn.com.tw/news/life/breakingnews/2582959＞，107 年 10 月 16 日。

（一）種類

學名日本鬼鮋，臺灣俗名鬼虎魚、貓魚、魚虎、虎魚、石狗公、石頭魚等，[9]體延長，前部粗大，後部稍側扁，頭上與頭側有凹陷和突起，顱骨均被皮膜所蓋，中小型魚類，通常為延繩釣及底拖網所捕獲，產量並不太大，肉質細緻美味。[10]

（二）棲息

主要棲息於沿岸或海島附近沙泥或石礫底質的海域，具偽裝能力，時常埋藏身體而不容易被發現，以快速捕捉過往之小魚與甲殼動物為食，在求偶期期間，會開展胸鰭來展現婚姻色，或是其警告色來驚嚇掠食者。

（三）食物

其捕食方式以守株待兔模式，待放下戒心之魚蝦或甲殼類動物經過時瞬間張嘴捕食。

（四）毒性

背鰭鰭棘下具毒腺，是海中危險生物，虎魚不僅是最危險的魚類之一，而且也是最奇特的海洋生物之一。其貌不起眼，因其類似石頭的表面，若非踩踏否則無法辨認。石頭魚是地球上毒性最強的魚類，刺傷所引起的疼痛無法治癒，且其毒性可在 2 小時內致死。[11]

---

[9] 《中文名:日本鬼鮋》，〈中央研究院數位典藏資源網〉，
<https://digiarch.sinica.edu.tw/content/repository/resource_content.jsp?oid=14833&queryType=qs&queryString=三棘 >。

[10] 《日本鬼鮋》，〈臺灣魚類資料庫〉，<https://fishdb.sinica.edu.tw/chi/species.php?id=382839 >。

[11] 《世界 10 大最危險的魚，你見過嗎》，〈每日頭條〉，
<https://kknews.cc/zh-tw/nature/4olpzgg.html >。

（五）意外事件

澳洲 9 歲男孩在海邊戲水時踩到石頭魚，送醫後險些喪命；石頭魚不會主動攻擊人類，多數傷害是海邊戲水時不慎踩到，其背上十幾個背刺，很容易刺穿鞋底或直接刺入腳掌，遭刺後伴隨著劇烈的疼痛，疼痛感會讓人直接躺在地上，主因其毒液是所有魚類中幾乎是最毒最致命的神經毒素，給所有「受害者」印象最深的是難以承受的痛苦。[12]

三、沙毛

圖 7-3　沙毛

資料來源：《鰻鯰刺掌　釣客中毒險死》，〈蘋果新聞網〉，
< https://www.appledaily.com.tw/headline/20061205/KUYYZR7E7NAWW3VMOFUN7YPZUY/ >。

（一）種類

學名線紋鰻鯰，臺灣俗名鰻鯰、沙毛、海土虱，體延長，頭部略平扁，腹部圓，後半部側扁，尾尖如鰻尾，口部附近具有四對鬚，鼻鬚一對，上頜鬚一對，頰鬚二對。體表無鱗，第一背鰭短，前有堅強之硬棘，遇驚擾時會聚集成一濃密的球形群體，稱為「鯰球」。

---

[12] 《澳洲9歲男孩在海邊踩到石頭魚,直接送進醫院,險些喪命!》，〈人人焦點〉，
< https://ppfocus.com/0/pee4de090.html >，110 年 1 月 12 日。

（二）棲息

少數生活在珊瑚礁區之鯰魚，也常可發現於潮池、河口水域或開放性的沿岸海域，其為群集性魚類，平常大多成群結隊活動，白天棲息在岩礁或珊瑚礁洞隙中，夜間覓食，屬夜行性魚類，臺灣各地海域皆有發現。

（三）食物

以小蝦或小魚為食。

（四）毒性

背鰭及胸鰭之硬棘呈鋸齒狀並有毒腺，背鰭及胸鰭之第一根為具毒腺之硬棘，其毒刺所分泌的毒液含有鰻鯰神經毒和鰻鯰溶血毒，一旦被刺到，會引起長達 48 小時以上的抽痛、痙攣及痲痺等症狀，甚至引起破傷風，是危險的海洋生物。[13]

（五）意外事件

一名男性夜間在新竹新豐海邊垂釣，在為魚解鉤時因魚劇烈擺動掙脫，其背棘刺傷男子左小腿，男子當下即感到劇烈疼痛難以忍耐，刺傷部位隨即腫脹，附近釣客隨即辨識出該魚種為鰻鯰（俗稱沙毛），此為遭該魚種刺傷產生之毒性反應，立即趕赴臺大醫院新竹分院急診室就醫；針對毒性反應，治療方式是給予刺傷部位附近浸泡在攝氏 45 度左右溫水內，同時注射破傷風針劑及止痛藥物，經治療後該男子左小腿腫脹疼痛已明顯改善，確認病況改善無惡化後，給予口服止痛藥物與抗生素藥物。[14]

---

[13] 《沙毛》，〈臺灣魚類資料庫〉，＜https://fishdb.sinica.edu.tw/chi/species.php?id=382925＞。

[14] 《釣客遭鰻鯰（沙毛）刺傷，劇痛難耐！》，〈奇摩股市〉，＜https://tw.stock.yahoo.com/news/釣客遭鰻鯰-沙毛-刺傷-劇痛難耐-105749315.html＞，109 年 4 月 30 日。

四、臭肚

圖 7-4　臭肚魚，體長約 35 公分

資料來源：作者自行拍攝；魚體係桃園區漁會監事王浙霖監事提供。

（一）種類

　　臭肚魚主要以藻類為食，在處理魚肚時會聞到海藻發酵難聞的味道，因而有「臭肚仔」之稱，故取其諧音而命名為「臭都魚科」，現正名為『臭肚魚科』。其體呈長卵圓形，極側扁，頭小，吻略尖突，全世界計 1 屬 22 種，臺灣紀錄 1 屬 12 種（計有銀臭肚魚、長鰭臭肚魚、褐臭肚魚、星斑臭肚魚、爪哇臭肚魚、眼帶臭肚魚、暗體臭肚魚、斑臭肚魚、刺臭肚魚、單斑臭肚魚、蠕紋臭肚魚、藍帶臭肚魚等）。

（二）棲息

　　暖水性近岸小型至中大型魚類。幼魚大多成群棲息在枝狀珊瑚叢中，以死珊瑚枝上的藻類為食，成魚則成群洄游於珊瑚礁區，亦有生活在混濁的河口或港口區，日行性魚類，在多數地區屬遊釣性之高經濟食用魚類。

（三）食物

臭肚魚為雜食性，主要以藻類為食，但釣客以小蝦、魚肉垂釣時亦會釣獲。

（四）毒性

民眾注意背鰭、腹鰭及臀鰭之硬棘具有毒腺，被刺後會引起劇痛。[15]

（五）意外事件

釣客搭船出海垂釣時，在宜蘭粉鳥林附近海域遭象魚（有毒刺，俗名臭肚魚）刺傷，隨即出現身體不適及嚴重中毒現象，海巡人員通報宜蘭消防蘇澳分隊，待漁船進港後將癱軟傷者攙扶至岸上，傷者全身無力、表情痛苦、舉步艱辛、想吐、一度休克，後由救護車送往蘇澳榮民醫院治療；象魚兩排毒刺具神經毒性，遭刺傷會造成傷口紅腫麻痺，嚴重可能上吐下瀉有生命危險，若遭刺到可先用溫水浸泡，一定要就醫觀察直到疼痛解除為止。[16]

---

[15] 《臭肚》，〈臺灣魚類資料庫〉，< https://fishdb.sinica.edu.tw/chi/family.php?id= F467 >。

[16] 《21 歲男粉鳥林中毒！「被魚刺」扎到秒癱了…一看竟是台灣五大毒魚》，〈ETtoday〉，< https://www.ettoday.net/news/20201020/1835969.htm#ixzz7jsIWsNYb >，109 年 10 月 20 日。

五、變身苦

圖 7-5　變身苦

資料來源:《海洋生物－有毒海洋生物》,〈海洋數位典藏〉,
< http://meda.ntou.edu.tw/toxin/?t=1&i=Mtb-s-f-019 >。

(一) 種類

　　金錢魚科,俗名變身苦、遍身苦、金鼓,體側扁而高,頭背部高斜,口小吻中長且寬鈍,鰓孔大,鰓蓋膜稍連于峽部,眼中大上下頜約等長,眶前骨覆蓋住上頜骨後端,上下頜齒刷毛狀,背鰭具有 10~11 根硬棘,臀鰭具有 4 根硬棘,腹鰭具有 1 根硬棘,分布於印度-太平洋區,在臺灣以北部、東北部、西部、南部海域較為常見,族群量豐富,一般由岸邊手釣及底拖網等漁法捕獲,全年皆產,但產量並不大,臺灣南部有人工養殖,近年來推廣成為一種養殖魚類。

(二) 棲息

　　金錢魚在野外大多棲息在港灣、紅樹林、河口的泥沙底質半淡鹹水域,幼魚具群居性,對鹽度有較強的適應力。

(三) 食物

　　雜食性,主要以蠕蟲、小型甲殼類、藻類碎屑等為食。

（四）毒性

由於金錢魚背鰭硬棘相當尖銳且具有毒性，因而名列臺灣釣魚界五大危險魚類「一魟、二虎、三沙毛、四臭肚、五變身苦」中的第五名，在捕捉或處理這種魚的時候應小心，避免遭到扎傷。此外，金錢魚小魚的體色由深黑色、橘紅色以及黃白色組成，具觀賞價值。[17]

（五）意外事件

伸港鄉林姓民眾協助朋友清理魚塭時，腳部不慎遭到俗稱「變身苦」的金錢魚刺傷，原不以為意，惟不久後遭刺傷處開始紅腫疼痛全身亦不舒服，若未及時治療可能傷口會越來越疼痛，送醫後因過於疼痛，下車時仍須靠醫護人員攙扶進入，醫師先清理傷口讓患者浸泡溫水，再注射抗過敏藥劑，其劇痛才得以緩解；由於「變身苦」屬神經毒，為避免後遺症，患者仍須留院 8 小時觀察。[18]

---

[17] 《變身苦》，〈臺灣魚類資料庫〉，
< 1https://fishdb.sinica.edu.tw/chi/species.php?gen=Scatophagus&spe= argus >。

[18] 《金錢魚刺傷腳 民眾痛極就醫》，〈自由時報〉，
< https://news.ltn.com.tw/news/local/paper/332468 >，98 年 9 月 4 日。

六、獅子魚

圖 7-6　獅子魚

資料來源：《魚類中的獅子魚 體色華麗的魚》,〈壹讀〉,
< http://read01.com/NzOdM3.html#.YtpWJLZBxPY > 。

（一）種類

　　獅子魚學名輻紋簑鮋，俗名獅子魚、長獅、魔鬼、國公、石狗敢、虎魚、雞公、紅虎、火烘，背鰭及胸鰭呈放射狀，背鰭尖端有細針。

（二）棲息

　　主要棲息在珊瑚、碎石或岩石底質的礁石平臺，亦曾發現在岸邊至外礁區中有掩蔽的潟湖與洞穴區，偶有形成小群魚群，通常棲息在淺水區域，亦有在 80 公尺深處發現。

（三）食物

　　獅子魚幾乎沒有天敵，任何可吞下之小型魚類、蝦類及甲殼類動物均為其獵食對象。

（四）毒性

背鰭尖端有細針，背鰭鰭棘下具毒腺，是海中危險生物，刺到人體內具毒性會產生劇烈疼痛，由於食量大幾乎無天敵，每次可產 3 萬顆卵，所到之處大量繁殖對生態及人類造成相當程度之威脅，在各地均成為具破壞性之外來種魚，但在日本屬於高級食用魚。[19]

（五）意外事件

一位常海釣、潛水抓魚的民眾表示，其曾遭獅子魚刺傷時劇痛難忍，立刻將傷口毒液擠出來，同時將刺傷部位泡在熱水裡，疼痛馬上減輕後即刻送醫。惟長庚醫院臨床毒物科主任顏宗海強調，此案例遭獅子魚刺傷中毒的人有必要立刻就醫，若延誤就醫傷口恐有蓄發性細菌感染疑慮，甚至會釀成蜂窩性組織炎，此潛水客所謂獅子魚蛋白毒素遇熱分解說法，應是指在實驗室中將此蛋白毒素加熱可破壞，而獅子魚毒素大多為中性蛋白質，毒素對熱不安定，毒素組成因魚種不同而有差異，以攝氏 50 度加熱 30 分鐘，或以攝氏 60 度加熱 2 分鐘即可破壞，但不能直接將傷處放進水中加熱到高溫，此潛水客表示遭獅子魚刺傷部位泡在熱水中感覺疼痛減輕，應是痛解麻痺。[20]

---

[19] 《獅子魚》，〈臺灣魚類資料庫〉，<https://fishdb.sinica.edu.tw/chi/species.php?id=382865>。

[20] 《釣友注意！魚兒上鉤別亂抓 小心受傷中毒》，〈TVBS 新聞網〉，<https://news.tvbs.com.tw/health/695512>，105 年 12 月 24 日。

七、石狗公

圖 7-7　石狗公

資料來源：《石狗公》,〈臺灣魚類資料庫〉,
＜http://fishdb.sinica.edu.tw/chi/species.php?id=291_067＞。

（一）種類

　　石狗公屬鮋科，全世界約有 8 個亞科 56 屬 418 種以上，臺灣魚類
資料庫記錄 35 屬 95 種，為沿近海底棲肉食魚種，北部最常見的種類包
括石狗公屬的三色石狗公、石狗公及白條紋石狗公及無鰾鮋屬的赫氏無
鰾鮋等 4 種，兩屬可藉由其胸鰭腋部是否具有小皮瓣來加以區分（無鰾
鮋屬胸鰭腋部有一個小皮瓣，石狗公屬則無）。

（二）棲息

　　日本相關研究發現，石狗公屬魚種均屬卵胎生種類，日本海域石狗
公生殖期約在 12 月至次年 3 月間，交配受精後的母魚會在 2~3 個月後
產下無游泳能力的仔魚，並隨著洋流漂流數十日，其間可能被其他魚類
捕食或因環境變化而死亡，幸運生存的仔魚被送到適合的海域後沉底定
居，變成有強烈領域性且不喜歡移動的幼魚。

（三）食物

常棲息在礁岩區伏擊小魚蝦為食。

（四）毒性

硬棘基部均具毒腺，處理上必須非常小心。民眾在海邊遊憩或垂釣時，抓取石狗公時要注意背部及腹部硬棘，避免遭硬棘刺傷。[21]

（五）意外事件

民眾垂釣時釣獲石狗公，在拔鉤時不慎遭背刺扎到中指疼痛難耐，惟民眾不知為何種魚類在聊天室求助，網友告知後驚覺嚴重，提醒自己及釣友在垂釣時須戴上手套，釣獲不明魚種應謹慎為之避免遭刺傷。[22]

八、河魨

圖 7-8　河魨

資料來源：《有毒的河魨，為何日本、朝鮮及中國都愛吃？！》，〈壹讀〉，
＜http://read01.com/nd8D7G.html#.YtpX8LZBxPY＞。

---

[21] 《石狗公漫談》，〈行政院農委會水產實驗所〉，
　＜https://www.tfrin.gov.tw/News_Content.aspx?n=4088&s=233357＞。

[22] 《被它的背刺扎到手》，〈釣魚聊天室〉，＜https://vanquishloong.com/vanquishloong/thread-49241-1-1.html＞，101 年 1 月 23 日。

（一）種類

河魨亦稱河豚，在臺灣俗稱鬼仔魚等，古代又稱作鯸、鯸鮧、鰗、鮭、西施乳、嗔魚等，體型有長、有短、有圓、有方，因其遇到危險時會將肚子漲大以嚇阻掠食者，故亦俗稱「氣包魚」、「吹肚魚」。河魨魚種包括二齒魨科、三齒魨科、四齒魨科及箱魨科。其中可食用而易引起中毒者多為四齒魨科，臺灣主要產地為高雄、基隆、澎湖、南方澳、東港、成功及花蓮等，多數種類在春季由外海游向近海在沿岸產卵，少數種類則可進入淡水江河生殖。臺灣河魨漁期為 10 月至翌年 5 月，以 1~3 月間最盛，其中產量最多者為克氏兔頭魨，約占 80%，其次為黃鰭多紀魨約占 15%。

（二）棲息

河魨係屬暖水性之魚類，分布於溫帶、亞熱帶和熱帶海域，大多數種類棲息在海洋，但有幾種可進入河口或僅生活在淡水中。

（三）食物

肉食性魚類，性貪食，主食蝦、蟹、螺貝類及小魚等。

（四）毒性

河魨有劇毒，緣於其體內有河魨毒素，大多數四齒魨科及箱魨科的河魨，分別具有河魨毒素及箱魨毒素，依品種分佈於內臟、肌肉、血液、皮膚等不同部位，毒性並隨季節有所變化。河魨毒除存在河魨體內外，某些種類的螃蟹、蝦虎、青蛙、蠑螈、貝類及螺類等亦含有河魨毒。河魨毒素屬於神經毒素，其在人體內主要與神經細胞上鈉離子通道的蛋白質結合，阻止鈉離子進入神經細胞內，使得膜電位無法去極化，

而導致神經訊息無法傳遞，嚴重會造成神經中樞、橫膈膜及呼吸神經麻痺而死。河魨毒性強度約為氰化鈉之 1,000 倍以上，且 2~3mg 就足以致人於死，河魨毒素具有耐熱性，加熱仍無法將毒素破壞。[23]

（五）意外事件

60 餘歲夫妻包船到基隆外海垂釣，期間釣獲許多河豚，返家後煮湯食用，翌日凌晨妻子出現嘴唇及舌頭麻痺、噁心、嘔吐、眩暈等症狀，丈夫 24 小時後發作就醫，經醫師轉送食藥署基因鑑定，確認為黑鰓兔頭魨中毒，2 人經治療及住院 3 天後症狀改善出院。[24]另臺中陳姓男子捕獲一尾河豚，返家後去除魚皮及內臟後煮魚湯孝順 70 餘歲的父親，其父僅食用一片魚肝即頭皮發麻、呼吸困難，經緊急送醫後呈現指甲發乾、呼吸困難，醫院緊急插管治療撿回一命，醫生表示河豚內臟甚至眼睛均有毒素，即便烹調加熱毒素亦不會消失，因此無專業料理技術千萬不可輕易嘗試。[25]

---

[23] 《吃河豚風險大－臺灣常見有毒河豚（魨）圖鑑手冊》，〈行政院衛生署食品藥物管理局〉，<https://www.coa.gov.tw/upload/files/question/105/FDA.pdf>。

[24] 《海釣河豚煮湯吃 6 旬夫妻中毒送醫》，〈自由健康網〉，<https://health.ltn.com.tw/article/breakingnews/3407298>，110 年 1 月 11 日。

[25] 《孝心差點害命！抓到河豚煮湯孝敬父 中毒險喪命》，〈TVBS 新聞網〉，<https://www.ctwant.com/article/89157>，107 年 9 月 5 日。

九、斑海鯰

圖 7-9　斑海鯰，體長約 45 公分

資料來源：作者於 110 年夏季船釣時水深約 42 公尺釣獲。

（一）種類

　　臺灣俗名成仔魚、成仔丁、銀成、白肉成、臭臊成、生仔魚、鰻鯰。斑海鯰是臺灣五種海鯰科中最常見的種類，數量豐富，一般由岸邊垂釣、刺網及拖網等漁法捕獲，全年皆產但以春夏季盛產，斑海鯰並不受到大多數釣友的青睞，往往釣上後就隨即放回或丟棄，成為休閒釣魚的無辜受害者。[26]

（二）棲息

　　屬於熱帶及亞熱帶沿岸之底棲性魚類，夜行性，具築洞而居之習性，主要棲息在砂泥底質環境，常至河口、河川下游覓食，偶會集結成群。

---

[26]　《斑海鯰》，〈臺灣魚類資料庫〉，
　　　＜https://fishdb.sinica.edu.tw/chi/species.php?gen=arius&spe=maculatus＞。

（三）食物

主要以無脊椎動物及小魚為食。

（四）毒性

背、胸鰭硬棘前後緣皆具鋸齒，且有毒腺，是其防止其它魚類攻擊的利器。[27]

（五）意外事件

根據多位釣友表示，過去做釣過程中均遭成仔丁刺傷過，且多數是在釣獲時腳踩魚體拔鉤時遭刺穿拖鞋，或以毛巾包覆魚體時背刺穿透毛巾刺傷手，遭刺釣友多表示，擠出毒血、傷口泡溫水、噴灑尿液等方式即可緩解，若出現傷口附近無知覺、沒力，須立即送醫以避免情況惡化。[28]

十、鮫

圖 7-10　鮫

資料來源：《自由時報》，〈小公牛鯊現身墾丁　專家籲仿香港防鯊〉，
＜http://news.ltn.com.tw/news/life/breakingnews/1376702＞。

---

[27] 《斑海鯰》，〈典藏臺灣〉，＜https://catalog.digitalarchives.tw/item/00/42/6f/4c.html＞。

[28] 《成仔丁 刺到 請進》，〈釣魚聊天室〉，
＜https://vanquishloong.com/vanquishloong/thread-16526-1-1.html＞，98 年 1 月 28 日。

（一）種類

　　鯊（沙）魚，古稱鮫魚亦名珠鮫，臺灣俗稱「鯊魚」，學術上多稱「鮫」，根據考古學者研究，鯊魚在地球上保守估計超過 4 億年。鯊魚屬軟骨魚類，軟骨魚類在分類學上歸類在軟骨魚綱的板鰓亞綱，鯊魚、鰩及魟都屬於板鰓亞綱。除板鰓亞綱外，軟骨魚綱亦有全頭亞綱，而銀鮫類是全頭亞綱的主要魚種，分類學上歸納為 8 個目。

（二）棲息

　　其棲地包括海洋各泳層、淡鹹水交界處及內河均有發現。

（三）食物

　　具有包括食腐性、濾食性、寄生性等三種食性，多數以魚類及甲殼類。亦有包括窄頭雙髻鯊、鯨鯊以浮游生物及藻類為主食的濾食性動物。[29]

（四）毒性

　　鯊魚雖無毒性，但屬危險魚類，其具有世界上最硬牙齒，且有 5-6 排牙齒，在捕食過程中常弄斷牙齒，故在成長過程中會不斷更換牙齒，鯊魚在 10 年內可換掉 2 萬餘隻牙齒，因不停更換才保證牙齒堅硬以便捕食，其咬合壓力每平方英寸高達 18 噸，[30]故民眾在釣獲時要特別注意，避免遭鋒利牙齒咬傷。[31]

---

[29] 《鯊魚愛吃人？10 個你猜不到的鯊魚冷知識問答》，〈GREENPEACE 綠色和平〉，
< https://www.greenpeace.org/taiwan/update/19176/ >。

[30] 《世界上牙齒最硬的動物，鯊魚（咬食壓力達 18 噸/10 年換 2 萬牙齒）》，〈爵士範〉，
< https://www.jueshifan.com/zh-mo/lqi/lgua/68493.html >。

[31] 《細說鯊魚》，〈科技大觀園〉，
< https://scitechvista.nat.gov.tw/Article/C000003/detail?ID=45f86af7-a823-4d6b-bdc7-348f2f36c2cb >。

（五）意外事件

　　埃及紅海知名景點胡爾加達（Hurghada）附近海域發生兩起鯊魚攻擊事件，遭鯊魚攻擊咬傷的兩名外籍婦女，經送醫仍不治。民眾出國旅遊時須先瞭解當地海域是否曾有鯊魚攻擊事件，海水浴場是否有加裝防鯊設備，若無法確認是否安全則避免在深水區域游泳。[32]

十一、六線黑鱸

圖 7-11　六線黑鱸

資料來源：《六線黑鱸》，〈典藏臺灣〉，＜http://catalog.digitalarchives.tw/item/00/40/00/47.html＞。

（一）種類

　　俗稱「包公」或「肥皂魚」，是一種常見的珊瑚礁魚類，魚體鮮明對比的體色是有毒生物對周遭生物的警示。

---

[32] 《驚悚影片｜婦人遭鯊咬斷手腳奮力游上岸　埃及證實已兩遊客命喪鯊吻》，〈蘋果新聞網〉，＜https://www.appledaily.com.tw/international/20220703/8C02D7BFDDF5D2C4420673DB45＞，111 年 7 月 4 日。

（二）棲息

主要棲息於 1~20 公尺淺水礁區，野外常見之大小介於 10~20cm 之間。

（三）食物

以魚類為食。

（四）毒性

六線黑鱸在受驚嚇時會分泌毒素－黑鱸素（Grammistin），是一種可將小魚毒死、大魚聞風色變之化學物質。黑鱸素是魚體真皮層上的黏液腺兩種黏液細胞所分泌的肽毒素，此毒素味苦、具刺激性、略溶於水，而溶於水加以搖晃後像肥皂水般會形成泡泡，這種生物特性存在於六線黑鱸所在的黑鱸亞科，黑鱸素並不會對人類造成致命威脅，惟毒素在高溫下不易被完全破壞，且毒素的「苦味」在烹調後仍然存在，基於安全及食用味道而言，含有黑鱸素之魚類不宜食用，避免造成中毒或破壞食慾。[33]

（五）意外事件

此類中毒或遭刺傷資訊多在釣魚網站或釣魚聊天室出現，媒體甚少報導，然民眾在海邊戲水捕捉六線黑鱸抑或直接用釣竿釣獲飼養在海水缸內，其釣獲時雖有著手套握魚拔除魚鉤，惟手指仍出現變色情況且出現油腥菜味，其他民眾亦提醒六線黑鱸受驚嚇時會釋放毒素，且會將魚缸內同等大小的其他魚吃下，若有中毒現象應即刻就醫。[34]

---

[33] 《六線黑鱸 GRAMMISTES SEXLINEATUS （THUNBERG, 1792）》，〈海鮮垃圾桶〉，<https://ichthysstyle.blogspot.com/2020/02/grammistes-sexlineatus-thunberg-1792.html>。

[34] 《釣到六線黑鱸》，〈PH8.4〉，<http://www.ph84.idv.tw/forum/threads/236376/>，102 年 7 月 24 日。

十二、刺尾鯛

圖 7-12　白面刺尾鯛

資料來源：〈臺灣魚類資料庫〉，＜https://fishdb.sinica.edu.tw/chi/species.php?id=381269＞。

（一）種類

俗稱「倒吊」，觀賞及食用兼具，食用須剝皮。

（二）棲息

我國主要分布在南部、東北部、及東部離島等地區，棲地則在清澈潟湖及礁區棲息深度約在 65 公尺以內，其領域性強。

（三）食物

以絲狀藻類及有機碎屑為食。[35]

---

[35] 《白面刺尾鯛》，〈臺灣魚類資料庫〉，
　　＜https://fishdb.sinica.edu.tw/chi/species.php?id=381269＞。

（四）毒性

刺尾鯛尾部帶有毒棘，容易造成皮膚劃傷或割傷，且刺尾鯛毒素亦是天然毒素中較強的一種，約為黃金箭毒蛙的 1/10，主要會導致心臟功能衰竭，釣獲及處理時易傷人需小心。[36]

（五）意外事件

有民眾家中水族缸飼養海水觀賞魚，在清理水缸時將刺尾鯛以手直接撈出時，遭刺尾鯛尾刺割傷中指關節，其受傷部位割出一道約3~4mm 傷口，隨即感到一股劇烈刺痛，傷口深且不斷冒血亦伴隨中毒現象出現，傷口並有灼熱疼痛，骨頭亦出現劇烈疼痛，2 小時內中指開始腫脹並無法彎曲，且疼痛感一直未消除，類似電視報導遭蛇咬傷時神經性毒液中毒之症狀，翌日疼痛感雖已消失許多，但腫脹程度更加據，自行上藥後腫脹明顯改善，持續用藥後第三天腫脹已改善，惟仍有麻痛感持續存在；另亦有民眾表示釣龍蝦時遭刺尾鯛如手術刀般鋒利的尾刺割傷，前兩天僅有輕微麻腫，第三天遭割傷手指卻腫 2 倍大，緊急送醫切開受傷部位清創，兩週後始復原；醫師提醒，民眾在遭遇有毒水生物刺傷或割傷時，應即刻送醫治療，避免延誤治療傷勢擴大造成截肢。[37]

---

[36] 《刺尾魚有毒嗎?刺尾魚毒素堪稱箭毒蛙的 1/10（心臟毒素）》，
<https://www.meixingnan.com/zh-hk/qiche/lxz/68100.html>。

[37] 《被倒吊科魚類攻擊後中毒心得分享》，〈PH8.4〉，
<https://www.ph84.idv.tw/forum/threads/57605/>，95 年 7 月 13 日。

7-2　危險物種

　　海中除有毒魚類外，其他包括水母、甲殼類、章魚、蝦類、螺類等，亦有毒性相當高之物種，民眾在垂釣、戲水、捕獵過程中均有可能會遭遇具相當程度毒性之海中生物，到海邊戲水及漁獵時須先瞭解可能遭遇之危險物種、毒性、緊急救護方式等，以避免發生憾事。

一、盒水母

圖 7-13　盒水母

資料來源：《危險海洋動物》，〈Hong Kong Fishing Network〉，
＜http://www.fishing.com.hk/main/＞。

（一）種類

　　亦稱箱型水母，屬腔腸動物中一綱，約 20 餘種。水螅體小、水母體大、獨居。其觸手劇毒，身體構造方面，具擬緣膜（Velarium）。[38]大小如籃球有 60 根左右長觸角最長約 3 公尺，每根觸角有足夠殺死 50 個人的毒素，接觸後幾分鐘時間即可致死，自 1884 年起已有 5 千餘人死於這種動物。

---

[38] 《盒水母》，〈百科知識〉，＜https://www.easyatm.com.tw/wiki/盒水母＞。

（二）棲息

臺灣、菲律賓、澳大利亞及其他熱帶海域。

（三）食物

魚類，蟹類等動物。

（四）毒性

盒水母是世界上毒性最強的動物之一，與盒水母觸角接觸時會觸發其刺細胞爆炸性釋放，其將強效快速的毒液釋放至受害者或獵物中，多數接觸者會有極度疼痛及局部組織破壞，亦有可能會危及生命。盒水母毒液屬生物活性蛋白質混合物，其可引起溶血活性、細胞毒性、膜孔形成，進而引起心臟衰竭和死亡，目前仍無有效的解毒方法。[39]

（五）意外事件

新竹高中女生在海邊玩水上活動時遭水母螫傷右腳，當下即疼痛難當，緊急送往臺大醫院新竹分院急診，所幸僅為單刺刺傷並非一條鞭痕般受傷；醫師提醒，一旦遭水母螫傷千萬不可用手觸碰，因此一動作將導致傷口上水母斷肢釋放更多刺絲胞毒素，使傷勢更加嚴重。[40]

二、有毒甲殼類

具有毒性的甲殼類主要是其食用有毒動植物並將毒素累積在體內後形成，此類甲殼類主要棲息在珊瑚礁區之扇蟹類為大宗，包括繡花脊熟

---

[39] 《世界最劇毒水母，每年造成數百人死亡，現在成功找到了解藥》，〈每日頭條〉，
<https://kknews.cc/zh-tw/science/am8gr5j.html＞。

[40] 《被水母刺傷千萬不要碰傷口》，〈雅虎運動〉，＜http://tw.sports.yahoo.com/news/被水母刺傷千萬不要碰傷口-034328581.html＞，107 年 7 月 18 日。

蟹、銅鑄熟若蟹、花紋愛潔蟹，以及菱蟹科之粗糙蝕菱蟹。此類毒素無法經過加熱而分解，若不慎食用可能造成神經系統永久性傷害，最有效之急救方式為立即催吐送醫，以避免神經毒素經人體吸收而進入血液中（如圖 7-14）。[41]民眾在新北野柳龜吼魚港採買海螺及饅頭蟹準備返家料理，拍照後請教經營水產店的朋友，朋友立即警告此為正直愛潔蟹有劇毒，民眾此舉意外獲救；而當事民眾亦將此事回報魚市場管理室，管理室表示會加強魚市場宣導，避免再次發生類案。愛潔蟹是已知最毒的螃蟹，體內毒素可毒死 4~500 位成年人，毒素為水溶性且無法經由加熱煮熟分解，民眾品嘗海鮮時務必做好功課，以免憾事發生。[42]

圖 7-14 扇蟹

資料來源：《米氏新扇蟹》,〈典藏臺灣〉,
＜http://catalog.digitalarchives.tw/item/00/03/30/90.html＞。

三、有毒頭足類

　　根據記載,「頭足綱下有雙煞，藍環火焰不能碰」，而藍環即為「藍環章魚」，火焰即為「火焰墨魚」，且此雙煞均不可食用。

---

[41] 《有毒的蟹類》,〈行政院農委會〉, ＜https://kmweb.coa.gov.tw/subject/subject.php?id=38565＞。

[42] 《他 20 元買螃蟹想嚐鮮 內行人警告小心有「劇毒」》,〈聯合新聞網〉, ＜http://udn.com/news/story/120911/4291376＞，109 年 1 月 16 日。

（一）藍環章魚

圖 7-15   藍環章魚

資料來源：《藍環章魚圖片》,〈壹讀〉,＜http://read01.com/8x3R02.html#.YtqefbZBxPY＞。

　　藍環章魚又名藍圈章魚、豹紋章魚，主要棲地在太平洋西岸，從日本到澳洲附近海域都有發現，目前共有 3 個現生種及 1 個未確定的物種，其僅有 2~3 公分之大小（澳洲的種類長度可達 5~6 公分），惟其分泌之河豚毒素毒性足以毒死 26 位成人。據統計，臺灣附近海域曾發現 3~4 種藍環章魚，藍環章魚呈現之藍色環狀即為警告色，未受驚嚇或遭受攻擊不會主動攻擊，目前遭藍環章魚咬傷並無藥可醫，民眾發現時絕對不可以手抓取，否則易遭攻擊。[43]

　　新北市淡水民眾誤買到「藍環章魚」，所幸並無發生悲劇，我國於 106 年即確認東北角及花蓮等附近海域已有「藍環章魚」出現，當時引發社會高度關注。[44]

---

[43]　《「藍環章魚」台灣早出現！蹤跡曝光》,〈雅虎新聞網〉,
　　＜https://tw.stock.yahoo.com/news/%E8%97%8D%E7%92%B0%E7%AB%A0%E9%AD%9A-%E5%8F%B0%E7%81%A3%E6%97%A9%E5%87%BA-%E8%B9%A4%E8%B7%A1%E6%9B%9D%E5%85%89-035338899.html＞。

[44]　《藍環章魚「世界最毒章魚」！臺灣 5 年前早出現　蹤跡曝光》,〈今日新聞〉,
　　＜http://www.nownews.com/news/5754537＞,111 年 3 月 24 日。

（二）火焰烏賊

圖 7-16　火焰烏賊

資料來源：《世上唯一有毒烏賊！ 艷麗身影宛如「火焰花」》，〈蘋果新聞網〉，
<http://www.appledaily.com.tw/>。

　　火焰烏賊其肌肉組織具有相當高程度的毒性，色彩鮮艷並能隨外在情況改變體色，主要在警示掠食者或偽裝接近獵物。[45]火焰烏賊亦稱火焰墨魚，主要棲息在印尼、紐幾內亞、馬來西亞與澳洲北部熱帶海域，係已知唯一有毒墨魚，亦為唯一一種能用腕足及鰭在海床上行走的烏賊，體色為深褐色其與擬態章魚同為偽裝大師，狩獵時觸手呈現深紅色，並可同時揮動鮮艷的觸鬚，呈現出類似盛開的蝴蝶蘭，獵食時火焰墨魚可伸出長條形特殊觸手獵取獵物。[46]

四、其他

　　除魚類、甲殼類、頭足類外，蝦類亦有兩種具高度攻擊性，若不慎遭擊傷或刺傷，其受傷及疼痛感亦相當嚴重。

---

[45] 《怪異的頭足類動物》，〈每日頭條〉，<https://kknews.cc/zh-tw/science/anly4vn.html>。

[46] 《地球已知唯一有毒的墨魚，海底生物見了它都得跑！》，〈每日頭條〉，
<https://kknews.cc/zh-tw/nature/3n8kgq8.html>。

（一）雀尾螳螂蝦

圖 7-17　雀尾螳螂蝦

資料來源：《海世界瘋狂殺手「雀尾螳螂蝦」用前螯完勝甲殼類生物》,〈ETtoday 寵物雲〉,
＜http://pets.ettoday.net/news/1445032＞。

　　學名「蟬形齒指蝦蛄」,是動物界的華麗殺手,亦為世界上攻擊速度僅次於兵蟻大顎的第二快生物,其外型類似孔雀、獵食方式神似螳螂而獲命名,牠的前螯經過演化後已進化成威力十足的彈簧鐵拳,攻擊時產生巨大的衝擊波,可將螃蟹或蚌殼的外殼瞬間擊破,[47]雀尾螳螂蝦主要分布在印尼峇里島附近水域,外表鮮豔、藍綠紅相間,顏色如孔雀般華麗的肉食性海生物,平常棲息在礁石縫隙內,獵物經過即高速伏擊,領域性極強,個性相當兇殘,附肢每次攻擊在 10 萬分之 1 秒內完成。由於其相當神經質,民眾在海邊遇到雀尾螳螂蝦需相當謹慎,避免因遭挑釁攻擊而受傷。[48]

---

[47] 《海世界瘋狂殺手「雀尾螳螂蝦」用前螯完勝甲殼類生物》,〈ETtoday 新聞雲〉,
　　＜https://pets.ettoday.net/news/1445032＞。

[48] 《世上最兇殘蝦類「雀尾螳螂蝦」「爆裂拳」秒破螃蟹殼》,〈三立新聞網〉,
　　＜https://www.setn.com/News.aspx?NewsID=541343＞。

（二）瀨尿蝦

圖 7-18　瀨尿蝦

資料來源：《鮮香美味，爽爆味蕾的椒鹽瀨尿蝦，內含去殼小妙招》，〈每日頭條〉，
＜http://kknews.cc/food/39nk5x8.html＞。

　　蝦蛄俗稱瀨尿蝦、螳螂蝦、爬蝦、口蝦蛄、皮皮蝦等，屬節肢動物門，甲殼綱，口足目，蝦蛄科品種，有富貴蝦之稱號，是一種常見的海洋經濟動物，為底棲穴居蝦類，生活於淺潮及深海泥沙或珊瑚礁中，其種類多達 60 餘種，分布範圍極廣，頭部與腹部的前四節交合，背部頭胸甲與胸節明顯，腹部七節，分界亦明顯，而較頭胸兩部大而寬，頭部前端有大型的具柄的複眼一對，觸角兩對，第一對內肢頂端分為三個鞭狀肢，第二對的外肢為鱗片狀，胸部有五對附肢，其末端為銳鉤狀，以捕挾食物，腹部六節，前五節的附屬肢具鰓，第六對腹肢發達，與尾節組成尾扇，由於捕食前肢類似螳螂、尾部有刺，民眾在抓取時常遭捕食前肢或尾刺割傷。[49]

　　有民眾在採購瀨尿蝦後想要抓起拍照打卡上傳網路，不慎遭到瀨尿蝦攻擊，傷口割得既深且長，緊急送醫清創後縫合；多數民眾對於此等

---

[49]　《瀨尿蝦》，〈百科知識〉，＜https://www.easyatm.com.tw/wiki/瀨尿蝦＞。

海生物不甚理解，看起來極似外星生物的瀨尿蝦區分為穿刺型及粉碎型
兩類，穿刺型的為一般所見黃土色的瀨尿蝦，而粉碎型的則為色彩鮮艷
的雀尾螳螂蝦，兩種殺傷力均極強，許多人均有遭兩種割傷經驗，受傷
後處理不當或未及時處理，若遭食肉菌入侵更可能導致生命危險。[50]

（三）芋螺

圖 7-19　芋螺

資料來源：作者自行於 111 年 11 月 25 日在淡水漁港拍攝，芋螺由李明樺船長提供。

　　芋螺在分類上屬於軟體動物門，腹足綱，前鰓亞綱，新腹足目，芋
螺科。芋螺科貝類計 500 餘種，生長於熱帶淺海處，貝殼圓錐形或雙錐
形，螺塔低、體螺層大，占據殼長一半以上，殼口狹窄且長，殼表有成
長脈、螺脈、螺溝、顆粒和肩部的結節，並以種顏色呈現出圓點、雲狀
斑、軸線等形狀，齒舌只有邊緣齒、末端有倒鉤，為夜間覓食魚類、貝
類或小蟲，通常依其捕食的對象可分為 3 類：食軟體動物類芋螺、食蟲
類芋螺及食魚類芋螺。在眾多的螺貝類當中，芋螺以其特殊的毒刺及毒
液系統做為獵捕的利器，能造成獵物迅速麻痺致死，因此芋螺的刺毒不

---

[50] 《瀨尿蝦前足攻擊力極高！網民欲拎住瀨尿蝦打卡下場極悲慘　傷口超恐怖（附瀨尿蝦入膠
樽之謎）》，〈雅虎新聞〉，＜http://tw.news.yahoo.com/瀨尿蝦－攻擊力－打卡－傷口－入膠樽
-223009734.html＞，111 年 10 月 19 日。

容忽視，應小心防範遭刺傷的可能，在進行捕撈漁獲或在海邊撿拾貝殼時，不可不注意在芋螺美麗的外表下潛藏的危機。[51]

芋螺目前已製成藥物，美國食品及藥物管理局 93 年 12 月核准愛爾蘭伊蘭藥廠生產的 Prialt 藥物，要務是由憎袍芋螺毒素所合成，其毒素具有可減輕疼痛的物質「ω-芋螺胜肽」，可用來治療無法以消炎藥或鴉片類來消除疼痛。[52]

7-3 外來物種

自然生態環境維護中，保持原生物種生物多樣性維護，是維護特有生態系的重點工作，我國屬於島嶼型態生態圈，對外來物種進入之容忍度低，主因許多外來物種侵略性強、繁殖力強、天敵少甚至無天敵，一旦強勢外來物種入侵對島嶼生態系內特有物種將造成不可回復之危機。

依據 89 年公布避免外來入侵物種導致生物多樣性喪失的指導方針，其對外來種定義包括外來種、外來入侵物種及本土性入侵物種；另外來種生物來源，則依其侵入途徑可區分主動入侵及人為導入。

1. 外來種

指一物種、亞種乃至於更低的分類群並包含該物種可能存活與繁殖的任何一部分，出現於其自然分布疆界及可擴散範圍之外。

---

[51] 《有毒的海洋生物：芋螺刺毒》，〈科技大觀園〉，
　　＜https://scitechvista.nat.gov.tw/Article/C000003/detail?ID=d5c20b6b-3324-4f1f-9a1e-f9141126336c＞。

[52] 《芋螺毒素的生醫製藥與應用》，〈農業主題館〉，
　　＜http://kmweb.coa.gov.tw/subject/subject.php?id=38815＞。

2. 外來入侵物種

指已於自然或半自然生態環境中建立一穩定族群並可能進而威脅原生生物多樣性者。

3. 本土性入侵物種

由於人類活動，使本地物種分佈至原無分布之地區或形成基因交流，而造成生態或基因上之汙染。

外來種生物區分主動入侵及人為導入：

1. 主動入侵

係指經過天然途徑或人類運輸工具侵入，其中藉由飛機、輪船、火車等人類交通工具，擴散於世界各地，此為外來種最主要的來源，另國人出國旅遊時，隨手帶回之外來種生物，亦為來源之一。

2. 人為導入

完全由人為力量引進，其方式包括：

(1) 農業引種或貿易行為：基於農業發展或貿易需求，人類有計畫大規模引進飼養動物或栽培植物以作為食物來源。

(2) 娛樂及觀賞用途：引進物種多以民眾漁獵、育樂或觀賞用，包括寵物飼養、放生、魚苗放流及觀賞花卉植物引進等。

(3) 生物防治：期藉天敵生物引進，以寄生或捕食方式來控制另一種生物數量，進而減少農藥噴灑，為目前生物防治上所採用方法。

(4) 科學研究：科學研究所需引進飼養或栽植在實驗室之生物，因逃脫或不慎溢出後，形成入侵當地生態系。

外來物種無論以任何方式進入當地生態系，當該外來物種變為入侵種產生之影響包括經濟損失、生態影響，而生態影響對封閉型環境影響

最大，包括掠食、競爭及排擠、疾病或寄生蟲傳染、雜交、生態系統改變等重大影響。

1. 經濟損失

外來物種由順利生存，繁衍擴大到嚴重危害生態之種數比例並不高，惟其變為入侵種時衝擊卻極為嚴重，由國內、外案例中檢視，除造成生態影響外，亦造成數十億巨額經濟損失。

2. 生態影響

外來入侵種對生態環境影響包括

(1) 掠食：外來種引入最直接危害為掠食當地原生物種，使原生物種族群數量降低甚至絕滅。

(2) 競爭及排擠：被引進外來種生物其生態習性若與原生物種相似，則在自然資源或棲地利用，將與原生物種發生競爭現象，導致生態系平衡破壞或物種絕滅。

(3) 疾病或寄生蟲的傳染：因引進外來種生物導致引入外來疾病或病原體對原生生物可能出現難以預測之巨大危害。

(4) 雜交：人為引進近親種外來種生物，使引進物種與原生物種出現自然雜交機率提高，改變原生物種之基因組成，其結果使原生種存活遭受極嚴重威脅。

(5) 生態系統的改變：外來入侵種亦可能進一步透過生產力、營養循環、干擾幅度頻度，甚或土壤植被結構改變而廣及整個生態系統，更可能徹底瓦解該生態系食物網結構。

民國 81 年聯合國通過《生物多樣性公約》，並於 82 年正式生效，《公約》第十屆締約方大會通過「2011~2020 年生物多樣性策略計畫」

與「愛知生物多樣性目標」，作為 2020 前全球推動生物多樣性工作的依據，並鼓勵各國提出解決生物多樣性流失問題之最佳做法與成功案例，以鼓勵更多團體或個人採取更積極作為，共同致力達成愛知生物多樣性目標。[53]《公約》敦促所有締約國均應避免引入外來入侵物種，並控制、滅除對生態系、棲地或物種產生威脅。

　　我國政府及學術機構均對外來種種類與分布進行調查，以評估對本土生態環境衝擊，現階段政府與民間對外來物種均有移除規劃及行動，以防範外來種生物對我國生態系侵害之潛在隱憂。[54]

　　目前入侵我國之外來生物相當多，僅列舉較為嚴重且無天敵的入侵物種，包括綠鬣蜥、琵琶鼠、線鱧、大口黑鱸、紅耳龜等。

一、綠鬣蜥

（一）綠鬣蜥又名美洲鬣蜥，原產於中南美洲，分布於墨西哥南部至巴西及巴拉圭，現為全世界貿易量最大之爬蟲類寵物物種之一，我國初期由業者引進做為寵物飼養，後因多種原因導致棄養，亦有繁殖場或展示場流出，導致蔓延擴散；由於成體可達 1.5 公尺，體型過於龐大常造成民眾恐慌，其食量大並大量攝食農作物及園藝植物葉子，造成農作經濟重大損失，而其野化族群常在水道及溝渠挖洞產卵，可能造成排水設施結構損壞及堤岸侵蝕，危及民眾生命財產安全。

---

[53] 《首本深度闡述愛知目標的專書 《上課了！生物多樣性》新書發表！》，〈環境資訊中心〉，＜https://e-info.org.tw/node/218087?gclid=CjwKCAjw2OiaBhBSEiwAh2ZSP5PsI22AZgw6H2HZKh4ViTZ37YaoFxykbAbMbjMKQYjXc9t59wD2RBoCkwsQAvD_BwE＞。

[54] 《臺灣十大外來入侵物種》，〈社團法人中華民國自然生態保育協會〉，＜https://www.swan.org.tw/docdir/AZPH9O21Q4.pdf＞。

（二）我國已公告修法將綠鬣蜥列為「有害外來種」，需以人道處理移除及專業、管理野外群體，若為居家飼養亦須全面登記納管，若未納管遭查獲將處以罰款並沒收。綠鬣蜥經引入成為寵物飼養，後發現該物種由繁殖場或展示場流出為主因，應為刻意繁殖所為，應非個別飼主棄養；對於移除方式愛好者呼籲勿將綠鬣蜥視為全民公敵、大加撻伐，對部分民眾虐殺、獵捕鬣蜥手段無法認同，針對一般民眾對綠鬣蜥的既有觀念，亦有學者表示「不能給民眾錯誤的觀念，外來種不該妖魔化，沒必要讓全民仇視牠，牠只是發揮野生動物的本能，媒體不該持續播放那些血腥的畫面」。[55]

（三）由於綠鬣蜥危害農作物甚鉅，屏東縣府農業處 109 年聘請鬣蜥達人計移除 8,420 隻，110 年增加委託兩個廠商移除，年度計移除 1 萬 9,733 隻，其中體長 20 公分以上計有 1 萬 4 千餘隻；綠鬣蜥主要集中在萬年溪、東港溪流域沿岸的鄰近鄉鎮，包括竹田鄉、潮州鎮、屏東市、萬丹鄉等鄉鎮，由於成體長可達 1.5 公尺以上，雖不具主動攻擊性卻屢遭棄養野放，其繁殖力強加上野外無天敵，且大量攝食葉菜類農作物或園藝植物葉子造成農作物經濟損失，危害生態平衡。[56]

---

[55] 《誰在養綠鬣蜥？飼主社群心痛寵物變獵物，贊成人道移除但呼籲勿虐殺》，〈上下游〉，＜https://www.newsmarket.com.tw/blog/141397/＞。

[56] 《綠鬣蜥肆虐 屏東縣 2021 年抓捕近 2 萬隻 全國最多》，〈聯合新聞網〉，＜https://udn.com/news/story/7266/6020432＞，111 年 1 月 9 日。

二、琵琶鼠

（一）琵琶鼠魚（Pterygoplichthys sp.）係甲鯰科，原產於中南美洲，生活在河川溪流底層，主要以沉積有機物為食，故有「水族箱清道夫」之稱，此多為一般民眾之基礎認知；民國60年代由水族館業者以「清道夫」角色引進淨化水族箱，其外覆硬殼骨板加以如鋼鐵般冷硬造型，可在混濁低氧環境生存，耐汙、護幼存活能力強，適應能力極強幾無天敵，且在我國不具食用價值幾無民眾捕食，透過棄養等不同途徑進入我國河川溪流湖泊埤塘，在各種水域幾乎均有存在，曾有學者在高屏交界處大排水溝中，以菱網捕獲琵琶鼠魚竟長達50公分。

（二）琵琶鼠魚生命力超強，離開水面數10分鐘仍能存活，甚至在裝死後伺機跳滾回到水裡；學者曾在實驗室將其置於零下20度長達8個小時亦未氣絕，其以特化吸盤口器專吃底泥及藻類等底層物質，口器具刮食性之特性對於水中族群生態影響至鉅，一般魚類魚卵亦成為其攝食之食物，此直接壓縮原生魚類的生存空間。[57]

三、線鱧

（一）線鱧（Channa striata）俗稱泰國鱧，原產於泰國、中國大陸南部、巴基斯坦、印度、尼泊爾南部、孟加拉、斯里蘭卡等國家，我國及印尼、菲律賓、馬達加斯加等國家因其具食用價值將其引進為養殖食用魚種，惟因魚體土腥味逐漸失去食用及養殖價值，

---

[57] 潘美玲，《【臺灣外來種】極惡入侵 琵琶鼠魚、泰國鱧魚與虎魚》，〈經典〉，＜https://www.rhythmsmonthly.com/?p=11403＞，第157期，100年8月。

造成養殖業者流放；線鱧喜歡棲息在緩水域，且線鱧適應能力極強幾無天敵，護幼、耐汙存活能力強，目前在我國溪流河川及開闊水域均有其蹤跡，多數灌溉溝渠及埤塘亦有發現。

（二）根據文獻與調查資料，線鱧（泰國鱧）及小盾鱧（魚虎）入侵我國野外範圍不盡相同，線鱧入侵範圍廣泛，除各大水庫與埤塘外，溝渠與開闊緩流溪流環境均可發現線鱧蹤跡，而小盾鱧入侵場域較為點狀，多分布在水庫或湖泊潭區。此兩物種皆為入侵我國的外來種，惟其入侵場域不同，對於我國原生淡水物種威脅便有不同；目前線鱧全島各地均有入侵記錄，其對原生淡水魚蝦蟹危害相較於小盾鱧更大，線鱧成熟個體約 30~40 公分，最大可長到約 60 公分。

（三）八大電視臺「臺灣第一等」曾針對泰國鱧、魚虎製作「日月潭掠食風暴」及「入侵稻花魚保育地」專題節目，漁民賴以為生的養殖漁網遭外來種魚虎咬破，進入網內掠食漁民養殖的大頭鰱及曲腰魚，且追逐掠食過程中僅啃食魚尾，造成養殖魚種死亡發出惡臭；迄 111 年已發現幼體從魚球（約 2~3 公分）成長至 10 餘公分，個體繁殖少的有 3~500 尾、多的有千餘尾，目前南投縣政府與清大教授合作經申請核准進行移除，另外以原生種的鱸鰻進行生態防治可抑制幼魚數量，盡其可能做到生態防治與生態平衡。[58]

---

[58] 《臺灣第一等【兇猛魚虎掠食風暴 捉"虎"大作戰日月潭外來種逆襲／尋找失落的稻花魚／筊白筍湧泉】_2022虎年精選特輯》，〈YT〉，<https://www.youtube.com/watch?v=pGOEyeCzl-4>。

四、大口黑鱸

（一）大口黑鱸（Micropterus salmoides）原產於北美洲，我國因其具食用價值引進養殖，大口黑鱸為生性兇猛之掠食性魚類，具強勢地域性，在養殖過程中因颱風、暴雨等因素，使原侷限飼養在封閉水庫或埤塘的大口黑鱸流入灌溉渠道或野溪中，再經由開放性灌溉渠道或野溪擴散至其他淡水水域；另近年來釣界興起擬餌釣法，大口黑鱸具兇猛掠食、強烈拉力感，少數人士為享受釣魚樂趣與就餌快感，私下在水庫等水域放流大口黑鱸魚苗或成魚，亦為造成嚴重威脅之因素，其成熟個體約 25~35 公分，最大可長到約 50 公分。

（二）我國目前以北部地區為大口黑鱸入侵較為嚴重的區域，其中石門水庫及寶山二號水庫皆有以網具捕獲不少成熟大口黑鱸族群，另新竹寶山二號水庫、鳳山溪及頭前溪流域亦有釣捕獲大口黑鱸的零星個體，亦發現新竹縣芎林鳳山溪流域野塘有放養供釣客野釣，顯示此物種已入侵我國多處水域，其亦可利用水系至鄰近水域緩流區域棲息，由於該物種甚少經過媒體大幅報導，一般民眾對其認知不多，主管機關及學術研究機構應針對該物種進行研究，包括數量控制及防治模式等，亦應教育民眾在釣捕獲類此強勢入侵外來種類生物時，以符合野生動物保育法規範下，給予人道移除。[59]

（三）行政院農業委員會漁業署 110 年 9 月 23 日漁四字第 1101348347 號函告各縣市政府「補助學者訂定魚虎、美國螯蝦、琵琶鼠、大

---

[59] 《外來魚類》，〈臺灣水產動物監測資料庫〉，＜https://labtcs5.life.nthu.edu.tw/?page_id=97＞。

口黑鱸、澳洲螯蝦、大閘蟹、墨瑞鱈及筍殼魚共 8 種水生外來種防治標準作業程序，供各單位辦理水生外來種移除參考依據」，提供各縣市政府防治方法包括物理防治法、化學防治法、生物防治法，移除個體除可供食用者外，建議作為飼料或集中掩埋、焚化處理等，以維護原生物種。[60]

五、紅耳龜

（一）紅耳龜俗稱巴西龜，雜食性，以淡水蝦、蝦虎及原生蛙的卵、蝌蚪及其他水生動物為其食物來源，成熟個體少有天敵，根據歐洲研究顯示，在地中海沿岸的巴西龜會與當地原生歐洲澤龜（Emys orbicularis）互爭日曬地點，對共域烏龜造成排擠效應，對原生淡水龜生長速度與存活率造成負面影響，而對於我國以偏植物性為食物的原生龜（如共域的斑龜與柴棺龜），仍有可能造成影響。另我國原生龜類僅有食蛇龜（Cuora flavomarginata）、柴棺龜（Mauremys mutica）、金龜（Mauremys reevesii）、中華鱉（Pelodiscus sinensis）與斑龜（Mauremys sinensis）等 5 種原生淡水龜，其中食蛇龜、柴棺龜與金龜已被列為保育類動物，惟其生存空間受到外在環境影響，加以當前面對入侵的強勢物種巴西龜，數量已開始快速縮減。

（二）陳添喜教授 84~85 年調查靠近基隆河中游河段處，巴西龜占捕獲的淡水龜個體數 14%，90~91 年間在同樣河段調查，西龜所占比

---

[60] 《檢送本署補助學者訂定魚虎、美國螯蝦、琵琶鼠、大口黑鱸、澳洲螯蝦、大閘蟹、墨瑞鱈及筍殼魚共 8 種水生外來種防治標準作業程序，提供貴府辦理水生外來種移除參考依據》，〈行政院農業委員會漁業署〉，
< https://www.kfps.tp.edu.tw/sites/default/files/news/17222519_1100138642_ATT1.pdf >。

例已超過 16%，97 年間的調查占比已成長至 22%；然越靠近都會區，巴西龜密度越高，鄰近臺北市調查點顯示，巴西龜占比將近 30%，且捕獲斑龜、母龜及幼龜數量有減少趨勢，惟巴西龜母龜及幼龜數量卻保持平衡，加以巴西龜產卵多，一年可多產等種種背景，部分我國原生龜所空出的生存空間，恐將由巴西龜取而代之。[61]

---

[61] 楊駿北，《【臺灣外來種】巴西龜 沉默的生態入侵者》，〈經典〉，
＜https://www.rhythmsmonthly.com/?p=7192＞，134 期，98 年 9 月。

CHAPTER **8**

海洋休憩

　　我國夏天雖有梅雨、颱風等不利海洋休憩之因素，梅雨、颱風亦會造成海水混濁、湧浪過大、海岸海灘改變及垃圾漂流物難以處理等，惟多數時間仍能從事眾多休憩活動，包括垂釣、船艇、衝浪、浮潛及潛水等活動，海洋休閒遊憩定義為利用海洋、海岸、海濱等環境所從事有益身心之休閒活動，包括自然生態、運動、娛樂、文化等，近岸地帶由靠海（衝浪區）到近海（濱外區），範圍相當廣泛，而海洋休閒遊憩活動類型則包括以活動為基礎、以自然資源為主、以社會人文為主、特殊節慶活動、國外新興海洋運動等，[1]本節主要由面對海洋之休憩活動，探討臺灣四面環海所能從事之遊憩活動。

8-1　近岸休憩

　　本節所稱近岸包括岸際、岸際附近及週邊地區，以及鄰近城市地區內與海洋或養殖相關之休憩活動。

一、海釣場垂釣

　　我國海釣場之所以興起興盛，主要受惠我國養殖漁業的蓬勃發展，使不同魚種能在水淺及局限場域混養多種不同科屬種魚類，包括石首科（紅古等）、鮨科（石斑類）、鯛科（烏格）、鰺科（紅沙）、笛鯛科（紅魚）等多重魚種，提供民眾四季皆宜的釣魚環境。

1　葉怡衿，《海洋休閒活動》，
　　＜https://view.officeapps.live.com/op/view.aspx?src=http%3A%2F%2Fwww.ntcu.
　　edu.tw%2Fseaproject%2Fclass%2Fyeh_week14.doc&wdOrigin=BROWSELINK＞，100 年 5 月
　　27 日。

　　根據農業易遊網〈休閒農業法規及函釋查詢系統〉，行政院農委會漁業署針對「釣魚場、釣蝦場可否取得養殖漁業登記證，以申請休閒農場方式經營釣魚場或釣蝦場」做出函釋，其函釋表示「『釣魚場』、『釣蝦場』所有之水產品係購自產地養殖池之成魚（蝦），已脫離養殖池育成階段，為供一般消費者垂釣娛樂之用，應屬遊憩設施，而非養殖設施，爰應為工商管理範疇，非農政單位權責，應向所在直轄市、縣（市）政府申請其營利事業設立登記」。[2]顯示一般僅在提供民眾休閒娛樂之海釣場及釣蝦場與養殖池開放民眾垂釣屬性不同，民眾在從事釣遊前須詳加分辨。

　　海釣場區分濱海型、內陸型、生產型等三種，[3]從小型魚種逐漸加入大型魚類，並以鮨科的龍膽石斑吸引受出海限制卻能在不受限環境享受力拼大魚的樂趣，且龍膽石斑係高經濟價值魚種，吸引相當程度數量之休閒釣客。

　　海釣場與一般野場釣魚相同，亦區分浮游磯釣、底釣、擬餌釣、落入、前打及手擒等，用餌包括活餌、魚蝦肉餌、粉餌、假餌等，亦區分醃漬與否等，衍生出許多釣具、釣技、晃抖餌等技研，使我國海釣場休閒成為深受民眾歡迎的近岸休憩活動。

---

[2]　《釣魚場、釣蝦場可否取得養殖漁業登記證，以申請休閒農場方式經營釣魚場或釣蝦場》，〈行政院農委會〉，< https://ezgo.coa.gov.tw/Law/Front/LegalLetter/Detail/33 >。

[3]　《第四章　海水池釣場的釣客特性分析》，< https://rportal.lib.ntnu.edu.tw:8080/server/api/core/bitstreams/fe1f7d51-fb65-42dc-9f6e-1fe6a0be2138/content >。

二、釣蝦場垂釣

　　我國早期養蝦主要以近海捕獲蝦苗後放入鹹水魚塭飼養，此類型養殖受限頗多且量能不高，後由美國洛克斐勒基金會出資，延聘當時自日學成返國的廖一久博士及研究團隊研究草蝦繁殖技術，迄民國 57 年世界第一批人工繁殖草蝦苗成功培育，開啟我國蝦類養殖邁向世界第一之路；廖博士後在屏東主持東港水產試驗所，[4]此研究所後來發展成為全球水產養殖學界聖地。不同於國外進口的大型淡水蝦，我國養殖蝦類多為鹽水小型蝦類，經濟效益受限，而我國於民國 60 年代由聯合國科學家取得淡水泰國蝦苗，東港水試所於翌年成功完成本土人工培育泰國蝦苗，並向民間推廣泰國蝦養殖，而起始階段受限品質與價格競爭力更強的草蝦，迄 76 年我國草蝦養殖產因病變逐步縮小規模，泰國蝦才超越草蝦成為市場主力，日後並成為餐桌美食及釣蝦場主力蝦種。

　　我國釣蝦場應係由南部率先發跡，可能受限銷售通路及銷售量，蝦池仍有大量未銷售的泰國蝦，養殖業者遂直接「開放養蝦池供人垂釣」以增加收入，掀起屏東地區民眾開始「熱衷釣泰國蝦」，而我國魚塭開放民眾收費垂釣更早於釣蝦池，且城市中經營釣魚場成為城市經營釣蝦場先河與範例，惟釣蝦較釣魚更具優勢與吸引力，主因裝備簡單、較不費力、成就感快，計費一節 2~3 小時即可釣獲數量可觀的泰國蝦，此類快節奏的休閒活動，頗能配合城市生活步調，且釣獲泰國蝦可抹鹽自烤，亦可請業者代客料理，釣獲量不足亦可向業者直接採購後料理成不同口味。[5]

---

[4]　最早為東港養蝦中心，隸屬水產試驗所台南分所，民國 60 年獨立為水產試驗所東港分所，現已改名為東港生技研究中心。

[5]　陳韋吉，《很蝦的歷史：臺灣的釣蝦場是怎麼冒出來的？》，〈天下雜誌獨立評論〉，<https://opinion.cw.com.tw/blog/profile/439/article/6769>。

目前釣蝦場經營方式經自媒體多重模式拍攝，業者亦在池中臨機投入高價的龍蝦、波士頓龍蝦、帝王蟹、萬里蟹、沙公，[6]吸引更多民眾投入此一休閒活動，在自媒體透過不同方式傳達釣蝦場多角化經營模式，亦使此近岸休憩更加進入民眾生活。

三、衝浪活動

臺灣地處亞熱帶、四面環海，受中央山脈阻隔、西南季風及東北季風影響，形成特殊的海島型氣候，加以夏季期間因海面溫度高海水大量蒸發，形成一個低氣壓中心進而形成颱風，未有颱風時，臺灣多處海域因地形及湧浪造就臺灣各地均有可供衝浪之地區。網路整理包括新北石門、新北福隆、新北金山、臺中大安、墾丁南灣、墾丁佳樂水、臺東東河、宜蘭外澳、宜蘭大溪、宜蘭頭城等全臺 10 大衝浪地點。[7]而衝浪區的沙灘區亦可從事獨木舟、立槳等活動，各大衝浪地點均有商家設立教學點，民眾可在教練指導下進行初步學習及在安全規範下享受衝浪活動。

衝浪活動屬於《水域遊憩活動管理辦法》規範管理，《管理辦法》第 3 條第 1 項：規定「本辦法所稱水域遊憩活動，指以遊憩為目的，在水域從事下列活動：…三、操作騎乘各類浮具之活動；各類浮具包括衝浪板、風浪板、滑水板、水上摩托車、獨木舟、泛舟艇、香蕉船、橡皮艇、拖曳浮胎、水上腳踏車、手划船、風箏衝浪、立式划槳及其他浮

6　《不能出海的日子｜挑戰釣龍蝦～戰鬥池開池釣況分享《天外天釣蝦場》向高手學習打龍技巧，老闆狂放龍蝦 釣客拉不停 2020/11/07》,〈YT〉,
　　<https://www.youtube.com/watch?v=AiZ0Rgj-oUA>。

7　《夏天就是要衝浪！全台衝浪勝地推薦 10 選，新手老鳥通通都可玩》,〈SHOPBACK〉,
　　<https://www.shopback.com.tw/blog/the-best-surf-spots-in-taiwan>。

具」，而《管理辦法》第 5 條第 1 項：規定「水域遊憩活動管理機關依本條例第 36 條規定限制水域遊憩活動之種類、範圍、時間及行為時，應公告之」，故民眾在從事衝浪活動時須注意相關公告，禁止在非公告區域內從事衝浪活動。

北臺灣知名衝浪地點中角灣，在中央政府及地方政府通力合作下，108 年 12 月 22 日舉辦中角灣國際衝浪基地園區啟用典禮，基地園區占地約 1.3 公頃，園區內包含中角灣遊客中心、衝浪中心、公共停車場、萬金自行車道起點、聯外道路整修及綠地植栽等，提供遊客完善淋浴及化妝室、供休憩兼可與燭臺雙嶼等公共藝術打卡拍照之大型廣場，成為青春山海線全新景點。園區為響應環保綠色旅遊風潮，落實永續發展及人本交通的理念，在園區增設 YouBike 公共自行車及電池交換站，並串聯北海岸環島 1 號線自行車道等，使國內外旅客有便捷交通服務，享受全方位交通、運動及觀光遊憩服務，使衝浪、觀浪、賞景、運動、休憩完整呈現。[8]

民眾從事衝浪活動必須注意包括洽詢合法業者、備有合格救生員、業者須配置救援及通報機制之無線通訊器材、在公告水域活動專區從事活動、瞭解天候及海況、設備及裝備合格且安全、業者活動前說明及示範、業者為民眾保險、活動前及活動期間不得飲酒、活動期間不得解開衝浪板與安全繩連接帶等，[9]業者與參與活動之民眾均接受法規規範才能快樂出門平安回家。

8　《「中角灣國際衝浪基地」落成！再掀北海岸運動觀光新浪潮》，〈北海岸及觀音山國家風景區管理處〉，＜https://admin.taiwan.net.tw/northguan-nsa/ActivitiesDetailC121100.aspx?Cond=b9639b0f-6ca2-4f16-bc5f-49e1eb85d6a8＞，108 年 12 月 18 日。

9　《澎湖國家風景區衝浪活動注意事項》，〈交通部觀光局澎湖國家風景區管理處〉，＜https://www.laws.taipei.gov.tw ，　LawDownload＞。

四、寬板滑水

　　寬板滑水是近年新興水上活動，其係結合滑水、寬板滑雪及衝浪的特性，從事此項活動玩家必須穿著救生衣，再穿上固定在滑水板上的鞋子，再拉著船隻後繩索，藉由船隻前進所製造出來的尾浪牽引在水面上滑行，考驗玩家在滑行時之平衡感與衝浪及滑行之技巧。

　　寬板滑水亦屬《水域遊憩活動管理辦法》規範，民眾在從事寬板滑水活動時須注意相關公告，禁止在非公告區域內從事衝浪活動。寬板滑水可在海上、湖泊、河川等區域從事活動，一般在內河航道從事活動沒有湧浪、水面平滑穩定相當安全，初學者可透過教練課程教學輕鬆上手，進階玩家則可藉由船隻前進所製造的尾浪，營造出如跳臺般的花式滑水。[10]目前臺北社子島、臺北微風運河、高雄蓮潭滑水主題樂園及澎湖等為目前我國四大寬板滑水地點，其中社子島將寬板滑水、快艇衝浪、沙發衝浪結合為套裝組合，讓民眾一次體驗三種水上活動相當精采。另寬板滑水必須注意包括滑水前做好暖身運動、滑水時務必穿上救生衣、滑水前及當下皆不可飲酒、做足防曬，以及參與者無年齡限制，惟心臟病、癲癇患者、孕婦皆不宜參加。[11]

五、岸際海泳

　　在海邊從事游泳活動之區域可包括海水浴場、潮池、岩岸廢棄養殖池、海水泳池等，其中礁石沿岸在海水退潮時所形成之潮池為家長與孩

---

[10]　《【寬板滑水推薦】全台最新水上活動！什麼是寬板滑水？要去哪玩？快看這篇！》，〈FUNTIME〉，< https://www.funtime.com.tw/blog/funtime/wakeboard-places-in-taiwan >。

[11]　《除了 SUP 外，今年必玩水上活動！全台 4 大「寬板滑水」地點推薦，讓你盡情感受乘風破浪的快感！》，〈GQ〉，< https://www.gq.com.tw/life/article/寬板滑水－台灣－推薦 >。

童戲水之地點，潮池（如圖 8-1）水較淺且海水潔淨，家長可放心孩童
安全地在內戲水、觀察生態、捕抓甲殼類等，惟須注意海水漲潮時間及
防止礁石刮傷。

圖 8-1　新北市三芝附近海岸潮池

資料來源：作者於 104 年 7 月自行拍攝。

　　海水浴場屬各縣市政府管理，定期在縣市政府網站及各海水浴場公
告限制開放活動種類、限制開放活動時間、限制開放及禁止活動範圍，
其中從事水域遊憩活動應注意事項包括共同注意事項、沙灘戲水應注意
事項、活動者應注意事項、經營衝浪及風箏衝浪活動之業者應注意事項
等，[12]民眾進入海水浴場從事戲水等各項活動前，須先瞭解各海水浴場
規範及禁限制事項、地區。

　　我國多處海岸均有海水浴場，網路推薦全臺 10 大海水浴場包括新
北貢寮福隆海水浴場、石門白沙灣海水浴場、外木山大武崙情人海灘、
苗栗通霄海水浴場、臺中大安海水浴場濱海樂園、高雄旗津海水浴場、
墾丁南灣海水浴場、墾丁海水浴場、花蓮豐濱磯崎海水浴場、臺東卑南
杉原海水浴場等。

---

[12]　《臺中市政府公告大安海水浴場水域遊憩活動範圍圖及注意事項》，〈臺中市政府觀光旅遊
　　局〉，< https://www.tourism.taichung.gov.tw/media/152656/388142335.pdf >。

1. 新北貢寮福隆海水浴場適合從事風帆、獨木舟、戲水、衝浪、風浪板、趴板、立式滑板等水域活動；沙雕季在每年 5~6 月舉辦，海洋音樂祭在 8 月舉行。

2. 新北石門白沙灣海水浴場沙灘綿延 1 公里，沙灘以沙質潔白、海水清澈聞名，浴場備有更衣室、餐飲部、休憩區、泳具出租部等，除游泳、垂釣外亦有帆船、潛水、風浪板等水上活動，週邊風大山坡斜度適合作為滑翔翼、跳傘活動之場所。

3. 外木山大武崙情人海灘除有沙灘外，鄰近有附帶沖洗設施的海水游泳池，其沿線有多家海鮮餐廳及咖啡館，為適合闔家大小及朋友、情侶等遊玩去處。

4. 苗栗通霄海水浴場因位居虎頭山下而得名「虎嶼浴場」，現更名為通霄海水浴場，係全臺最大規模海水浴場，該浴場因有潔淨白色細沙成為其景觀特色，號稱西海岸最精彩的海水浴場，其場內設有休憩小套房、餐飲部、溜冰場等。

5. 臺中大安海水浴場濱海樂園占地 17 公頃，其海灘平坦寬闊、沙質柔細、海水湛藍，退潮時露出綿延數百公尺廣闊沙灘，樂園開放沙灘戲水、衝浪、風箏衝浪等夏日水上活動，週邊鄰近水筆仔紅樹林生態園區、龜殼生態公園、鷺鷥林等自然景點。

6. 高雄旗津海水浴場沙質細軟、海水清澈、救生及沖水設備完善，每年 4~10 月開放期間常聚集許多游泳、衝浪、拖曳傘玩家，浴場內設施多元，包括觀海景觀步道、自然生態區、越野區等休憩區。

7. 墾丁南灣海水浴場沙灘較長且坡度平緩適合玩水，提供多樣化水上活動，包括衝浪、帆船、香蕉船、水上摩托車等，為墾丁附近最受歡迎的遊憩沙灘之一，其人潮較墾丁大街附近海灘少，從事活動時較不擁擠且較為舒適。

8. 墾丁海水浴場位於墾丁大街後方、背對大尖山，有「臺灣最美麗的海水浴場」之稱，此處海岸深度約達 50 公尺，在正常天候因無長浪及大型湧浪及危險暗礁，適合夏季觀景、游泳、拾貝及戲水等活動。

9. 花蓮豐濱磯崎海水浴場坐落在大山大海交界處，為東海岸少見沙岸地形，沙灘綿延 3 公里適合衝浪及戲水，海水浴場設有木造露營區，適合全家及結伴來此戲水及露營烤肉。

10. 臺東卑南杉原海水浴場位於都蘭灣南端，為東部海岸僅有的金色沙灘，海灘呈微弧形狀，砂質沙灘長達 1.5 公里，海水清澈平靜，每年 5-9 月底開放遊客戲水，其南北兩端海域海底珊瑚及魚類資源豐富適合潛水活動，另此處曾多次舉辦大型帆船比賽，為臺東帆船活動基地。[13]

　　臺灣本島及澎湖等離外島地區亦有適合戲水之沙灘，而澎湖觀音亭、嵵裡海水浴場、隘門沙灘均為著名之旅遊及戲水勝地，其中觀音亭休閒園區為每年夏季「七月泳渡澎湖灣」及「澎湖海上花火節」等活動舉辦地點，澎湖為發展觀光近幾年興建活動中心及海水浴場，搭配西瀛虹橋景點，已成為每年澎湖重要節日活動，觀音亭休閒園區日間可游泳嬉戲，黃昏與夜間為情侶約會觀賞日落及晚霞之地。另澎湖內海即為俗稱的「外婆的澎湖灣」，冬季因東北季風而風速強勁，成為帆船運動之最佳場所。[14]

---

[13] 《夏天就是要玩水！全臺海水浴場推薦 10 選，戲水踏浪、水上活動等你玩》，〈SHOPBACK〉，< https://www.shopback.com.tw/blog/top-10-beaches-in-taiwan >。

[14] 《全臺海水浴場（四）離島－澎湖馬公本島觀音亭、嵵裡海水浴場、隘門沙灘》，〈澎湖旅遊網〉，< https://www.travelking.com.tw/tourguide/penghu/news-557-w.html >。

圖 8-2　高雄蚵仔寮漁港旁海水域場

資料來源：作者於 110 年 8 月自行拍攝。

　　在海水泳池部分，基隆外木山海岸得天獨厚，除大武崙澳底沙灘可踩沙戲水外，海興游泳池為天然礁岩形成之海水游泳池，池內可浮潛、游泳、親近海洋生物，免門票、免停車費、有淋浴設備及廁所。雖稱為天然泳池，海興游泳池及景觀平臺係海興協會募資興建，此天然海水泳池仍略有人工施作痕跡，因應海岸現況區分為淺水區、深水區、跳水區三個部分。[15]

　　在岩岸廢棄養殖池部分，新北野柳地質公園附近有座廢棄「九孔養殖場」，其格狀養殖池阻隔海浪減緩海浪衝擊力，形成大型自然泳池，清澈水池搭配雄壯岩石及遼闊蔚藍海景，在藍天白雲下映襯經長年累月雕刻的岩石、連結超遼闊的無邊際海洋畫面更為夢幻，成為消暑玩水景點及遊客的天然「海上樂園」。另九孔池附近的北海岸駱駝峰（亦稱駱駝岩），擁有許多奇岩巨石，花紋圖案特殊、美麗，站在駱駝峰頂端還可遠眺野柳地質公園全貌及東北角海岸線，風景一望無際美不勝收。[16]

---

[15] 巴里安，《基隆｜海興游泳池：天然海水游泳池！分級戲水與魚兒共遊，外木山免門票景點》，〈輕旅行〉，＜https://travel.yam.com/article/128696＞，111 年 8 月 15 日。

[16] 劉沛妘，《IG 紅什麼／北海岸秘境！「廢棄九孔池」成當地人戲水樂園》，〈三立新聞網〉，＜https://travel.setn.com/News/747447＞。

六、岸際垂釣

　　岸際垂釣廣義概略可區分溪釣、池塘、河川、湖泊、水庫、灘釣、岩礁、港岸碼頭、消波塊、飛繩釣等，釣魚方法亦概可分為擬餌、練餌、散餌、活餌、生餌等。

1. 垂釣或漁獵必須注意《漁業法》第 44 條禁制事項，第 44 條：規定「主管機關為資源管理及漁業結構調整，得以公告規定下列事項：一、水產動植物之採捕或處理之限制或禁止。二、水產動植物或其製品之販賣或持有之限制或禁止。…」違反本法第 44 條第 1 項第 1、2 款公告事項者，將依第 60 條處三年以下有期徒刑、拘役或科或併科新臺幣 15 萬元以下罰金，而違反第 44 條第 1 項第 3 款所為之漁具、漁法之限制或禁止公告事項者，將依第 61 條處 6 月以下有期徒刑、拘役或科或併科新臺幣 3 萬元以下罰金，其罰則相當重必須注意漁業署相關公告。[17]前曾發生民眾以浮具出海垂釣，縣市政府及海巡署以「保障民眾生命安全」及《漁業法》禁止民眾出海從事休閒採捕引發抗議，惟現階段休閒活動以《漁業法》管轄是否合宜仍有爭論，民眾則認為出海釣魚係屬休閒活動及運動，應適用《水域遊憩活動管理辦法》，《漁業法》係規範漁業人及漁業從業人並非規範一般民眾，此事件 106 年初曾引發釣權團體抗議。[18]

---

[17] 《凡行為人於主管機關依漁業法第四十四條第四款公告之封溪護漁或禁漁區，從事公告禁止事項之行為，不論該行為對此範圍內魚類資源是否產生實質傷害，均為禁止及處分之對象》，〈漁業署〉，
＜https://www.fa.gov.tw/cht/LawsReleaseFisheries/content.aspx?id=2&chk=A723402B-5F28-4DFF-98C4-D3CDC4D95C81&param=＞。

[18] 《我休閒釣魚你說我違法捕魚 釣客也要上街頭抗議》，〈信傳媒〉，
＜https://www.cmmedia.com.tw/home/articles/2099＞。

2. 依據《漁港法》第 18 條：規定「…漁港主管機關在不妨礙港區作業、安全及不造成港區汙染情況下，應指定區域，訂定相關措施，公告開放民眾垂釣，不受第一項第四款（在漁港區域內，不得為下列行為：四、採捕或養殖水產動植物）之限制」（如圖 8-3），依據《商港法》第 36 條：規定「…商港經營事業機構、航港局或指定機關於不妨害港區作業、安全及不造成汙染之商港區域，得與登記有案之相關社團協商相關措施，公告開放民眾垂釣，不受前項第二款（商港區域內，不得為下列行為：二、養殖及採捕水產動、植物）規定之限制」，故民眾應依漁港及商港指定之地點從事垂釣，垂釣時必須注意穿著規定之安全裝備，以維自身安全。

圖 8-3　淡水漁港公告開放民眾垂釣碼頭

資料來源：作者於 111 年 10 月自行拍攝。

3. 交通部於民國 110 年 1 月 11 日函發交通部觀光局〈有關釣魚非屬「水域遊憩活動管理辦法」管理範疇一案〉函，說明本辦法立法意旨為「原則開放，例外管理」，未納管者即不予限制，而各遊樂區另有規定者則須根據其相關規定，例如大鵬灣風景區在安全須知中明訂漫遊步道禁止釣魚，[19]在國家公園內依《國家公園法》第 13 條第

---

[19] 《安全須知》,〈大鵬灣國家風景區〉,
　　<https://www.dbnsa.gov.tw/Article.aspx?lang=1&sno=04000099>。

1 項第 2 款：規定「國家公園區域內禁止左列行為：…二、狩獵動物或捕捉魚類」，即禁止以釣具釣魚、網具捕魚，若違反前述規定依《國家公園法》第 25 條：規定「…處一千元以下罰鍰；其情節重大，致引起嚴重損害者，處一年以下有期徒刑、拘役或一千元以下罰金」，第 14 條：規定「一般管制區或遊憩區內，經國家公園管理處之許可，得為左列行為：…五、垂釣魚類或放牧牲畜…」，亦即須在國家公園管理處許可之區域及範圍內從事垂釣活動，一般管制區或遊憩區內，未經國家公園管理處之許可，禁止垂釣魚類或放牧牲畜，第 26 條：規定「違反…第十四條第一項第五款…，處一千元以下罰鍰」，[20]民眾在國家公園內需特別注意國家公園管理處之相關公告。

8-2　海洋休憩

本節所稱海洋休憩活動包括遊艇活動、潛水活動、船釣、海洋牧場、遊艇帆船、浮具魔毯等親海活動。

一、遊艇活動

自 109 年 1 月 19 日起，我國《第一類漁港遊艇停泊費收費標準》修正，本收費標準主管機關為行政院農業委員會，依本《收費標準》第 1 條：規定「本標準依漁港法第 12 條第 2 項及規費法第 10 條第 1 項規定訂定之」。而《收費標準》第 1 條：規定「遊艇停泊第一類漁港或各類船舶停泊第一類漁港遊艇泊區，其每日停泊費收費基準如下：…」其

---

[20] 《國家公園法》，〈全國法規資料庫〉，
　　<https://law.moj.gov.tw/LawClass/LawAll.aspx?pcode=D0070105>。

區分為「浮動碼頭以船席計算」、「平行岸壁碼頭以船長計算」、「垂直岸壁碼頭限制船寬計算」等 3 種，並以每日為計價收費標準（如表 8-1），停泊費由行政院農業委員會或其委辦之機關（構）收取。[21]

表 8-1　遊艇停泊第一類漁港或各類船舶停泊第一類漁港遊艇泊區每日停泊費收費基準

一、浮動碼頭以船席計算：		
（一）	10 公尺（33.33 呎）	新臺幣 400 元
（二）	15 公尺（50 呎）	新臺幣 600 元
（三）	18 公尺（60 呎）	新臺幣 720 元
（四）	20 公尺（66.67 呎）	新臺幣 800 元
（五）	30 公尺（100 呎）	新臺幣 1,500 元
二、以船舶平行岸壁碼頭停泊者，以船舶全長（Length Overall；LOA）計算，且長度以公尺為最小單位，未滿 1 公尺者，以 1 公尺計：		
（一）	10 公尺（33.33 呎）以下	新臺幣 200 元
（二）	超過 10~20 公尺以下（33.34~66.67 呎）	每公尺新臺幣 20 元
（三）	超過 20~30 公尺以下（66.68~100 呎）	每公尺新臺幣 25 元
（四）	超過 30~50 公尺以下（100~166.6 呎）	每公尺新臺幣 35 元
（五）	超過 50 公尺（166.6 呎）	每公尺新臺幣 50 元
三、以船舶垂直岸壁碼頭停泊者，以船寬 5 公尺以下為限，每船新臺幣 100 元。		
前項收費，其停泊未滿 1 日者，以 1 日計。		

資料來源：《第一類漁港遊艇停泊費收費標準》，〈全國法規資料庫〉，<https://law.moj.gov.tw/LawClass/LawAll.aspx?pcode=M0050050>，作者自行將法規以表格呈現。

---

21 《第一類漁港遊艇停泊費收費標準》，〈全國法規資料庫〉，<https://law.moj.gov.tw/LawClass/LawAll.aspx?pcode=M0050050>。

在浮動碼頭停靠依照本收費標準計算，以船長 9.9 公尺（33 呎）每日收費 400 元（每月 12,000 元）、在平行岸壁碼頭停靠每日收費 200 元（每月 6,000 元）、在垂直岸壁碼頭停泊每日收費 100 元（每月 3,000 元）。

目前我國可停泊遊艇之第一類漁港與遊艇港包括烏石港遊艇碼頭、龍洞遊艇港、八斗子漁港遊艇泊區、大舟遊艇碼頭、淡水漁港領袖遊艇港、竹圍漁港、新竹漁港、公主布袋遊艇港、將軍漁港、安平漁港、安平亞果遊艇碼頭、興達漁港、鼓山漁港遊艇遊憩專用區域、亞灣遊艇碼頭、嘉信 22 號遊艇碼頭、濱灣碼頭、後壁湖遊艇港、澎湖亞果遊艇碼頭等 18 處，民眾可至交通部航港局遊艇專區（https://yacht.motcmpb.gov.tw）點擊可供自用船舶停靠之港口，即可查詢該港或遊艇碼頭各區總席位、剩餘席位、限制船長及船寬船深及收費標準（如圖 8-4~8-6）。[22]

自民國 88 年起開始推動漁港多元化，發展並改造傳統漁港為兼具漁業及休閒觀光的現代化漁港，規劃部分空間設置遊艇、帆船浮動碼頭，大力推動遊艇碼頭的建設，以淡水第二漁港陸域加海域總面積約為 2 萬 9,400 平方公尺，其水域及腹地廣闊、交通便利，由領袖海洋開發與淡水區漁會合作，並請法國遊艇碼頭大廠 PORALU 團隊從事硬體設計所建造的遊艇專用碼頭，可停泊長度 60 呎以上之遊艇或帆船 35 艘，以及岸置 30 個席位，每個浮箱碼頭每平方公尺可以乘載 280 公斤，目前停泊率超過 50%，該公司每年在臺灣舉辦各類遊艇活動，並特別成立

---

[22] 《交通部航港局遊艇專區》，〈交通部航港局遊艇 GO 有趣〉，<https://yacht.motcmpb.gov.tw>。

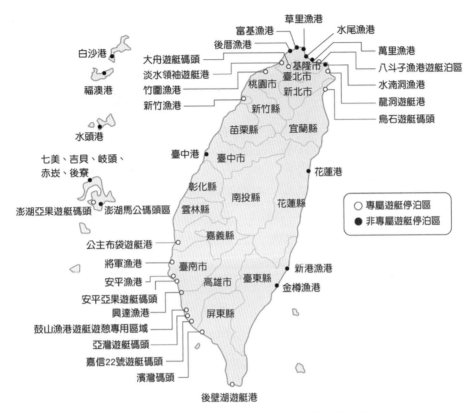

草里漁港
富基漁港
後厝漁港
水尾漁港
白沙港
大舟遊艇碼頭
淡水領袖遊艇港
竹圍漁港
新竹漁港
福澳港
萬里漁港
八斗子漁港遊艇泊區
水湳洞漁港
龍洞遊艇港
烏石遊艇碼頭
基隆市
臺北市
桃園市
新北市
新竹縣
苗栗縣
宜蘭縣
水頭港
臺中港
臺中市
花蓮港
七美、吉貝、岐頭、
赤崁、後寮
彰化縣
南投縣
花蓮縣
雲林縣
澎湖亞果遊艇碼頭
澎湖馬公碼頭區
嘉義縣

○ 專屬遊艇停泊區
● 非專屬遊艇停泊區

公主布袋遊艇港
將軍漁港
安平漁港
安平亞果遊艇碼頭
興達漁港
鼓山漁港遊艇遊憩專用區域
亞灣遊艇碼頭
嘉信22號遊艇碼頭
濱灣碼頭
臺南市
高雄市
臺東縣
屏東縣
新港漁港
金樽漁港
後壁湖遊艇港

圖 8-4　我國可停泊遊艇之第一類漁港與遊艇港

資料來源:《交通部航港局遊艇專區》,<https://yacht.motcmpb.gov.tw>。

圖 8-5　位於淡水漁港的領袖海洋遊艇港,遊艇在浮動碼頭停泊時可接岸電

資料來源:作者於 111 年 8 月間自行拍攝。

圖 8-6　位於淡水漁港的領袖海洋遊艇港，可停泊長度 60 呎以上之遊艇或帆船 35 艘

資料來源：作者於 111 年 8 月間自行拍攝。

遊艇駕訓班，[23]政府與民間合作旨在建造一個永續、安全、友善的遊艇環境。從 YT 頻道玩家上船影片發現，我國民眾利用假期自有遊艇、帆船或租用遊艇出海辦理相關活動已日趨增加，業者在各項活動準備亦採多元化及多角化經營，讓民眾得以適當花費從事海上活動；另根據交通部航港局 101 年上半年最新統計資料我國民眾擁有動力小船駕駛執照人數達 31,132 人、一及二等遊艇駕照 19,877 人，[24]迄 107 年統計 6 年中再有 12,561 人取得動力小船駕照，[25]亦即超過 43,000 餘人擁有動力小船駕照，顯示國人對於海上活動需求量已大幅提升。

---

[23]　《領袖海洋 開發淡水遊艇碼頭》，〈中時新聞網〉，
　　　＜https://www.chinatimes.com/newspapers/20180315000343-260210?chdtv＞。

[24]　《遊艇與動力小船駕駛執照發照數量統計表》，〈交通部航港局〉，
　　　＜https://www.motcmpb.gov.tw/Information/Detail/fa1a4de1-e154-4485-9a75-4a8e95a81f5f?SiteId=1&NodeId=405＞。

[25]　《駕遊艇出遊 近 6 年上萬人取得駕照》，〈yahoo 新聞〉，＜https://tw.news.yahoo.com/駕遊艇出遊-近6年上萬人取得駕照-100617326.html＞。

　　我國遊艇駕照區分係根據《遊艇與動力小船駕駛管理規則》第 2 條第 1 項第 4 款：規定「一等遊艇駕駛：指持有一等遊艇駕駛執照，駕駛全長二十四公尺以上遊艇之人員」，第 5 款：規定「二等遊艇駕駛：指持有二等遊艇駕駛執照，駕駛全長未滿二十四公尺遊艇之人員」，第 6 款：規定「營業用動力小船駕駛：指持有營業用動力小船駕駛執照，以從事客貨運送而受報酬為營業之動力小船駕駛」；[26]職是之故，遊艇以 24 公尺長度作為區分，長度 24 公尺以上為一等遊艇、以下為二等遊艇，在報考動力小船駕駛執照區分為營業用及自用兩種，考取營業用動力小船駕駛執照可申請發放二等遊艇駕照，考取自用動力小船駕駛執照後一年申請發放二等遊艇駕照，考照區分筆試及術科考試。

　　在年齡限制方面，根據《管理規則》第 6 條第 1 項第 1 款：規定「遊艇駕駛、自用動力小船駕駛：滿十八歲」，第 2 款：規定「營業用動力小船駕駛：滿十八歲，未滿六十五歲。但合於體格檢查標準且於最近一年內未有違反航行安全而受處分紀錄者，得延長至年滿六十八歲止」，第 4 款：規定「二等遊艇駕駛與自用動力小船學習駕駛：滿十八歲」，第 32 條第 1 項：規定「遊艇或自用動力小船駕駛執照之有效期限至年滿七十五歲之日，屆滿得換發有效期間為五年之駕駛執照…」，亦即自用與營業用均須年滿 18 歲，營業用需未滿 65 歲，惟合於體格檢查標準且 1 年內未有違反航行安全而受處分者可延長至年滿 68 歲，另遊艇及自用駕照滿 75 歲時必須換發有效期限 5 年之駕照。

　　根據《管理規則》第 28 條第 1 項第 1 款：規定「二等遊艇駕駛或動力小船駕駛測驗範圍：一、筆試測驗：避碰規則與海事法規、航海常

---

[26] 《遊艇與動力小船駕駛管理規則》，〈全國法規資料庫〉，
　　<https://law.moj.gov.tw/LawClass/LawAll.aspx?pcode=K0070057>。

識、船機常識、船藝與操船、氣（海）象常識及通訊與緊急措施等六項」，第一項第二款：規定「二、實作測驗：離岸、直線前進、後退、轉彎、S 型前進、人員搜救及靠岸等七項」。在訓練時間及訓練機構安排課程方面，依照臺北海洋科技大學海事訓練中心之學科課程，課程包括「船藝與操船」、「海事法規及通訊與緊急措施」、「船舶設備介紹碼頭安全及俥舵基本操作熟悉」、「直線前進、後退前進及角度演變」、「氣（海）象常識」、「通訊與緊急措施」、「避碰規則與航海常識」、「海圖實例」、「全球通訊系統」、「船機常識」、等課程計 48 小時、術科包括「海事法規」、「通訊與緊急措施」、「人員搜救、S 型前進、角度演變」、「離岸、人員落水搜救、靠岸」、「直線前進、後退前進、角度演變」、「全程演練」、「模擬術科全程測驗」等課程計 48 小時，合計 96 小時，[27]完成學術科訓練後發給「動力小船駕駛訓練結業證書」，如圖 8-7。

　　我國民眾在學習駕船亦有許多選擇，交通部航港局委託包括臺北海洋科技大學（士林校區）、國立臺灣海洋大學（基隆）、臺灣遊艇帆船協會（內湖及大直）、亞果遊艇開發股份有限公司（興達港）、中華民國港口總工會動力小船駕駛訓練中心（石門水庫、日月潭及料羅灣）、佳航遊艇動力小船駕駛訓練班（阿姆坪）、繁星海上娛樂有限公司（興達港）、財團法人中華航業人員訓練中心（興達港）對民眾收費從事動力小船駕駛訓練，[28]交通部航港局及代訓各機構學校均有題庫及訓練用書

---

[27] 《111-2 動力小船課表》，〈臺北海洋科技大學〉，＜ https://dce.tumt.edu.tw/p/406-1026-39400,r763.php?Lang=zh-tw ＞。

[28] 《111 年度遊艇與動力小船駕駛執照測驗預定計畫表》，〈交通部航港局〉，＜https://www.motcmpb.gov.tw/Information/Detail/3e17f69e-e95e-4ad2-aea0-d488fbfe814d?SiteId=1&NodeId=10419＞，111 年 1 月 4 日。

圖 8-7　作者動力小船駕駛訓練結業證書

資料來源：作者結業證書。

提供參加訓練民眾使用及參考，委託代訓學校、協會、公司網站均有設置考題參考、術科考試影片，提供欲參加考照民眾參考及訓練中民眾複習，以在報名考照前可進入網站參考或練習先行，以瞭解考試題型（https://dce.tumt.edu.tw/p/404-1026-42240.php?Lang=zh-tw）、術科考試教學影片（https:// dce.tumt.edu.tw/app/index.php?Action=mobileptsearch）。另通過學科考試後取得營業用（或自用）動力小船駕駛駕照及申請二等遊艇駕照（如圖 8-8），在充足訓練之後可駕駛營業用或自用遊艇出海從事海洋休憩活動（如圖 8-9、8-10）。

圖 8-8　營業用動力小船駕駛執照及二等遊艇駕照

資料來源：作者駕照

圖 8-9　駕駛遊艇出海從事海洋休憩活動

資料來源：作者於 110 年 8 月間在龜山島附近海域自行拍攝。

圖 8-10　作者闔家搭乘蘇炳文船長所駕遊艇遊河及指導駕船技巧

資料來源：作者於 104 年 11 月自行拍攝。

二、潛水活動

　　臺灣包括本島及離外島有許多地區非常適合從事潛水活動，包括小琉球花瓶岩、小琉球龍蝦洞、澎湖七美島、墾丁後壁湖、墾丁南灣、蘭嶼八代灣沉船、東北角龍洞灣等，而潛水概可區分浮潛、深潛及自由潛水，形成各潛水地點因不同潛水方式可從事不同潛水觀景活動，且各潛水地點各自擁有珊瑚礁群、不同種類魚群、海底景觀、沉船等國際級潛點，使得臺灣包括本島及離外島的各潛水地點每年吸引國內外許多遊客前來朝聖。由於潛水潛藏高度之危險性，需有專業人員帶領及完成訓練與證照考試，下潛前須注意包括水下能見度、海底地形、潮汐與潮差、風向及海流、保育區規範及水域分區規定等，從事潛水活動必須遵守保育區規範，不得觸碰海中生物及避免踩踏珊瑚。[29]

　　潛水活動屬《水域遊憩活動管理辦法》規範，《管理辦法》第 3 條第 1 項：規定「本辦法所稱水域遊憩活動，指以遊憩為目的，在水域從

---

[29] 《【台灣潛水景點】推薦國內七大潛水、浮潛地點，網羅北海岸、綠島、墾丁、小琉球等潛水好去處》，〈好好玩台灣〉，＜https://www.welcometw.com/台灣潛水景點/＞。

事下列活動：一、游泳、潛水…」，第 16 條第 1 項：規定「所稱潛水活動，包括在水中進行浮潛或水肺潛水之活動」，第 2 項：規定「前項所稱浮潛，指佩帶潛水鏡、蛙鞋或呼吸管之潛水活動；所稱水肺潛水，指佩帶潛水鏡、蛙鞋、呼吸管及呼吸器之潛水活動」，第 17 條：規定「從事水肺潛水活動者，應具有國內或國外潛水機構發給之潛水能力證明」，第 17 條：規定「從事潛水活動者應遵守下列規定：一、應於活動水域中設置潛水活動旗幟，並應攜帶潛水標位浮標（浮力袋）。二、從事水肺潛水活動者，應有熟悉潛水區域之國內或國外潛水機構發給潛水能力證明資格人員陪同」。

潛水區分為浮潛、水肺潛水及自由潛水三大類，其中一般浮潛是不需考照即可體驗，惟水肺潛水及自由潛水因技巧性及危險性較高，故需透過完整潛水課程及充分瞭解潛水知識與技巧，方能安全自由體驗。而水肺潛水與自由潛水最大差異在於「呼吸」方式不同，水肺潛水係揹氣瓶潛入海底，而自由潛水則靠一口氣下潛海底。無論是水肺潛水、自由潛水或浮潛，潛水最高原則為「不要獨自潛水」，潛水時一定要結伴同行，並有懂得潛水、懂得救援或是可靠第三方作為安全控制，且遵守基本潛水規範並落實潛伴制度，即可安全享受海底世界並減少意外及風險。

水肺潛水因在海中時間較長，區分為輕裝及重裝，輕裝部分包括面鏡、呼吸管、蛙鞋及配重，重裝則包括氣瓶、調節器及 BCD（浮力控制裝置），穿戴整套裝備概有 20 公斤重，惟下海後海水有浮力，故在水中不會感到沈重。而水肺潛水證照區分 PADI、SSI 及 CMAS 三種。

（一）PADI

　　為目前世界最大、市場占有率最高的水肺系統，總部設立於美國加州，在世界各地培訓至少 2 萬 5 千名專業教練，每年平均發放潛水證照多達 50 萬張。PADI 潛水證照，較常見包含基本開放水域潛水員（OW）、進階開放水域潛水員（AOW）及進階救援潛水員及專業級潛水長（DM）、潛水教練等，不同級別可下潛深度差異約為 12~40 公尺；訓練價格約臺幣 13,000~15,000 元。

（二）SSI

　　僅次於 PADI，是世界目前發證數量第二多的潛水系統，成立於民國 59 年迄今在世界上已有 110 多個國家設有代表處，擁有 2,800 多個國際分支機構；SSI 課程內容與 PADI 概略相同，兩者最大差異在於考核深度標準限制不同，因此兩張證照相互認可，亦免除重複認證的困擾；SSI 潛水證照分級與 PADI 相同，區分為開放水域潛水員（OW）、進階開放水域潛水員（AOW）、救援潛水員、潛水長（DM）及潛水教練等；訓練價格約臺幣 14,000~15,000 元。

（三）CMAS

　　係成立最悠久的潛水系統，亦為奧林匹克運動委員會唯一承認的官方潛水組織，是唯一有資格組織世界性潛水比賽、發佈世界紀錄之機構；目前世界上約有 1 千萬個潛水員擁有 CMAS 潛水證照，其證照主要依星級區分，從一星到四星，區分為一般潛水員與教練潛水員（一般基礎水肺潛水為一星潛水員）；訓練價格約新臺幣 12,000~14,000 元。

　　網站內介紹國內包括北部龍洞、離島小琉球及綠島等三個潛點。

1. 龍洞

　　距臺北僅 1 小時車程的貢寮龍洞，為北臺灣最熱門的潛水地點。龍洞天然屏障地形不僅擁有最安全穩定的海域及生態環境，亦為東北角沿岸最多海灣的潛水聖地；龍洞沿岸潛點區分為龍洞 1 號（龍洞灣海洋公園）、龍洞 2 號（龍洞灣公園入口右側）、龍洞 3 號（龍洞漁港右側）及龍洞 4 號（和美國小旁），新手潛水建議可在龍洞 1 號或 4 號從事新手訓練。

2. 小琉球

　　屏東小琉球亦為我國熱門離島潛水景點之一，其具豐富生態環境、湛藍清澈海水、大片珊瑚礁美景，亦能近距離與海龜共遊海底世界，知名潛水地點包括花瓶岩、美人洞、中澳沙灘及杉福漁港等；另體驗浮潛建議可到美人洞或花瓶岩體驗，證照考試則在杉福漁港。

3. 綠島

　　綠島是國際潛水雜誌評為世界百大潛點，堪稱我國的潛水天堂，無論是體驗潛水或水肺潛水（如圖 8-11），綠島能見度極高的清澈海水，均可看見壯麗珊瑚礁群、欣賞繽紛海底生態；綠島潛水地點以柚子湖附近藍洞、綠島北端柴口浮潛區及南寮漁港旁石朗潛水區較為熱門，均為練習與考照之絕佳地點。[30]

---

[30] 《潛水證照｜水肺/自潛考證種類、注意事項、推薦店家總整理！》，〈FUNTIME〉，<https://www.funtime.com.tw/blog/funtime/diving-license>。

圖 8-11　黃長智先生 103 年 11 月 30 日赴綠島參加 4 天 3 夜潛水活動，

圖為搭乘合法業者船隻、出海前與同好合影

資料來源：黃長智先生提供

圖 8-12　下水前著裝、海底欣賞珊瑚礁魚、觀察珊瑚礁石內鰻魚生態等

資料來源：黃長智先生提供

三、船釣

　　民國 80 年 2 月 1 日修正公布《漁業法》增列娛樂漁業專章，再於民國 82 年 5 月 26 日訂頒《娛樂漁業管理辦法》，嗣後於民國 82 年 9 月 13 日廢止《臺灣地區海上釣魚活動管理辦法》，[31]該《管理辦法》原律定民眾從事海上釣魚活動（第 2 條）需向戶籍所在地警察分局申請，經該管警察局許可發給海上釣魚證，且釣魚證有效期間為 3 年，期滿可申請換發，持有釣魚證可搭乘專營或兼營海釣船在海上從事休閒釣魚活動（第 9 條）；[32]民國 102 年 3 月 26 日《娛樂漁業管理辦法》全文修正後，又於民國 102 年 12 月 19 日及 103 年 4 月 8 日進行 2 次修正，3 次修正主要在定義娛樂漁業活動項目、娛樂漁業漁船總噸位及活動範圍予以放寬、主管機關應指定特定島嶼及礁岩範圍供娛樂漁業使用並訂定自治法規、增訂娛樂漁業漁船船員最低安全配額、娛樂漁業漁船應開啟船位回報器、娛樂漁業漁船責任保險及個人傷害保險每人最低保險金額、娛樂漁業漁船乘客離船時船隻不得駛離、娛樂漁業漁船載客出海採捕水產動植物須填報漁撈報表或日誌等，以提高遊客搭乘娛樂漁業漁船遊憩安全及權益保障。[33]

---

[31] 內政部於 77 年 3 月 1 日訂頒《臺灣地區海上釣魚活動管理辦法》。

[32] 《臺灣地區海上釣魚活動管理辦法》，〈全國法規資料庫〉，
<https://law.moj.gov.tw/LawClass/LawAll.aspx?pcode= D0080074>。

[33] 《娛樂漁業管理辦法修正簡介》，〈行政院農業委員會全球資訊網〉，
<https://www.coa.gov.tw/ws.php?id=2501236&print=Y>。

圖 8-13　作者出海從事漁獵活動及船長之漁獲

資料來源：作者自行拍攝及林咸豪船長提供

　　娛樂漁業漁船營業項目並非局限在釣魚，根據《娛樂漁業管理辦法》第 2 條：規定「本辦法所稱娛樂漁業活動，指娛樂漁業漁船搭載乘客在船上或登島嶼、礁岩從事下列活動：一、採捕水產動植物。二、觀賞漁撈作業。三、觀賞生態及生物。四、賞鯨」。其船釣活動屬本《管理辦法》第 1 條第 1 項第 1 款所列項目，另本條第 2 項：規定「娛樂漁業漁船經主管機關核准，得提供水產（漁業）資源調查、海洋環境調查

研究、漁業管理、海洋工程、魚苗放流、人工魚礁投放及維護管理」，因此一般學術機構或海洋研究均可租用娛樂漁業漁船從事規範之相關項目，其相較租用遊艇在價格方面差異甚大。

四、賞鯨

我國全年均可從事賞鯨行程，惟因東北季風及颱風影響，其中 5~9 月為最適賞鯨活動時間，11 月至翌年 3 月須預先訂位，出海前若無東北季風影響方可出海，宜蘭至花蓮地區因環境地形及無工業汙染，已成為全國出海可見鯨豚等海洋生物機率最高之地區。[34]

我國海洋委員會針對海域活動設有「海域遊憩活動法令資訊統合平臺」，其中賞鯨活動部分由海洋委員會海洋保育署製作包括「賞鯨前提醒」、「鯨豚保育你我有責」、「友善賞鯨相約守則」、「遊客注意事項」等四部分，以及臺灣海域常見鯨豚行為。

（一）賞鯨前提醒

海洋是孕育生命的起源，也是各種海洋生物和鯨豚朋友棲息的居所；賞鯨為野生動物觀察活動，夏季目擊率高達 80~90%，但無法保證一定可看到鯨豚。

（二）鯨豚保育你我有責

臺灣海域孕育著豐富鯨豚資源，在全球 80 多種鯨豚中有近 30 種曾出現臺灣周遭海域；所有鯨豚都是保育類野生動物，依據《野生動物保

---

[34] 《花蓮賞鯨行程船票【維納司賞鯨】》，〈花蓮好好玩〉，
　　＜https://www.funhualien.com.tw/product/venus-ticket?gclid=Cj0KCQjwwfiaBhC7ARIsAGvcPe6
　　LDPlp3e3j6WQFv34tEi1TT8GPJCq5gjwoA6_jIf6Y1Uor0cmEuFMaAsmJEALw_wcB＞。

育法》第 16 條規定，不得任意騷擾、虐待、獵捕、宰殺、買賣、陳
列、展示、持有、輸入、輸出或飼養、繁殖，發現疑似違法行為，可提
供照片或影片向縣市政府海洋保育主管單位、「海洋保育署」或撥打海
巡署「118」專線提出檢舉，共同守護珍貴的鯨豚。臺灣海域目擊紀錄
以小型鯨較常見，遇到大型鯨機率不到 10%。

（三）友善賞鯨相約守則

不餵食、不觸摸，尊重鯨豚自然行為；不可拆散或切入鯨豚群；不
可蓄意追逐、包圍鯨豚；不亂丟垃圾或任何人造物品到海中；應避免靠
近育幼鯨豚群，最好距離 300 公尺以上；船隻同時間最多以三艘為限，
應盡量位於同側，輪流適度接近觀察同一群鯨豚；船隻應平行、緩慢接
近鯨豚，應降低船速保持 50 公尺以上友善距離；遇鯨豚船首乘浪時，
船隻應維持定速，不可突然改變航向。

（四）遊客注意事項

不撐傘、不喝酒、船上不奔跑、避免產生一次性垃圾、自備望遠
鏡、自行攜帶水壺、穿上救生衣等。

我國海域常見鯨豚行為方面，鯨豚具有非常豐富的行為表現，區分
為鬚鯨亞目及齒鯨亞目，外型由攝食結構及氣孔樹簡單分辨，其行為包
括空中旋轉、豚游、船首乘浪、浮窺、躍身擊浪、交配、噴氣等。[35]

鯨魚及海豚同屬於一個大家族「鯨」，鯨類為生長在水中的哺乳動
物，與陸生哺乳動物有肺呼吸及胎生等相同之生理特徵；我國目前在宜

---

[35] 《賞鯨前體醒》，〈海洋委員會〉，＜https:// www.oca.gov.tw/userfiles/A47020000A/files/6_5 臺
灣海域賞鯨指南-電子版.pdf＞。

蘭及花蓮均有娛樂漁業漁船從事賞鯨活動，南部海域常見者為瑞氏海豚，宜蘭龜山島附近海域發現包括短吻飛旋海豚、長吻飛旋海豚、瑞氏海豚、瓶鼻海豚、真海豚、熱帶斑海豚、弗氏海豚、偽虎鯨、小虎鯨、虎鯨、小抹香鯨、抹香鯨、領航鯨等 10 餘種鯨豚，最常見者為飛旋海豚。[36]

花蓮緊臨太平洋且有黑潮經過，東部海岸為低汙染地區生態豐富，賞鯨活動已成為花蓮重要戶外活動，花蓮海域中小型鯨豚發現獲然率高達 9 成以上，其中又以海豚最為常見，賞鯨行程中亦會出現包括飛魚、穴鳥、鬼頭刀、曼波魚、芭蕉旗魚、魟魚、鯨鯊（豆腐鯊）等其他海洋生物。

五、海洋牧場

根據《娛樂漁業管理辦法》第 2 條：規定「本辦法所稱娛樂漁業活動，指娛樂漁業漁船搭載乘客在船上或登島嶼、礁岩從事下列活動：一、採捕水產動植物。二、觀賞漁撈作業。三、觀賞生態及生物。四、賞鯨」，即娛樂漁業漁船可搭載一般民眾在船上或登島嶼、礁岩從事採捕水產動植物、觀賞漁撈作業、觀賞生態及生物，海上牧場屬《漁業法》第 15 條：規定「本法所稱漁業權如下：一、定置漁業權：係指於一定水域，築礁、設柵或設置漁具，以經營採捕水產動物之權。二、區劃漁業權：係指區劃一定水域，以經營養殖水產動植物之權。三、專用漁業權：係指利用一定水域，形成漁場，供入漁權人入漁，以經營下列漁業之權：（一）採捕水產動植物之漁業。（二）養殖水產動植物之漁

---

[36] 《賞鯨之旅》，〈宜蘭賞鯨-龜山島旅客服務中心〉，
　　<https:// www.oca.gov.tw/userfiles/A47020000A/files/6_5臺灣海域賞鯨指南-電子版.pdf>。

業。…」，漁業權中之區劃漁權與專用漁權，目前專用漁權僅能由漁會及漁業生產合作社申請，除漁業法規定者外，漁業權為物權，準用民法不動產物權規定，主要是國有民用由主管機關對公共水域之漁業權漁業作整體規劃、擬定計畫後，每年定期公告接受申請，[37]而臺灣海上牧場目前計有東北角海大牧場、三條崙海洋牧場及澎湖海上皇宮海洋牧場、星光海上牧場、漁翁島海洋牧場、和慶半潛艇青灣海洋牧場、小丑魚海上牧場、菜園海洋牧場、元貝海洋牧場生態園區等，民眾可至景點附近或網路查找各牧場旅遊及美食資訊。

澎湖海上牧場以海為田、放魚為牧，在海上採用整套規模化漁業設施，並運用系統化管理體制結合自然海洋生態環境，將人工經濟海洋生物飼養在海上，成為海上放養魚蝦貝類之大型人工漁場。民眾赴澎湖旅遊時可搭船赴海洋牧場，牧場內有體驗誘釣、炭烤鮮蚵及海鮮粥吃到飽等套裝行程。[38]

新北市海大牧場位於龍洞岬與澳底間，地處龍洞南口海洋公園的延伸，已成為東北角新興旅遊景點，包括無敵海景及新鮮九孔與鮑魚等特色，遊客可在此聽濤觀景放空及品嚐該地養殖場產出之新鮮甜美九孔與鮑魚料理，用餐時可欣賞海灣美景之景致變化，亦有海浪衝擊海岸激起浪花及海風帶來水霧。[39]

---

[37]　《漁業權》，〈教育百科〉，
　　< http://163.28.84.215/Entry/Detail/?title=%E6%BC%81%E6%A5%AD%E6%AC%8A&search=漁業 >。

[38]　《【澎湖優惠倒數】限時 66 折｜澎湖海洋牧場｜垂釣體驗・鮮蚵炭烤・海鮮粥吃到飽》，〈KKday〉，< https://www.kkday.com/zh-tw/product/2332 >。

[39]　《海大牧場》，〈新北市政府觀光旅遊局〉，< https:// newtaipei.travel/zh-tw/shop/detail/402711 >。

七、帆船活動

我國目前夏季旅遊中，宜蘭頭城烏石港係同一地區旅遊方案較多元化之遊艇港口，其中娛樂漁船、營業用遊艇及帆船搭載民眾出海賞鯨、繞行龜山島、近距離欣賞夢幻仙境牛奶海、平緩海域划 SUP 及魔毯漂浮，遊艇及帆船業者亦準備輕食及飲品，使民眾可輕鬆搭船出海休閒一天，而夜間出海可在海上觀賞星空並夜宿龜山島附近海域，隔天可在甲板上欣賞龜山島日出，更能體驗親自操控帆船。[40]亦有婚紗業者與遊艇帆船業者配合，在海上拍攝婚紗及舉辦婚禮，使海上活動更多元化，對民眾安全親近海洋提供更多選擇。

根據帆船訓練機構資料，我國目前有多機構及公司辦理帆船證照訓練，而 ASA（American Sailing Association）係美國帆船協會，為國際間認證最大帆船協會，遍布全球超過 300 個帆船據點，提供專業帆船租賃及訓練課程，其中 ASA101 龍骨型帆船基礎船長課程，完成後無需指導，能在日間駕駛長度約 20~27 英尺單桅龍骨帆船在適宜風力及海況下自由航行，課程內容包括口令、基本控帆術語、風向角、航標制度、船藝、安全措施（包括基本的航行規則）等，學科內容包括海事法規與避碰規則、航海常識、船機常識、船藝與操船、氣（海）相常識、通訊與緊急措施，術科則為基礎帆船駕駛，我國 18~65 歲國民均可報名接受訓練及認證（如圖 8-14）。[41]

---

[40] 《龜山島今年新玩法！搭豪華帆船看牛奶海仙境 海上玩 SUP、漂浮魔毯》，〈ETtoday 旅遊雲〉，＜https://travel.ettoday.net/article/1977748.htm＞。

[41] 《【帆船證照】ASA101 國際航海認證，基礎帆船課程》，〈ACCUPASS〉，＜https://www.accupass.com/event/1904150305309892896010＞。

圖 8-14　作者與家人搭乘風行者號帆船出海體驗航行

資料來源：作者於 97 年 7 月間在碧砂漁港自行拍攝。

八、浮具魔毯

　　我國近幾年興起由遊艇搭載遊客出海至穩定海域後，遊艇下船錨並放出小艇或水上摩托車維護玩水遊客，亦會拉出浮鍊圍出一定區域讓遊客在浮鍊內從事水上活動，避免遭海流帶走。確認遊客下水在安全區域內活動後，即放下海上魔毯及 SUP（立式划槳），供遊客在海上體驗躺或坐在魔毯上（如圖 8-15）從事日光浴或欣賞海上景色，以及在專業人士指導下從事立槳活動，另提供跳水平臺供遊客在安全狀況下跳水，亦有提供充氣式溜滑梯讓遊客從遊艇上滑入海中。

　　目前包括宜蘭龜山島及東澳、小琉球、東北角象鼻岩、龍洞、綠島、蘭嶼、澎湖、花蓮鯉魚潭、南投日月潭等地區均有業者提供魔毯及 SUP（立式划槳）活動，各地區海上活動時間多在 5~10 月間，一般湖泊、溪流及潭區則較不受湧浪影響，遊客必須在業者或教練引導之安全環境下穿著救生衣從事水上活動。

圖 8-15　搭乘遊艇出海從事跳水、SUP、魔毯等活動

資料來源：作者於 110 年 8 月間在龜山島附近海域自行拍攝。

九、心型石滬

　　淡水石滬（亦稱石扈）可追溯至清朝時期，早期石滬主要在減緩海潮之害，形成海堤外之外堤，係我國海岸上最早的生態工法及早期沿岸漁民生活經濟來源；石滬捕魚技術似「守滬待魚」，利用魚類逐浪特性與潮間變化，將隨漲潮游進石滬魚群困在石滬中，退潮時漁民拿著竹簍進到石滬捕魚，為早期淡水沿海重要的捕魚方式，且為使用在地石材建立的捕魚設施。[42]北部以淡水漁港領袖遊艇碼頭外心型石滬（亦稱石扈如圖 8-16）成為近期本部民眾旅遊休憩賞景之處所，亦成為民眾打卡之知名景點，退潮後民眾在碼頭及石滬前方拍照，或赴石滬區採集貝類及甲殼類，觀賞小魚在淺水活動。

圖 8-16　民眾在淡水漁港外石滬區拍照、賞景

資料來源：作者於 110 年 7 月自行拍攝。

　　而我國最著名的石滬區位於澎湖群島，其係潮間帶上大型典藏品，澎湖石滬可能係全世界密度最高、數量最多的石滬區，全縣石滬總數達580 餘個，是珊瑚礁棚漁業文化的特色；澎湖石滬主要分為滬堤、滬

---

[42] 《石滬》，〈淡水維基館〉，<https://tamsui.dils.tku.edu.tw/wiki/index.php/石滬>。

房、滬門、魚井等部份，利用潮水漲退及魚群迴游特性，在波動海面上築起一道道弧形石牆；澎湖石滬季活動已成為澎湖觀光重要盛事，讓遊客體驗特殊石滬之旅、遊客在退潮時進入滬房捕撈進入陷阱之魚群，可使遊客從人文及捕撈活動瞭解歷史演進，亦使石滬資源成為澎湖絕佳人文類觀光資源成功帶動澎湖觀光。[43]

---

[43] 《澎湖縣－雙心石滬》，〈澎湖旅遊網〉，
　　＜https://www.travelking.com.tw/tourguide/penghu/scenery1087.html＞。

MEMO

MEMO

MEMO

國家圖書館出版品預行編目資料

海洋法與國土認識/曹義修編著. -- 初版. -- 新北市：
　　新文京開發出版股份有限公司, 2023.02
　　面；　公分

　　ISBN　978-986-430-907-8（平裝）

　　1. CST：海洋法

579.141　　　　　　　　　　　　　　112000663

海洋法與國土認識　　　　　　　　　　（書號：E460）

編 著 者　　曹義修
出 版 者　　新文京開發出版股份有限公司
地　　址　　新北市中和區中山路二段 362 號 9 樓
電　　話　　(02) 2244-8188（代表號）
Ｆ Ａ Ｘ　　(02) 2244-8189
郵　　撥　　1958730-2
初　　版　　西元 2023 年 02 月 15 日

New Wun Ching Developmental Publishing Co., Ltd.

New Age · New Choice · The Best Selected Educational Publications — NEW WCDP

新文京開發出版股份有限公司

新世紀‧新視野‧新文京 — 精選教科書‧考試用書‧專業參考書